우리들의 응용 윤리학

박찬구 지음

울력

박찬구, 울력 ⓒ 2012

우리들의 응용 윤리학

지은이 | 박찬구
펴낸이 | 강동호
펴낸곳 | 도서출판 울력
1판 1쇄 | 2012년 2월 6일
1판 6쇄 | 2023년 2월 10일
등록번호 | 제25100-2002-000004호(2002. 12. 03)
주소 | 서울시 구로구 개봉로23가길 111, 8-402 (개봉동)
전화 | 02-2614-4054
팩스 | 0502-500-4055
E-mail | ulyuck@naver.com
가격 | 18,000원

ISBN | 978-89-89485-90-0 93190

· 지은이와 협의하여 인지는 생략합니다.
· 저작권법에 의해 보호를 받는 저작물이므로 무단 전재나 복제를 금합니다.

서문

　이 책은 『개념과 주제로 본 우리들의 윤리학』(서광사, 2006)의 속편의 성격을 가진다. 『우리들의 윤리학』이 윤리의 이론적 측면을 다루었다면, 이 책은 현실의 다양한 영역들에서 제기되는 윤리의 실천적 측면을 다룬 것이다. 물론 이론적 기초를 다진 후에 실천의 문제로 다가가는 것이 순서상 바람직하겠지만, 이 책을 읽기 위해서 반드시 윤리 이론에 대한 선행 지식이 요구되는 것은 아니다. 고등학생 정도라면 누구나 알 수 있는 내용을 누구나 알 수 있는 방식으로 다루었기 때문이다.

　윤리는 기본적으로 보수적이면서 동시에 비판적인 양면성을 가진다. 인간의 본능적 욕구와 자기중심적 경향을 이성적 사고의 힘으로 통제하려 한다는 점에서 보수성을 띠는 반면, 보편성과 공정성, 그리고 사랑이라는 이상적인 가치를 들고 현실 문제에 다가간다는 점에서 매우 비판적인 성격을 띠기도 한다. 때로는 이상주의적 견지에서 현실의 불완전한 모습을 비판하고 개선을 요구하기 때문에 급진적인 모습으로 비칠 수도 있다.

　윤리의 또 한 가지 특징은 우리로 하여금 늘 실존적 결단을 내리도록 요구한다는 점이다. 알다시피 윤리는 궁극적으로 실천을 지향하기 때문에 처음부터 이론적 차원에만 머물러 있을 수 없는 운명을 지니고 있다. 말하자면 사태를 객관적으로 바라보고 분석하는 아웃사이더의 입장에만 머물러 있을 수 없다는 것이다. 이 점은 윤리학을 공부하는 사람을 매우 곤혹스런 입장으로 내몬다. 자기모순에 빠지지 않으려면 배움(혹은 가르침)과 행동이 일치해야 하는데, 이는 매우 힘든 과제이기 때문이다. 하지만 윤리학을 공부하기로 한 이상 이러한 과제를 피해 갈 길은 없다. 아마도 이 책의 독자는 거듭해서 실존적 결단에 직면하지 않을 수 없게 될 것이다. 이러한 구도의 길에 함께 나설 것을 정중하게 청한다.

이 책의 구성은 도입부의 서론 및 이론적 배경에 이어서 응용 윤리의 영역들을 다룬 11개의 장으로 되어 있다. 각 장은 모두 독립된 내용을 담고 있기 때문에 독자들은 관심 여하에 따라 어떤 순서로 읽더라도 이해하는 데 어려움은 없을 것이다. 또 각 장의 구성 형식은, 해당 장의 핵심적 주제를 암시하는 도입부의 단문, 다양한 예문을 활용한 본문 전개, 도전적인 읽을거리들로 된 생각해 볼 문제의 3단계로 되어 있어서 핵심 쟁점들을 이해하고 한층 성숙한 대안을 모색하는 데 도움을 줄 수 있을 것이다.

다만 '응용 윤리'에서 다루어져야 할 내용들 중 일부가 빠져 있는 점은 이 책의 결함이 아닐 수 없다. 과학기술과 윤리, 형벌과 윤리, 연구 윤리 등의 주제와 더불어, 환경 윤리나 생명 윤리 등의 영역에서도 다루어지지 않은 내용들이 있다. 사회 생태주의나 생태 여성주의, 임신중절 등이 그 예이다. 변명을 하자면, 한 권의 책에서 응용 윤리의 방대한 영역을 모두 다룰 수 없다는 한계에 직면하여 선택과 집중을 하지 않을 수 없었다. 되도록 근래 이슈로 떠오른 문제들에 주의를 기울이고자 했으며, 일관된 원칙과 기준을 통해 문제를 바라보고자 하였다.

 이 책을 구상하게 된 구체적인 계기는 한국학술진흥재단의 2007년도 고급지식확산지원사업에 선정되어 "생각과 토론이 살아 있는 청소년을 위한 실천 윤리"라는 보고서를 낸 데에서 비롯하였다. 공동연구원으로서 위의 프로젝트를 함께 추진했던 오은미, 방연주, 이소영 세 분의 선생님께 이 자리를 빌려 감사의 마음을 전하고 싶다. 동시에 그간 열심히 수업에 참여함으로써 저자에게 많은 깨우침을 준 서울대학교 윤리교육과 학부("사회윤리")와 대학원("응용윤리") 학생들에게도 고마움을 전한다. 끝으로, 늦어진 원고를 가지고 조속한 출간을 원한 저자의 무리한 부탁을 기꺼이 수용해 준 '울력' 측에도 심심한 사의를 표한다.

2012년 새해 아침에
박찬구

차례

서문 _ 3

1. 서론: 응용 윤리학의 현황과 이론적 배경 _ 11
   1. 현대 응용 윤리학의 동향: 미국 윤리학계를 중심으로 _ 12
   2. 응용 윤리의 주요 방법론들 _ 15
   3. 응용 윤리의 주요 이론들 _ 17
   4. 이 책의 기본 입장 _ 24
   ◀ 생각해 볼 문제 _ 31

2. 가정 윤리: 가정의 의미와 가정 윤리에 대한 재인식 _ 33
   1. 현대 가정의 위기와 가족 개념의 변화 _ 34
   2. 결혼은 꼭 해야 하나? _ 37
   3. 가정의 중요성과 전통적 가정 윤리에 대한 재인식 _ 42
   4. 가정은 윤리의 시작이자 근원! _ 47
   ◀ 생각해 볼 문제 _ 53

3. 성 윤리: 욕구의 충족인가 인격의 만남인가 _ 57
   1. 성이 윤리적 문제인가? _ 58
   2. 성 윤리에 관한 다양한 입장들 _ 60
   3. 쾌락과 욕망, 그리고 인간소외 _ 64
   4. 성의 진정한 의미는 결국 인격의 만남! _ 68
   5. 남은 문제: 성욕은 억제하는 것이 좋은가? _ 70
   ◀ 생각해 볼 문제 _ 75

4. 양성평등 윤리: 양성평등 실현의 당위성과 과제 _ 79
　1. 남녀 간의 차이는 유전에서 오는가, 환경에서 오는가? _ 81
　2. 여성에 대한 편견과 억압의 역사 _ 85
　3. 여성해방운동의 필요성 _ 88
　4. 진정한 양성평등을 향하여 _ 91
　◀ 생각해 볼 문제 _ 95

5. 경제 윤리(1): 분배 정의와 빈곤의 문제 _ 99
　1. 정의로운 분배의 원칙 _ 101
　2. 우리가 지향해야 할 사회체제 _ 105
　3. 빈곤을 종식시키는 길은 무엇인가? _ 109
　◀ 생각해 볼 문제 _ 122

6. 경제 윤리(2): 세계화와 신자유주의 _ 125
　1. 자본주의의 간략한 역사 _ 127
　2. 세계화와 신자유주의는 약인가 독인가? _ 132
　3. 우리의 대안은 무엇인가? _ 142
　◀ 생각해 볼 문제 _ 150

7. 환경 윤리(1): 미국 환경 윤리 담론의 흐름 _ 155
   1. 미국 환경 윤리 담론의 연원과 특징 _ 157
   2. 현대 미국 환경 윤리 담론의 주요 이슈와 쟁점들 _ 167
   3. 미국 환경 윤리의 과제 _ 179
   ◀ 생각해 볼 문제 _ 182

8. 환경 윤리(2): 레이첼 카슨과 불교 환경 윤리의 교훈 _ 185
   1. 레이첼 카슨과 영적 성숙의 과제 _ 187
   2. 불교 환경 윤리의 교훈 _ 198
   ◀ 생각해 볼 문제 _ 207

9. 생명 윤리(1): 안락사, 연명 치료 중단, 뇌사 _ 211
   1. 안락사는 허용될 수 있는가? _ 213
   2. 무의미한 연명 치료 중단은 윤리적으로 정당한가? _ 221
   3. 뇌사는 인간의 완전한 죽음인가? _ 227
   ◀ 생각해 볼 문제 _ 236

10. 생명 윤리(2): 인간 복제와 배아 줄기세포 연구 _ 239
   1. 인간 개체 복제와 관련된 문제점 _ 241
   2. 인간 배아 복제(배아 줄기세포 연구)와 관련된 문제점 _ 249
   3. 인간 존엄성에 입각한 생명 윤리 _ 260
   ◀ 생각해 볼 문제 _ 266

11. 생명 윤리(3): 동물권 _ 271
   1. 동물의 지위에 대한 관점 _ 273
   2. 동물에게도 도덕적 지위를 인정할 수 있는가: 칸트 윤리에 대한 재해석 _ 284
   3. 대안적 생명 윤리의 모색 _ 290
   4. 남은 문제: 우리는 채식을 해야 하는가? _ 297
   ◀ 생각해 볼 문제 _ 303

12. 정보 윤리: 컴퓨터 윤리, 인터넷 윤리, 사이버 윤리 _ 307
   1. 정보 윤리는 새로운 윤리인가? _ 308
   2. 정보 윤리 문제의 발생 배경 _ 310
   3. 정보 윤리의 접근법 _ 314
   4. 컴퓨터의 주인은 우리다! _ 330
   ◀ 생각해 볼 문제 _ 332

찾아보기 _ 337

1 서론

응용 윤리학의 현황과 이론적 배경

　오늘날 우리는 많은 윤리적 문제들에 직면하고 있고, 그로 인해 논쟁을 벌이거나 딜레마에 빠지기도 한다. 이렇게 되는 이유 중 상당 부분은 우리가 이러한 윤리 문제들을 어떻게 다룰지 모르는 데 기인한다. 즉, 이러한 문제들에 대해 올바른 기준이나 신념을 적용하는 방식을 잘 모르기 때문이다.

　응용 윤리학은 우리 삶의 여러 가지 영역, 예를 들어 가정이나 경제활동 분야, 환경이나 생명 의료 분야, 과학기술 및 정보 통신 분야 등에서 발생하는 구체적인 도덕적 문제들에 대해 각기 적절한 윤리 이론을 적용함으로써 그러한 문제들에 대처하고자 하는 시도이다.

　우리는 응용 윤리학에서의 윤리학적 검토 과정을 통해 문제들의 성격과 의미를 더욱 분명히 이해하고 대안을 모색하며, 더 나아가 그러한 대안을 합리적으로 정당화함으로써 문제들을 해결하는 데 기여할 수 있을 것이다.

1. 현대 응용 윤리학의 동향: 미국 윤리학계를 중심으로

이 장에서는 응용 윤리의 구체적인 문제들을 다루기에 앞서, 우선 이 분야에서 가장 앞서 나가고 있는 미국 응용 윤리학계의 동향에 관해 폭넓게 살펴보고자 한다.

잘 알려져 있다시피 1960년대까지 서구의 — 주로 영미권에서 — 윤리학은 거의 한 세기 가깝게 주로 도덕적 지식의 본질이나 주요 도덕적 용어의 의미에 관한 기술적 문제를 논하는 데 몰두하고 있었다. 윤리 연구는 의미론과 인식론에 치우쳐 있었으며, 실천적인 주제들에 대한 연구는 거의 무시되었다. 사실, 이 시기의 윤리학은 두 가지 도그마에 의해 지배되고 있었다. 첫째는 도덕적 중립성moral neutrality의 논거인데, 이에 따르면 도덕철학의 결론들은 구체적인 규범적 문제들에 관한 한 항상 중립을 지켜야 한다. 그래서 메타윤리학metaethics(윤리학에 있어서 추상적인 개념적 문제들에 관한 탐구)과 규범윤리학normative ethics(특수한 도덕 판단 및 그러한 도덕 판단을 내릴 수 있게 해주는 규칙이나 원리의 타당성에 대한 탐구) 사이에는 분명한 선이 그어졌다. 이 논거에 의하면, 윤리학자의 임무는 메타윤리학에 한정되고, 그 탐구의 결과는 규범적 결론과 아무런 관련을 가지지 않는다. 두 번째 도그마는, 이른바 사실-가치fact-value의 이분법과 관련된 문제인데, 말하자면 사실적 탐구와 가치 탐구 사이에는 논리적 장벽이 있어서 누구도 '있는 그대로의 것'에 관한 전제로부터 '있어야 할 것'에 관한 정당한 결론을 이끌어낼 수 없다는 것이다. 이러한 논거에 따르면, 자연과학, 사회과학, 또는 역사 연구의 결과들과 같은 사실적 명제들로부터는 어떠한 규범적 명제도 이끌어 낼 수 없다. 그래서 20세기의 많은 영미 철학자들은, 사실 세계에 관한 설명을 통해서는 어떠한 의미 있는 도덕 판단도 나올 수 없다고 결론지었다.

하지만 당시의 윤리학자들이 표방하던 위의 두 가지 신조는 60년대의 수많은 사회적·도덕적 난제들 앞에서 윤리학자들의 판단에 기대를 걸었던 많은 사람들에게 매우 실망스러운 결과를 안겨줄 수밖에 없었다. 왜냐하면 도덕적 중립성의 논거는 윤리학자들의 연구가 실제 도덕 문제들과는 아무 상관이 없다는 것을 함축하며, 사실-가치의 이분법은 사실적 탐구에 근거한 어떠한 이론도 윤리적으로 타당할 수 없다는 것을 의미하는 듯이 보였기 때문이다. 결국 윤리학은 윤리적 도움을 필요로 했던 당시 사회의 절박한 요구에 부응하기 위해서 스스로 변화할 수밖에 없었다.

이러한 변화는 한마디로 '규범윤리학의 부활'로 나타났다. 70년대 초반 롤스J. Rawls는 그의 책 『정의론A Theory of Justice』을 통해 그 전환점을 마련했으며, 오닐O. O'Neill 등의 제자와 더불어 칸트 의무론을 현대적으로 해석하였다. 이에 맞서 공리주의 혹은 결과주의 이론들도 재조명되었는데, 헤어R. Hare와 싱어P. Singer 등이 대표적 인물이다. 뒤이어 70년대 중반에 이르러서는 칸트주의와 공리주의를 모두 비판하는 신아리스토텔레스주의neo-Aristotelian가 등장하였다. 1981년에 나온 매킨타이어A. MacIntyre의 『덕의 상실After Virtue』은 이른바 덕 윤리virtue ethics의 부활을 알리는 신호탄이었고, 테일러C. Taylor 등은 이 이론의 발전에 중요한 기여를 하였다.

이처럼 20세기 후반기 미국의 규범윤리학계는 넓은 의미의 칸트주의, 공리주의, 그리고 아리스토텔레스주의의 재등장으로 특징지어진다.[1] 특히 신아리스토텔레스주의는 그간 칸트주의와 공리주의에

---

1. 규범윤리학의 부활에 대한 반동도 있었다. 보편타당한 윤리 이론의 가능성을 의심했던 니체의 영향을 받아 윌리엄스B. Williams와 로티R. Rorty 등은, 추상적인 윤리 이론이 우리로 하여금 오히려 삶의 구체적인 측면을 놓치게 만들 수 있다고 비판했다. 대체로 이들은 윤

비해 주변적인 위치에 놓여 있었으나, 시간이 갈수록 점차 영향력을 더해 가고 있는 듯하다.

　이제 범위를 좁혀 응용 윤리학계의 현황에 대해 살펴보자. 병원 등에서 활동하고 있는 응용 윤리학자들은 그들의 임상적 결론에 있어서 근본적으로 의견의 불일치를 보인다. 어떤 이는 낙태의 권리를 옹호하는가 하면, 다른 이는 그것을 강하게 반대한다. 또 어떤 이는 육식을 포괄적으로 반대하는 반면, 다른 이는 돼지의 존재 목적이 식용일 뿐이라고 주장한다. 응용 윤리에서의 의견 불일치는 실질적 결론에서만이 아니라 방법에서도 나타난다. 윤리에 있어서 어떤 근본적인 원리principles를 정립한 후 그것을 적절히 적용하는 방식이 바람직한지, 아니면 직관intuition을 활용하고 우리의 도덕감moral sense을 순화시킴으로써 장기적으로 모종의 도덕적 신념을 형성시켜 나가는 방식이 바람직한지에 관해 학자들은 합의에 이르지 못한 채 혼란된 모습을 보이고 있다.

　이처럼 20세기 메타윤리학의 중흥 및 쇠퇴에 뒤이어 등장한 규범윤리학의 세계는 서로 다른 이론과 관점들이 경쟁하는 각축장이 되었다. 그리고 이는 규범윤리의 부활에 일조한 현안 논쟁거리나 딜레마들을 과연 어떻게 다루어야 할 것인지에 대한 고민을 더욱 깊게 만들었다. 사실상 철학자들은 실천의 영역에서 생겨나는 갈등들을 이론의 영역에서도 그대로 반복했다. 이전의 영미권 윤리학의 문제점이 '도덕적 중립성'과 '사실-가치의 이분법'에 의해 초래된 실천 분야에서의 무능력에 있었다면, 지금의 문제점은 윤리에 있어 너무나 많은 상호 대립적 접근법들이 있다는 것과, 그것들을 판별할 수 있는 명쾌한 방법이 없다는 것이다.

리 이론 그 자체를 평가절하고 이러한 규범윤리학적 기획 전체의 인식론적 위상에 대해 의문을 제기하였다.

2. 응용 윤리의 주요 방법론들

이런 혼란의 와중에서도 미국 응용 윤리학계는 나름대로 여러 가지 방법들을 개발하고 시험해 보는 일을 계속해 왔다. 그 주요 방법 내지 전략들을 우리는 대체로 다음과 같이 분류해 볼 수 있을 것이다.[2]

(1) **연역주의** Deductivism: 이 모델은 고도로 추상적이고 보편적인 제1원리로부터 구체적인 행위의 지침이 도출될 수 있다는 입장을 취한다. 예를 들자면, 칸트의 정언명법이나 공리주의의 최대 행복의 원리 등이 특수한 윤리적 갈등 사례들에서 그 판단 기준을 제공해 줄 수 있다는 것이다. 이 입장의 지지자들은, 이러한 그들의 원리가 다른 원리들에 비해 합리성 측면에서 강점을 지닌다고 주장한다.

(2) **변증법적** Dialectical **모형**: 연역주의의 근본주의적 foundationalist 성격에 대한 우려 때문에 일부 학자들은 이론과 실제 사이의 관계를 변증법적 방식으로 이해하고자 시도한다. 그들은 정당화를 무조건 "높은 데서 도출 top down" 하는 것으로 보는 대신, 규범 이론의 원리들과 특수한 도덕 판단들 사이에 어떤 변증법적 상호작용이 있다고 생각한다. 즉, 규범적 원리는 절대적인 것이 아니기 때문에 구체적 상황과 상식의 검증을 통해 수정될 수 있으며, 마찬가지로 우리가 지닌 상식적인 도덕적 신념들 또한 어떤 원리와의 일치를 위해 수정될 수 있다고 보는 것이다. 가장 유력한 변증법적 모델의 형태는 롤스의 "반성적 평형의 방법"이다.

---

2. 이하의 내용은 D. Solomon, "Normative Ethical Theories," in: W. T. Reich(ed.), *The Encyclopedia of Bioethics*, 2nd ed. (New York: Macmillan, 1995), p. 745 이하 참조.

(3) **원리주의**Principlism **혹은 최소**Minimalist **전략**: 일부 학자들은 구체적인 윤리 문제를 다루는 데 있어 규범적 이론에 너무 집착하지 말 것을 제안한다. 그들은, 예컨대 결과주의나 의무론적 이론들은 대부분의 경우에서 비슷하게 작용하며, 양자가 차이를 보이는 것은 오직 예외적인 경우에서일 뿐이라고 지적한다. 또, 이러한 예외적인 경우들은 대개 해결하기가 어려운데, 이는 결과주의자와 의무론자가 도덕을 이해하는 근본적인 입장이 다르기 때문이다. 그래서 그들은, 일반적인 윤리 문제는 이른바 "중간 수준middle-level" 원리에 의해 다룰 것을 제안한다. 이 중간 수준의 원리란, 모든 이론에 다 적용되는 가장 보편적인 원리를 말하는 것이 아니라, 상이한 이론의 지지자들도 받아들일 만한 원리를 의미한다. 그들은, 이 원리들이 적절하게 가감되어 적용될 경우, 결과주의자와 의무론자도 이를 수용할 수 있을 것이라고 주장한다.

(4) **결의론적**Casuistical **모형**: 일부 학자들은 전통적 규범 이론들 간의 논쟁에서 벗어나 보다 실천적이고 행위 지향적인 사고를 중시한다. 그들은, 실천적 사고를 위해 타당한 모델로서 중세 후기와 근대 초기에 유행했던 사례 중심case-based 접근법을 제시한다. 이 접근법에 의하면, 윤리적 검토는 도덕적으로 선한 행위 또는 도덕적으로 악한 행위의 일정한 범주 사례paradigm cases에 의거해야 한다. 이러한 범주 사례로부터 미묘한 현안 사례에 이르는 논증은 양자 사이의 유사점과 차이점을 비교함으로써 행해진다. 그리고 이를 위해서는 당연히 연역적 추리보다 유비analogical 추리를 중시한다.

(5) **상황 윤리**Situation ethics: 상황 윤리를 제창한 사람들에 의하면, 우리는 모든 일반적인 행위 지침에서 벗어나 특수한 상황의 세부적 측

면에 주의를 집중함으로써 특수한 도덕적 문제들의 해결에 다가갈 수 있다. 어떤 면에서, 이 모델은 결의론적 모델과 비슷한 것으로 보이기도 하지만 그보다 더 급진적이다. 왜냐하면 여기서는 범주 사례조차 판단 기준이 되어서는 안 되는바, 이는 범주 사례가 해당 사례의 구체적 맥락으로부터 우리의 주의를 다른 데로 돌릴 수 있기 때문이다. 그래서 어떤 이는 상황 윤리란 실천적 사고의 모델이라기보다 일체의 모델을 거부하는 것이라고 평하기도 한다.

위의 다섯 가지 모형은, 윤리 문제에 대한 판단이 오로지 타당한 규범 이론에서 도출된 제1원리에 의거해야 한다는 '연역주의'로부터, 이론에 대한 일체의 의존을 거부하는 '상황 윤리'에 이르기까지 다양한 방법을 보여 주고 있다. 나머지 세 가지 모형은 이 두 극단 사이에 위치한다. 현대 응용 윤리학에서 이 모델들 중 어느 것이 가장 타당한지에 대해서는 합의가 이루어지지 않고 있다. 이 모델들에 대해서는 각기 지지자와 비판자들이 있으며, 전문가들 사이에서 아직도 그 장단점에 대한 논의가 진행 중이다.

3. 응용 윤리의 주요 이론들

우리는 위의 1절에서 응용 윤리의 영역에 적용할 만한 유력한 세 가지 이론으로서 칸트 의무론, 공리주의, 덕 윤리가 있음을 살펴보았다. 이제부터 이 이론들에 대해 간략하게 살펴보자.

공리주의

공리주의는 결과주의consequentialism와 행복주의eudaemonism를 표방한다. 그래서 공리주의는 행동을 평가할 때 그 행동이 결과적으로 얼마나 많은 행복을 산출해 냈는지에 주목한다. '공리주의utilitarianism'라는 개념은 '유용성utility'이라는 말에서 기원하는데, 여기서 우리는 이 이론이 행복을 가져다주는 유용성으로부터 윤리적 규칙을 도출하리라는 것을 짐작할 수 있다. 공리주의자들은 주어진 상황에서 우리가 무엇을 해야 할지를 결정할 때 사용할 수 있는 간단한 도덕 원칙을 자신들이 제공해 줄 수 있다고 주장한다. 그 기본 원칙은 바로 '모든 사람은 최대 다수의 최대 행복을 가져올 수 있도록 행위해야 한다'는 것이다.

공리주의자들은 다른 모든 가치들이 의존하고 있는 본래적 가치를 가진 것은 무엇인지, 그리하여 옳고 그름의 최종적 판단 근거로 사용할 수 있는 그런 가치를 지닌 것은 무엇인지를 묻는다. 공리주의자들은 행복이 바로 그것이라고, 행복이야말로 본래적이고 궁극적인 선이라고 결론짓는다. 따라서 행복 이외의 모든 것은 오직 행복을 위한 수단으로서의 가치를 가진다고 주장한다. 이렇게 행복을 궁극적인 선으로 보기 때문에, 공리주의자들은 도덕성이란 이 선을 되도록 많이 만들어 내는 데 기반을 두어야 한다고 생각한다. 그래서 그들은, 모든 인간 행동은 얼마나 많은 행복을 가져오는가 하는 '유용성'의 관점에서 평가되어야 한다고 믿는다. 한 개인이 '무엇을 할 것인가'라는 결단에 직면했을 때, 그는 가능한 대안적 행동들의 결과를 평가하고 그중에서 가장 많은 행복을 산출할 만한 행동을 선택해야 하는 것이다.

그러므로 공리주의의 원칙은 결정의 절차를 제공해 준다. 우리가 무엇을 할 것인가를 결정하고자 할 때 가능한 대안적 행동들이 가져올 행복과 불행의 총량을 따져보라는 것이 그것이다. 가장 많은 양의 행복(행복에서 불행을 뺀 총량)을 가져올 수 있는 행동이 옳은 행동이다.

여기서 공리주의와 이기주의를 혼동하지 않도록 주의해야 한다. 이기주의는 나 자신만을 위해 최선의 결과를 가져오는 행위를 해야 한다는 이론이다. 그러나 공리주의는 그러한 이기적 관점을 넘어서서 이 세상에서의 행복의 총량을 문제 삼는다. 그리하여 행위자가 어떤 가능한 대안들을 평가할 때 그것이 모든 사람의 행복에 어떤 영향을 미칠지 따져볼 것을 요구한다. 경우에 따라서는 전체의 행복을 위해 행위자 자신의 행복을 포기해야 할 수도 있다.

공리주의는 특히 입법을 하거나 사회 정책을 수립하는 데 중요한 근거로 활용되고 있다. 예상되는 비용(위험부담)과 수익의 비율을 따져봄으로써 어떤 정책을 결정하는 방식은 바로 공리주의적 접근법에 기초한 것이다. 임신중절이나 연명 치료 중단(존엄사)을 인정하는 입법의 경우, 그러한 법의 시행이 가져올 수 있는 이점과 함께 가능한 해악(위험성)을 고려하는 것 등이 그 예이다. 즉, 어떤 계획을 추진할 때 예상되는 부정적인 효과와 긍정적인 효과(총체적인 선)를 계산하고 따지는 것이다. 정보 윤리의 예를 들자면, 인터넷 내용 규제를 시행할 것인지에 대해, 그것을 시행할 경우에 기대되는 청소년 보호의 효과와 함께 그것이 초래할 부작용(표현의 자유가 위축된다는 반발 등)을 저울질해 봄으로써 정책을 결정하는 경우 등이다.

칸트 의무론

공리주의에서 행위의 옳고 그름을 판단하는 기준은 행위 바깥에 있다. 즉, 행위의 결과가 기준이 된다. 이와 반대로 의무론은 행위 자체의 내적 성질에 주목한다. 의무론자에게 있어서 행위의 옳고 그름은 그 행위 자체에 깃들어 있는 성질에 의해 좌우된다. 만약 어떤 행위가 오로지 의무감에서 행해지고 그 행위의 원리가 보편화될 수 있다면, 그것은 옳은 행위이다. 예를 들어, 내가 진실을 말할 때 단지 그렇게 하는 것이 옳다고 믿기 때문에, 혹은 도덕법칙에 따라야 한다는 의무에서 그렇게 한 것이라면 이 행위는 옳다. 그러나 들통이 날까봐 무서워서 진실을 말하거나 어떤 보상을 기대해서 그렇게 한다면, 그 행위는 도덕적으로 가치가 없다. 도덕은 이와 같이 무조건적으로 따라야 할 법칙, 즉 정언명법에 근거해야 한다. 정언명법이란 그 명령의 전제가 되는 어떤 상위의 목적이 전제되지 않은 명령이다. 다시 말해서, 어떤 목적을 추구하기 위한 수단으로서의 명령이 아니라 그 자체가 목적인 명령이다. 행복이라는 목적조차도 여기서 예외가 될 수 없다. 따라서 의무론에 의하면, 공리주의자들은 행복을 인간이 추구할 궁극적 목적으로 규정한 것에서 이미 잘못을 범한 것이다.

칸트가 제시한 정언명법의 대표적인 정식은 다음과 같다. "너 자신의 행위 원리가 보편적 법칙이 되기를 원할 수 있도록 행위하라."[3] 이 정식을 윤리의 실천적 영역에 적용할 경우, 그것은 '우리가 어떤 행위를 할 때 만약 지금 나의 행위의 준칙(주관적 원리)을 보편적 입법의 원리로 만든다면 어떤 일이 일어날 것인가를 생각해 보라'는 요구로 표현될 수 있다. 다시 말하면, 자신을 위해서 예외를 만들지 말라는 것이다. 그 다음으로 잘 알려져 있는 정언명법의 정식은 다음과 같다. "너 자신이나 타인의 인격을 단지 수단으로 여기지 말고 항상 목적으로서 대우하라."[4] 여기서 표방하는 인간 존엄성의 이념은 이

---

3. I. Kant, *Grundlegung zur Metaphysik der Sitten*, in: *Kants Werke in zehn Bänden*, Bd. 6 (Darmstadt: Wissenschaftliche Buchgesellschaft, 1983), A52.
4. 위의 책, A66.

성적 존재인 인간의 자율적 능력에서 도출된 것이다. 이것은 한갓 욕구나 경향성의 노예가 되지 않고 스스로 세운 법칙에 스스로 복종할 줄 아는 입법자로서의 능력을 의미한다.

이러한 칸트 정언명법의 두 가지 정식으로부터 우리는 응용 윤리의 영역에서 항상 염두에 두어야 할 기본 원리를 얻을 수 있으니, 첫째, 도덕적 원리는 모두에게 동일하게 적용될 수 있는 객관적 타당성을 지녀야 한다는 것과, 둘째, 그것은 인간 존엄성에 입각해야 한다는 것이다. 만약 우리가 이를 일상 행위의 검증 원리로 삼는다면, 우리 각자는 자신의 행위에 대해(또는 행위하기에 앞서) 항상 다음과 같이 반성적으로 되물어 볼 수 있을 것이다. "나의 이러한 행위는 다른 모든 사람이 나와 똑같이 행위한다고 가정할 경우에도 여전히 내가 일관되게 원할 수 있는 그런 행위인가?" "나의 이러한 행위는 목적 자체로서의 인간성의 이념에 합치되는가, 다시 말해서 혹시 타인을 어떤 다른 목적을 위한 수단으로 삼는 행위는 아닌가?"

이러한 원리를 응용 윤리에 적용해 본다면, 예컨대 불량 식품이나 농약을 다량 함유한 식품을 유통시키는 사람으로 하여금 "만일 모든 사람이 나와 똑같은 방식으로 행위한다고 할 때에도 나는 일관되게 이러한 행위 방식을 원할 수 있는가?" 하고 반문하도록 촉구하거나, 미성년자에게까지 무차별적으로 음란물을 발송하는 사람에게 "만일 그 수신자가 당신 자식일 경우에도 당신은 이러한 행위를 일관되게 원할 수 있는가?" 혹은 "당신의 이러한 행위는 인간을 목적 그 자체로서가 아니라 단지 누군가의 욕구 충족을 위한 수단으로 취급하는 것은 아닌가?"를 스스로 물어보도록 촉구할 수 있을 것이다.

덕 윤리

오늘날 응용 윤리학에서 가장 영향력이 큰 규범윤리 이론은 역시 공리주의와 의무론이다. 실제로 응용 윤리 분야에서의 일반적인 논쟁이나 교재들에서 이 두 가지 이론은 가장 빈번하게 다루어지고 있다.[5] 그 이유는 아마도 응용 윤리 분야에서 발생하는 실제 윤리 문제들이 대개 도덕적 의무와 결과적 이익 사이의 갈등을 함축하고 있는 것처럼 보이기 때문일 것이다. 다시 말해서, 도덕적으로 문제가 있는 것 같은 행동이 커다란 이익을 가져다줄 것으로 생각되는 경우, 그런 행동이 과연 정당화될 수 있는지에 대해 많은 사람이 의문을 가지기 때문일 것이다. 생명 윤리 분야에서 예를 든다면, 의사가 환자를 치료하는 과정에서 알게 된 정보를, 만일 그 정보로 인해 다른 사람들의 큰 피해가 예방될 수 있다고 여겨질 경우, 그 환자의 동의 없이 제3자에게 공개해도 좋은가? 의사가 환자에게 거짓말하는 것이 치료의 효과를 높이고 병의 악화를 억제할 수 있다고 여겨질 경우, 그렇게 해도 좋은가? 어떤 치료법이 환자에게 큰 도움을 줄 것이 분명함에도 불구하고 환자의 부모가 종교적인 이유로 그 치료법을 반대할 경우, 의사는 그 반대를 무시해도 좋은가? 이와 같은 도덕적 딜레마는 응용 윤리 분야에서 흔히 접할 수 있는 사례들이다. 또 이러한 문제들은 위와 같은 행동들(예컨대, 동의 없는 정보공개, 거짓말, 온정적 간섭 등)을 '절대로 해서는 안 된다' 는 생각과, 그런 행동을 함으로써 좋은 결과가 초래될 수 있다면 언제든 '해도 좋다' 는, 아니 '해야 한다' 는 생각 사이의 일반적인 갈등을 드러낸 것이라고 볼 수 있다.

---

5. 일찍이 국내에 번역 · 소개된 브로디의 『응용윤리학』(종로서적, 1988)이 대표적인 예이다. 이 책에서는 응용 윤리 분야의 모든 딜레마 사례들을 공리주의와 의무론의 분석틀을 적용하여 상호 대비시켜 평가하고 있다.

이는 의무론과 결과주의 사이의 전형적인 갈등을 잘 보여 준다.

덕 이론virtue theory이 주목받기 시작한 것은 무엇보다 이처럼 오늘날의 응용 윤리가 처한 현실적 딜레마에 기인한다. 다시 말해서, 응용 윤리의 문제들을 다루는 데 있어 공리주의와 의무론 사이에 전개되는 갈등의 골이 깊어지자, 윤리학자들이 이러한 딜레마를 피해 갈 수 있는 대안으로서 덕 윤리에 눈을 돌리게 되었던 것이다. 다음으로, 윤리 문제가 자주 발생하는 현장에서 일하는 여러 행위자들(예컨대 전문가, 기술자, 연구원 등)의 인성character에 대해 새로이 관심을 가지게 되었기 때문이다. 인성에 대한 이러한 새로운 관심은 한편으로 기존의 '무력한' 윤리학에 대한 불만을 반영한다고 볼 수 있으며, 다른 한편으로는 도덕교육의 새로운 모형을 모색하는 과정의 산물이라 할 수 있다. 관련 분야 종사자들로 하여금 바람직한 인성을 함양토록 하는 것은 그들에게 규칙을 심어주는 것보다 더욱 실효성 있는 대책으로 보였는데, 왜냐하면 응용 윤리 영역에서는 모든 것이 빠르게 변하고 규칙들도 금세 낡은 것이 되어버리기 때문이다.[6]

일반적으로 덕 윤리에서는 행위의 옳고 그름을 판단하는 도덕 원칙보다는 유덕하다고 널리 인정되는 인격의 모델에 주목한다. 왜냐하면 현대의 복잡한 상황 속에서는 어떤 고정된 원칙이나 규칙에 의존하는 사람보다 세련된 감수성과 지식을 지닌 사람이, 즉 실천적 지혜를 지닌 사람만이 제대로 된 도덕 판단을 할 수 있을 것으로 여겨지기 때문이다.

그래서 이러한 덕 윤리를 표방하는 사람들은 일차적으로 어떤 도덕원리에 호소하기보다 바람직한 도덕 공동체를 구성하고 발전시켜 나가는 데 필요한 덕목(예컨대 인간 존중, 성실, 정직, 절제, 공정, 타인 배

---

6. Solomon, 위의 책, p. 746 이하 참조.

려, 준법 등)과 인격적 모델을 설정한 후 이를 교육하고 계몽시키는 데 주력한다. 이것은 한편으로 매우 느슨한 대책인 것처럼 보이지만, 다른 한편으로 보자면 가장 확실하고 근본적인 대책이라 할 수도 있다. 왜냐하면 모든 일은 결국 '사람'에게 달린 것이기 때문이다.

위의 세 가지 이론(의무론, 공리주의, 덕 윤리)은 오늘날 응용 윤리의 담론에서 가장 지배적인 윤리 이론으로 간주되고 있다. 이 세 가지 접근법의 특징을 살펴보면, 결과주의 혹은 공리주의가 인간의 행위를 평가하기 위한 근거로서 좋은 결과를 강조하고, 의무론이 도덕의 근거로서 보편적 법칙과 인간에 대한 존중을 중시한다면, 덕 윤리는 도덕적 문제를 유덕한 성품이나 동기를 지닌 도덕적 행위자의 관점에서 바라본다고 요약할 수 있다.

4. 이 책의 기본 입장

우리는 이제까지 현대 응용 윤리 담론의 현황과 개략적인 흐름, 그리고 대표적인 방법론 및 이론들을 살펴보았다. 그렇다면 이 책에서는 과연 어떤 입장과 관점에 서서 응용 윤리의 여러 문제들을 다룰 것인지를 일단 밝혀두는 것이 좋을 듯하다. 응용 윤리의 입문서라 할 만한 이 책에서 어떤 특정한 이론이나 방법론에 입각하여 모든 문제의 해결책을 제시하는 것은 적절할 것 같지 않다. 그렇다고 해서 하나의 사례를 놓고 각각의 이론이나 방법론을 적용할 경우 어떠한 해법이 나올 수 있는지를 중립적 입장에서 제시하는 방식도 문제가 있어 보인다. 이렇게 한다면, 각 분야마다 각기 한 권의 책이 필요할 정도로 방대한 분량이 될 뿐만 아니라, 백서나 자료집이 아닌 하나의 윤리학 책으로서는 어울릴 것 같지 않기 때문이다. 그래서 이 책은 다음과 같은 입장과 관점을 일관되게 유지한 채 문제들을 다루고자 한다.

첫째, 이 책은 도덕·윤리의 개념을 이해하는 방식으로서 일단 칸트와 비슷한 입장을 취하고자 한다. 도덕의 개념에 대한 칸트의 기본 입장은 그것이 '자기중심성을 넘어서야 한다'는 것이다. 흔히 '보편화 가능성'을 검증하라는 요구로 이해되는 그의 정언명법의 핵심적 취지도 실은 우리 안에 자기중심적 동기가 숨어 있지 않은지 검사해 보라는 것이다. 도덕의 개념을 이와 같이 이해하는 입장에서 볼 때, 이른바 '합리적 이기주의'는 도덕의 담론에 속하지 않는다. 아무리 장기적인 안목과 이성적인 태도를 견지한다 하더라도 그것은 결국 자기 이익을 도모하는 자기중심적 노선에 속한 것이기 때문이다.

사실, 동서고금을 막론하고 '도덕적'이라는 의미는 보통 '이기적'이거나 '자기중심적'이라는 의미와 반대되는 의미로 사용되어 왔다. 따라서 도덕의 개념을 이렇게 이해하는 것은 하나의 상식이요 평범한 진리에 불과한 것이다. 그런데도 도덕의 개념을 자기 이익과 연결시키려는 합리적 이기주의가 오늘날 주목받는 것은 어찌된 일일까? 도대체 어쩌다가 원래 정반대로 쓰이는 개념을 이처럼 부자연스럽게 일치시키려는 시도를 하게 된 것일까? 이것은 서구 근대 문명의 발달 및 확산 과정과 관련된 것으로 보인다. 우리가 상공 시민 계층의 대두, 자본주의 경제체제의 성립, 자유주의 정치 이론의 발전 등과 같은 서구 근대사회의 흐름을 떠올려 볼 때, 우리는 합리적 이기주의의 대두 배경을 어렵지 않게 짐작할 수 있다.

원래 시장이란 각자가 자기 이익을 추구한다는 전제 하에서만 성립한다. 여기서 요구되는 윤리는 상인의 윤리이다. 그래서 현대사회에는 과거 농경 사회 시절에 지배적이었던 공동체 윤리 대신 이해관계를 따지는 상인의 윤리가 퍼지게 된 것이다. 워낙 상업 문명이 지배적이다 보니 이제 우리는 모든 것을 돈의 가치로 환산해서 따져보는 데 습관이 되었다. 그런데 문제는 우리가 상인으로서만 살아가는 게 아니라는 데 있다. 가족이나 친지, 친한 친구 사이에서 우리는 흔히 이해관계를 따지지 않는다. 또 자신이 믿는 중요한 가치나 삶의 의미를 추구함에 있어 우리는 상인의 이해타산을 넘어선다. 따라서 도덕의 근거를 자기 이익에서 찾으려는 시도는 오직 부분적인 삶의 장, 즉 시장에서만 타당성을 지닐 뿐이며, 여기서 사용되는 '도덕'의 의미 또한 자기 이익이라는 목적을 달성하는 데 유효한 삶의 전략이라는 '가언적인hypothetical' 의미의 도덕이 된다.

하지만 우리의 상식적 이해와 같이, 또 칸트가 지적한 바와 같이, 원래 도덕이란 '정언적인categorical' 것이 아닌가? 즉, 도덕이란 단순히 자기 이익을 얻기 위한 효과적인 전략의 차원에 머무는 것이 아니라, 오히려 이기적이거나 자기중심적인 이해타산을 넘어선 어떤 것이 아닌가? 참으로 도덕이란, 우리 자신만을 위한 목적을 추구하는 것이 아니라, 설사 자기희생이 따르더라도 모두를 위한 목적을 추구하는 것이 되어야 하지 않겠는가?

물론 도덕의 개념을 이와 달리 정의함으로써, 다시 말해서 위와 같이 자기중심성을 넘어선 목적을 추구하는 정언적 명령의 체계로서가 아니라 자기 이익이라는 궁극 목적을 추구하기 위한 전략의 차원에서(즉, 가언적인 명령의 체계로서) 이해하는 방식이 불가능한 것은 아니다. 아니, 오늘날엔 오히려 이러한 방식이 득세하고 있다고도 말할 수 있다. 위에서 언급한 이른바 상인의 윤리라는 것도 이기적인 개인들이 모여 어떻게 지혜롭게 공존할 수 있는가를 모색한 결과라고 할 수 있으며, 자본주의 경제체제 속에서 살고 있는 우리 또한 이러한 '윤리'의 실천을 위해 노력하고 있다고도 말할 수 있기 때문이다. 뿐만 아니라 평범한 인간의 자기애에 의지한 '윤리'의 실천은 물질적 재화의 활발한 생산과 분배에 도움을 주는 측면도 있는 것이다.

그런데 여기서 주의해야 할 점이 있다. 이러한 가언적 명령 체계로서의 윤리 개념과 정언적 명령 체계로서의 윤리 개념을 혼동하여 사용하면 안 된다는 것이다. 이것을 혼동할 경우에는 자칫 '계산할 수 없는 것' 또는 '계산해서는 안 되는 것'까지 모두 '계산할 수 있는 것'으로 환원해버림으로써 도덕 담론이 엄청난 혼란과 냉소주의로 빠져버릴 수 있기 때문이다. 바로 이런 이유로 칸트는 "만일 올바른 도덕 판단을 위한 최고의 규범이 없다면, 도덕 자체가 온갖 종류의 타락으로 빠져버릴 수도 있다"[7]고 말했던 것이다.

둘째, 윤리란 자기중심성의 극복에서 한 걸음 더 나아가 타자에 대한 적극적인 관심과 배려를 요청한다는 입장을 취하고자 한다. 사실 자기중심적 입장을 벗어난다는 것은 곧 자기 이외의 존재에 관심을 가진다는 것을 의미하므로, 이것은 무슨 새로이 진전된 입장이라기보다 도덕의 기본 개념에 대한 이해의 연장선상에 있는 것이라 할 수 있다. 이는 마치 모든 인간을 동등한 자격을 지닌 존재로 전제하는 칸트 정언명법의 '보편주의 정식'이 모든 인간을 존엄한 존재로 대우하라는 '인격주의 정식'으로 연결되는 것과 마찬가지이다.

그런데 칸트 윤리에 대해서 그것이 인간중심주의적anthropocentric 한계를 가진다는 비판이 있다. 칸트 윤리는 이성적 존재자인 인간만을 윤리적 주체이자 윤리적 고려의 대상으로 삼는다는 점에서 '인간중심주의'를 표방한다는 것이다. 이는 특히 환경 윤리에서, 그중에서도 생태주의적ecological 접근의 필요성을 강조하는 맥락에서 등장하기

---

7. I. Kant, 위의 책, BA X.

도 한다. 하지만 정확히 말하면 인간 존엄성에 입각한 윤리가 생태주의적 윤리와 모순되는 것은 아니다. 칸트의 입장은, 자기중심적 태도를 넘어서기가 극히 힘든 인간의 타고난 조건을 겨냥하여 그 극복 필요성을 강조한 것이자, 그것이 바로 도덕의 기본 원리가 되어야 함을 역설한 것일 뿐이다. 생태주의가 아무리 새로운 존재론을 표방한다고 하여도 결국 윤리적 책임과 실천의 주체는 인간일 수밖에 없음을 생각할 때, '인간만이 도덕적 고려의 대상이 되어야 한다'는 편협한 해석을 고집하지 않는 한 '인간이 중심이 되는' 윤리는 일면 당연한 것이다.

자기중심성을 넘어서 타자에게로 눈을 돌릴 때, 우리가 일차적으로 관심을 기울이고 배려해야 할 대상은 당연히 동료 인간일 수밖에 없으며, 이것이 바로 윤리의 기원임은 잘 알려져 있는 바와 같다. 동료 인간을 자신과 동등한 존재로 대우하고 존중하라는 윤리의 기본적 요구가 충족된 토대 위에서라면, 우리가 상호 의존하고 있는 인간 이외의 다른 생명체나 존재를 향해 윤리적 고려의 범위가 넓어지는 것은 자연스러운 일일 것이다. 이를 가능하게 하는 것은 이미 많은 윤리학자들이 공감, 동정심, 자비 등으로 표현한 인간의 능력이라는 것 또한 잘 알려져 있다.

이렇게 타자를 향해 관심과 배려를 넓혀 가는 과정의 마지막 지점은 아마도 '타인과 나는 서로 다른 존재가 아니라 본질에 있어서 하나'라는 깨우침일 것이다. 이는 물론 단지 말이나 생각만으로 쉽게 다다를 수 있는 경지는 아니겠으나, 윤리란 언제나 당위이자 이상임을 생각할 때, 쇼펜하우어의 말처럼 이 점이 바로 윤리의 형이상학적 기초가 될 수 있지 않겠는가?

그러한 '모든 영혼은 하나임'이 세계의 본질이라는 이해는 윤리의 형이상학적 기초일 것이고, 이는 한 개인이 타인에게서 자신의 참된 존재를 직접적으로 재인식하는 데에서 가능할 것이다. 그에 따라 실천적 지혜, 옳은 행위, 선행은 결과적으로 가장 잘 알려져 있는 이론적 지혜의 심오한 학설과 정확히 만날 것이다. 그리하여 실천 철학자, 올바른 사람, 선행을 하는 사람, 고결한 사람은 오직 그의 행위를 통해 위대한 통찰이나 이론철학의 난해한 연구 결과와 똑같은 인식에 이를 것이다.[8]

나는 동정심을 윤리에서의 거대한 신비라고 부른 바 있다. 자기 조국을 위해 죽음을 감수하는 사람은 개인적 현존의 제약으로부터 자유로워진다. 그는 자신의 존재를, 그것을 통해 그가 계속 살아 있을 자기 민족에게로, 심지어 그들의 다음 세대들에게까지 확장한다. 이들에게 그는 영향을 미친다. 이제 그에게 죽음은 단지 눈을 깜박거리는 정도로 여겨진다.

다른 모든 존재를 언제나 비-아非我로 생각하는 사람, 심지어 오직 자기 자신만을 참으로 실재하는 것으로 여기고, 타인이란 본래 환영幻影에 불과하다고 여기는 사람은 타인에게 상대적 존재성만을 인정한다. 타인은 그의 목적을 위한 수단이거나 아니면 목적 달성을 방해하는 존재일 뿐이다. 따라서 자신과 비-아 사이에 넘어설 수 없는 차이와 깊은 간격을 남겨둠으로써 오직 자기 자신 안에서만 존재하는 사람은, 죽음에 이르러 자신과 함께 모든 실재성과 모든 세계가 침몰하는 것을 본다.

반면에 다른 모든 사람에게서, 심지어 생명을 갖는 모든 것에서 자신의 존재를 인지하고 살아있는 모든 현존재와 하나가 된 자는, 죽음을 통해 자신의 현존재의 작은 부분만을 잃는다. 그는, 그 자신이 언제나 인식하고 사랑한 다른 모든 존재 속에서 계속 살아 있다. 그리고 그의 의식을 다른 모든 존재의 의식에서 분리하는 착각은 사라진다. 비록 전부는 아닐지라도 선한

---

8. 쇼펜하우어(김미영 역), 『도덕의 기초에 관하여』(책세상, 2004), p. 239.

사람과 악한 사람이 죽음의 시간을 받아들이는 방식에서 나타나는 대부분의 차이가 여기에서 비롯한다.[9]

이제까지 논한 '이 책의 기본 입장'이란 사실 그리 새삼스러운 것은 아니다. 이른바 '조건부적 의무' 혹은 '직견적 의무 prima facie duty'로서 제시된 원리들이나 응용 윤리의 방법론 중 '중간 수준 middle-level 원리'로서 제시된 원리들과 별로 다를 것이 없기 때문이다. 첫 번째로 언급한 '자기중심성을 벗어나야 한다'든가 '보편화 가능한 것이어야 한다'는 입장은 공정성을 주장하는 '정의 justice'의 원리에 다름 아니고, 인간의 존엄성을 존중해야 한다는 입장은 '자율성 autonomy'의 원리와 통하며, 두 번째로 언급한 '타자에 대한 적극적인 관심과 배려'라는 것은 소극적으로 표현하자면 '악행 금지 non-maleficence'의 원리이고, 적극적으로 표현하자면 '선의 beneficence'의 원리라고 할 수 있는 것이다. 이제 다음 장부터 이러한 '평범한' 원리들을 가지고 응용 윤리의 다양한 주제들을 조명해 보는 여정에 나서 보기로 하자.

---

9. 위의 책, 제22절.

《 생각해 볼 문제 》

1. 다음 글은 현대 응용 윤리의 구체적 영역(문제들)에 다양한 윤리 이론을 적용하는 일의 어려움을 토로하고 있다. 이 글의 입장은 위의 2절에서 검토한 방법론들 중 어떤 유형에 속하는가?

> 현대의 생명의료윤리에는 상당히 복잡한 이론적 갈등이 있으며 또 그러한 이론들이 얼마나 실천적인 타당성을 갖느냐에 대해서도 서로 다른 해석들이 존재한다. 그럼에도 우리는 이러한 이론들 모두로부터 배워야 한다고 말하고 싶다. 도덕적 삶의 어떤 부분을 설명하는 데 있어 하나의 이론이 약점을 지닌다면, 종종 다른 이론은 강점을 지닌다. 비록 모든 일반 이론이 우리의 실제 도덕적 신념들과 어떤 점에서 충돌한다 하더라도, 각 이론은 또한 우리가 마지못해 포기해야만 하는 신념들을 설명해 준다. 그러므로 다른 이론들을 압도하는 하나의 이론을 선택하지 않고서도, 우리는 다양한 이론들 속에 들어 있는 수용 가능한 측면들에 주목할 수 있을 것이다.[10]

2. 다음 글을 읽고, 아래 물음들에 답해 보자.

> 이상 증세를 보이는 한 노인 환자의 신체 조직을 떼어 정밀검사를 의뢰했던 의사가 검사 결과를 통보받았다. 결과는 치료가 불가능한 암이었다. 그

---

[10] T. L. Beauchamp & J. F. Childress, *Principles of Biomedical Ethics* (New York/Oxford: Oxford University Press, 2009), p. 363.

> 환자는 합리적인 사고 능력과 의사결정 능력을 가지고 있지만, 다소 신경
> 질적인 성격에 정신병의 전력을 가지고 있었다. 특히 최근 그의 아내가 고
> 통스러운 암 투병 끝에 사망한 일을 겪은 후에는 우울증 증세를 보이기도
> 하였다.
> 마침 검사 결과를 알기 위해 병원을 찾은 환자가 의사에게 신경질적으로
> 물었다. "나는 괜찮은가요?" 이어서 대답도 기다리지도 않은 채 의사에게
> 다시 물었다. "암은 아니지요, 그렇지요?" 환자의 예후를 걱정하고 또 우울
> 증이 악화될 것을 우려한 의사는 "당신은 10년 전만큼이나 좋습니다"라고
> 대답했다. 그는 명백한 거짓말을 한 것이 마음에 걸렸으나 이 경우에는 어
> 쩔 수 없다고 생각했다.

1) 이 의사의 태도에 대해 공리주의의 입장과 칸트 의무론의 입장에서 평가해 본 후, 덕 윤리의 입장에서는 어떤 태도를 취할 수 있을지 추론해 보자.
2) 이 의사의 태도는 정당화될 수 있는가? 만일 정당화될 수 있다면 어떤 이유에서 그렇고, 정당화될 수 없다면 어떤 이유에서 그런지 자신의 생각을 말해 보자.
3) 이 의사의 태도를 생명 의료 윤리의 네 가지 원리 Principles of Biomedical Ethics[11] — 자율성 autonomy, 악행 금지 non-maleficence, 선의 beneficence, 정의 justice — 에 비추어 검토해 보자.

---

11. 위의 책, Part II 참조.

2 가정 윤리

가정의 의미와 가정 윤리에 대한 재인식

하늘나라에 가 계시는 엄마가/하루 휴가를 얻어 오신다면/아니 아니 아니 아니/반나절 반시간도 안 된다면/단 5분/그래, 5분만 온대도/나는 원이 없겠다/얼른 엄마 품속에 들어가/엄마와 눈맞춤을 하고/젖가슴을 만지고/그리고 한번만이라도/엄마!/하고 소리내어 불러보고//숨겨 놓은 세상사 중/딱 한 가지 억울했던/그 일을 일러바치고/엉엉 울겠다.

— 정채봉,「엄마가 휴가를 나온다면」

최근 한국보건사회연구원의 보고서에 따르면, 한국 사회는 1998년 외환 위기를 겪은 후 갈등상태를 벗어나지 못하고 있으며, 이로 인해 사회통합지수도 급격히 떨어져 24개 OECD 회원국 가운데 19위에 불과한 것으로 드러났다. 그런데 특히 주목할 부분은 자살률, 이혼율, 출산율 등 가족 영역 지수가 최하위인 24위를 기록한 것으로서, 가족 또는 가정 문제가 한국 사회의 통합성을 해치는 가장 큰 요인으로 확인되었다.[1] 이는 사회적 통합이 무너져 가고 있는 우리 사회의 위기를 보여줌과 아울러 그 중심에는 가정의 위기가 놓여 있음을 말해 준다.

과연 우리가 직면한 가정의 위기는 어느 정도 심각한가? 급변하는 오늘날의 우리 사회, 아니 미래 사회에서도 가족제도는 반드시 존속해야 할 제도인가, 아니면 새로운 형태로 변화해야 할 구시대의 유물에 불과한가? 만일 전통적인 가족제도가 여전히 지켜져야 할 삶의 장치라면, 우리는 어떻게 그것을 지켜낼 수 있을 것인가? '가정이야말로 개인윤리와 사회윤리의 뿌리'라고 말할 수 있는 핵심적인 이유는 무엇인가? 아래에서 이와 같은 물음에 대해 다각도로 검토해 보자.

1. 현대 가정의 위기와 가족 개념의 변화

최근 개정 교육과정에 따라 새로운 도덕 교과서의 '가정 윤리' 부분을 집필하게 된 저자들은 예기치 못한 딜레마에 직면했다. 가정 윤리의 내용에 걸맞은 삽화를 찾는 과정에서 과연 예전처럼 어머니, 아버지, 형이나 누나, 동생으로 이루어진 가족의 모습을 실어도 좋을 것인지 고민하지 않을 수 없었던 것이다. 왜냐하면 통계적으로 지금 이러한 가정의 숫자는 전체의 1/4도 안 되기 때문이다. 만일 교과서에 당연한 듯이 이러한 그림을 넣게 될 경우, 실제로 그렇지 않은 다수의 학생들은 공감할 수 없거나 상처를 받지 않겠는가?

과연 '정상적인' 가족 구성원의 범위를 정할 수 있을까? 가족의 사전적 의미를 찾아보면, '부부를 중심으로 그 근친인 혈연자들이 함께 생활하는 공동체'(네이버), '배우자, 직계혈족 및 형제자매, 생계를 같이하는 직계혈족의 배우자, 배우자의 직계혈족 및 배우자의

---

1. 2009년 3월 3일자 주요 일간지 기사 참조.

형제자매'(민법 개정안), '혼인, 혈연, 입양으로 이루어진 사회의 기본 단위'(건강가정기본법 제3조) 등으로 되어 있다.

여기서 '정상 가족 이데올로기'라는 용어

보호자	성 명	생년월일	직 업
부			
모			
동거 가족 (○ 표, 숫자 표시)			
조부	조모	부	모	형,오빠	누나 언니

그림1

를 통해 드러난 전통적인 가족 개념에 대한 비판에도 주목할 필요가 있다.

이 견해에 따르면, 그동안 우리 사회에는 혈연과 혼인을 통해 만들어진 가족만을 인정하려는 이른바 '정상 가족 이데올로기'가 지배해 왔으며, 이로 인해 정상 가족이라 여겨지는 부부와 그들이 낳은 미혼 자녀로 구성된 핵가족 이외에 다른 형태의 가족들은 차별을 받아왔다는 것이다. 그림 1에 예시된 가정환경조사서 양식 또한 이러한 정상 가족 이데올로기를 보여 주는 예라 할 수 있다.

이러한 비판은 '건강가정기본법'에 대한 논란을 통해서도 표출된 바 있다. 얼마 전 정부는 '건강가정기본법'이라는 법을 새로 만들었는데, 이 '건강 가정'이라는 명칭에 담긴 발상 자체에 대해 문제가 제기되었던 것이다. '가정의 건강'을 지키자는 취지에 누가 이의를 제기하겠는가마는, 그렇다면 건강한 가정은 어떤 것이고 건강하지 않은 가정은 또 어떤 걸 가리키느냐는 점이 문제였다. 예를 들어, 이혼 가정은 '불건강한,' 즉 '건강하지 못한' 가정이라는 전제가 깔려 있는 게 아니냐는 의심을 샀던 것이다. 이 같은 논란을 통해 우리는 전통적인 가정과 가족 개념의 균열과 혼란을 엿볼 수 있다. 최근 여성학계나 사회학계에서 논의되고 있는 주제들 중에도 이와 관련된 것이 많이 있다. 대체로 비판자들은, 혈연 중심적 가족 공동체가 무너져 가고 있는 지금 종래의 가족 개념과 가정 모델을 고집하려는 것은 시대에 역행하는 사고방식의 발로일 뿐이라고 지적한다.

흔히 '가족'을 연상할 때 떠오르는 전형적 이미지는 '환하게 웃고 있는 아빠 엄마와 아이들'의 모습이다. 하지만 위에서도 언급했듯이, 우리나라에 전형적인 핵가족 가구(4인 가구)는 2010년 현재 전체 가구 수의 22.5%에 불과하다. 가장 많은 것이 2인 가구로서 전체의 24.3%이며, 그 다음이 1인 가구로서 23.9%이다. 5년 전만 해도 핵가족이 절반 가까운 비율을 차지했으나, 그사이에 혼자 또는 단둘이 사는 집이 급속히 늘어난 것이다. 2인 가족이 늘어난 것은 주로 저출산과 고령화 때문이다. 자녀 수도 적은데다 이들이 성장해 분가하면서 노부부만 남는 이른바 '빈둥지 가구'가 늘어났고, 여기에 늦게 결혼하고 맞벌이로 아이를 낳지 않는 30대 부부가 증가한 것도 한 이유이다. 이외에 이혼으로 인한 한 부모 가족, 혈연관계 없는 노인들이 같이 사는 비혈연 가구도 빠르게 늘고 있는 추세이다. 1인 가구는 더 무섭게 늘고 있다. 주로 고령화와 늦은 결혼 때문인데, 독거노인과 혼자 사는 20, 30대가 그만큼 늘어난 것이다.[2]

가족의 형태도 셀 수 없이 다양해졌다. 딩크(DINK, Double Income No Kid) 가족, 이혼 가족, 재혼 가족, 별거 가족, 기러기 가족, 주말 가족, 동거 가족, 입양 가족, 다문화 가족, 공동체 가족, 남매 가족, 조손 가족 등이 그것이다. 가족의 개념에 대한 이해는 남녀 간에도 약간의 차이가 있다. 남성은 가족을 '조상을 같이하는 피로 맺어진 사람들'(35.8%)이라고 가장 많이 정의한 반면, 여성은 가족을 '서로 사랑하는 사람들'(40.9%)이라고 가장 많이 답했다.[3]

---

2. "통계청「2010 센서스」가구·주택 부문 발표" (2011년 7월 8일자 주요 일간지) 참조.

요즘 나오는 영화들을 통해서도 우리는 오늘날 가정의 위기와 가족 개념의 변화 요구를 느낄 수 있다. 〈집으로〉나 〈스텝맘〉, 〈가족의 탄생〉 같은 영화를 보면서 우리는 눈물을 흘리기도 하고 잊혀져 가는 가족의 의미를 새삼 되새겨 보기도 한다. 사실 〈조용한 가족〉의 무시무시한 모습이나 〈바람난 가족〉의 타락한 모습도 외형적으로만 보면 '정상적인' 가족에 가깝다. 문제는 외형적 틀이 아니라 내면적 규범과 연대의식이 사라져 가는 데 있다. 이미 구성원들 사이에 자연스럽게 우러나는 정情도 사랑도 없는 곳에서 외형적 틀을 유지하기 위해 책임감이나 의무감을 강조한들 그곳이 행복한 가정이 될 수는 없는 것이다. 결국 수많은 '비정상' 가족들이 생겨나는 가운데 '가정의 위기'를 외치고 있는 것이 요즘의 우리 모습인 듯하다.

하지만 가족이 사라질 수는 없다. 사람은 고립된 채로만 살아갈 수 없고, 외로울 때 기대고 의지할 누군가를 필요로 하기 때문에 가족은 사라질 수 없다. 비록 그 형태는 변할지 모르겠지만, 조건 없는 사랑으로 뭉쳐진 '사랑의 공동체로서의 가정'이라는 이상형은 변할 수 없다. 아니 세상이 험해질수록 모든 이의 피난처이자 안식처가 되는 가정이야말로 더욱 절실히 요청되는 것이 아닐까?

2. 결혼은 꼭 해야 하나?

가족은 일반적으로 결혼과 더불어 탄생한다. 하지만 위에서 살펴본 것처럼, 오늘날엔 결혼을 통하지 않은 가족 형태도 많이 생겨났

---

3. 『한겨레』, 2006년 6월 20일자.

다. 이제 결혼은 인간의 삶에서 필수가 아니라 선택이 되어버린 듯하다. 그렇다면 새로운 시대, 새로운 가족 유형의 출현과 더불어 결혼제도 또한 구시대의 유물로 서서히 사라져버리고 말 것인가, 아니 사라져야 하는가?

결혼은 '해도 후회하고 안 해도 후회할 것'이라는 말이 있다. 이 말은, 결혼해서 사는 삶과 결혼 안 하고 사는 삶에는 나름대로 장점과 단점이 있을 수 있다는 것, 그리고 결혼을 보는 눈은 사람의 관점과 입장에 따라 크게 달라질 수 있다는 것을 시사하고 있다. 과거에는 어떤 특별한 사정이 없는 한 사람은 성인이 되면 누구나 결혼을 하여 가정을 이루고 사는 것을 당연시하였다. 그러나 오늘날에는 이러한 통념도 많이 변했다. 실제로 우리는 주위에서 혼자 살거나 자유롭게 동거하며 사는 사람들을 드물지 않게 찾아볼 수 있다.[4]

인류가 오랫동안 유지해 왔던 가족제도가 흔들리기 시작한 것은 산업혁명 시기부터이다. 과거 농경 사회에서는 생산 자체가 긴밀한 가족제도를 필요로 했지만, 산업사회에서는 생산 활동이 더 이상 가족을 중심으로 이루어지지 않기 때문이다. 미래학자 앨빈 토플러A. Toffler는, 대가족제도는 제1의 문명인 농업·수공업 시대에 적합한

---

4. 다음과 같은 '비혼녀'(결혼하지 않은 여성. 아직 결혼을 하지 않았다는 의미의 '미혼'과 달리 자발적으로 혼인을 선택하지 않은 상태임을 강조하기 위해 만들어진 말)들의 선언도 그 한 예가 될 수 있을 것이다(『주간동아』, 2010년 12월 20일자).

비혼선언문
우리는 비혼 여성입니다. 결혼하지 못한 미혼 여성이 아닌, 결혼하지 않은 상태를 선택한 비혼 여성입니다. 그러나 우리는 고립된 생을 선택하지 않았습니다. 우리는 홀로 꽃필 수 있고, 함께 꽃필 수도 있는 자유롭고 완전한 존재입니다.
　우리는 새로운 공동체를 꿈꿉니다. 다양한 사람들이 다양한 방식으로 살아나가며, 다름이 문제가 아닌 더 큰 힘이 되는 공동체를 만들려 합니다.
　오늘 우리는 이 자리에서, 자유를 열망하는 이들의 축복과 함께! 비혼으로 홀로 또 함께 잘 살겠노라고 신성하게 선언합니다.

가족제도이고, 핵가족제도는 산업혁명 이후의 제2의 문명에 적합한 가족제도이며, 도래하고 있는 제3의 문명인 전자 · 정보 시대에는 또 다시 새로운 형태의 가족제도가 등장할 것이라고 예측한 바 있다. 또한 이 새로운 가족 형태는 어떤 일정한 모습이 아니라 다양한 모습을 띠게 될 것이며, 이러한 변화 과정에서 인류는 적응의 어려움을 겪게 될 것이라고 예상하고 있다.

과연 새로운 시대의 도래와 함께 인류가 오랫동안 유지해 왔던 결혼 제도, 가족제도는 점차 사라져갈 운명에 처한 것일까? 이제는 결혼하지 않고도 일상생활과 사회생활을 무리 없이 영위할 수 있으며, 원한다면 마음대로 자녀를 낳아 기를 수 있는 시대가 오고 있는가? 아니면 결혼은 오늘날에도 그리고 앞으로도 꼭 필요한 제도일까? 이러한 문제와 관련하여서는 결혼과 가족제도를 고집할 필요가 없다고 보는 견해와 그것의 불가피성을 주장하는 견해가 맞서 있다. 이에 대해 우리나라의 경우에 초점을 맞추어 좀 더 생각해 보자.

그간 우리나라는 세계의 다른 어느 나라보다도 빠른 산업화와 핵가족화의 과정을 겪어 왔다. 그리고 그에 따라 가족의 결속도 갈수록 약해지고 불안정해지고 있다. 일례로 우리나라의 이혼율은 매년 가파른 상승세를 보여 왔다. 인구 조사 통계에 따르면, 1972년에는 혼인한 20쌍 중에 1쌍이 이혼했으나, 1980년대부터는 이혼율이 급속도로 증가하여 1992년에는 혼인한 7, 8쌍 중 1쌍이 이혼하였고, 급기야 2003년에는 2쌍 가운데 1쌍이 이혼함으로써 이제는 세계 최고의 이혼율을 보이고 있다. 그렇다면, 이와 같이 결혼과 이혼을 거듭하면서 번거롭고 마음고생이 따르는 삶을 사느니 차라리 결혼이라는 형식에 구애받지 않고 자유로이 사는 삶이 더 나은 것이 아닐까?

결혼을 하지 않고 사는 삶의 형태에는 말 그대로 혼자 사는 삶인 '독신獨身'과 애인과 함께 살되 단지 결혼이라는 형식을 취하지 않고 사는 '동거同居'의 두 가지 형태가 가장 일반적이다.

  사람들이 '혼자 사는 삶'을 선택하는 이유는, 성직자나 수도자 등 어떤 특별한 종교적 소명召命 의식을 가지고 있는 경우를 제외한다면, 아마도 구속받지 않는 자유로운 삶을 원하기 때문일 것이다. 특히 여성들의 경우는 경제적인 문제만 해결된다면 자유로운 독신 생활을 희망하는 사람들이 더욱 많은 것 같다. 우리나라처럼 아직도 가부장적 가족제도의 흔적이 남아 있는 사회에서는 결혼과 더불어 가사家事와 육아育兒의 부담이 일방적으로 여성에게 떠맡겨지는 경우가 많기 때문이다. 이는 남성들과 똑같이 자아실현을 원하는 오늘날의 여성들에게는 커다란 불만이 아닐 수 없다. 이에 대해 어떤 사람들은, 남자가 바깥일을, 여자가 집안일을 맡는 것은 무슨 차별 때문이 아니라 단지 각 성性이 지닌 특성에 따른 역할 분담일 뿐이라고 말한다. 그래서 '주부'야말로 여성의 가장 떳떳하고 자랑스러운 직업이라고 주장하기도 한다. 그러나 오늘날의 여성들에게, 반복적이고 단조로울 뿐만 아니라 그 노동의 가치조차 제대로 인정받지 못하는 가사일에서 '참된 보람을 찾아보라'고 말하는 것이 과연 설득력을 가질 수 있을까?

  그렇다고 해서 혼자 사는 삶이 언제나 자유롭고 즐겁기만 한 것은 아닐 것이다. 인간人間이란 그 한자어의 뜻('사람 사이')에서 보듯이 '함께 있는 존재'이다. 그래서 인간은 홀로 있으면 누구나 쓸쓸함을 느낀다. 인간은 본래 다른 사람과 더불어 살도록 되어 있기 때문이다. 인간은 외적 간섭이 심할 때에는 그것으로부터 자유롭게 되기를 열망하지만, 막상 자유로워지면 곧 또 누군가를 찾게 마련이다. 아마도 사람에게 참된 행복이 있다면, 그것은 혼자만의 완전히 자유로운 삶에서가 아니라, 자기 말을 들어주고 자기를 진정으로 이해해 주며 사랑해 주는 누군가와 함께 사는 삶에서만 가능한 것이 아닐까?

독신 생활의 문제점에 대한 대안의 하나로서 '남녀가 결혼하지 않은 채 단지 동거만을 하는 삶'을 생각해 볼 수 있다. 이러한 방식의 장점은 결혼이라는 사회적 구속 없이 남녀가 자유로이 만나서 살다가 뜻이 안 맞을 경우에는 또한 자유로이 헤어질 수 있다는 것이다. 그래서 어떤 사람들은 과거 지역에 따라 흔했던 일부다처제一夫多妻制나 원시 수렵시대에 있었던 일처다부제一妻多夫制의 예를 들면서, 우리가 굳이 일부일처(一夫一妻, monogamy)를 고집할 필요가 있느냐고 반문하기도 한다. 물론 일부일처제에 근거한 오늘날의 결혼 제도와 가족제도가 무너진다면, 결손 가정으로 인한 2세의 양육 문제를 비롯하여 남녀의 결합에 사회적 구속력이 없어짐으로써 생겨나는 사회적 불안정이라는 문제점 등이 예상된다. 그러나 일부 진보적 견해를 지닌 사람들은 새 술을 새 부대에 담아야 하듯이 앞으로 다가오는 새로운 시대에는 거기에 알맞은 새로운 제도가 필요한 것이며, 과거 농경 시대나 산업사회의 산물인 현재의 결혼 제도와 가족제도를 반드시 필연적인 것으로 볼 이유가 없다고 주장한다.

아마도 위와 같은 견지에 서서 기성의 문화와 정치, 성性 질서로부터 완전히 자유로운 삶의 형태를 실험해 보았던 사회운동으로서 60년대 말의 '히피hippie'를 예로 들 수 있을 것이다. 그들은 현대의 도시 문명을 떠나 야외에 집단으로 거주하면서 성적으로도 완전히 자유로운 생활을 추구하였다. 이른바 자유연애free sex의 가장 극단적인 형태를 우리는 이들에게서 찾아볼 수 있다. 그러나 히피들의 집단생활은 두 가지의 심각한 문제 때문에 오래 지속될 수 없었다고 한다. 그 첫째는 문명 생활의 거부로 인하여 그들이 아기의 출산 과정에서 엄청난 인명의 희생을 치렀다는 것이며, 둘째는 바로 '질투'의 문제였다. 처음에 이들은 기존의 결혼이나 가족제도가 갖는 온갖 구속을 벗어나 완전히 자유로운 남녀 관계를 보장하는 사회를 이상으로 삼았다. 그러나 이렇게 자유로운 남녀 관계의 와중에서도 사람들에게는 으레 '특별히 마음에 드는' 사람이 생기게 마련이었고, 그럴 경우 그 특정한 사람에 대한 집착이나 배타적 독점욕 때문에 끊임없이 문제가 발생했다는 것이다. 이러한 사정은 우리에게, 남녀 간의 결합에 있어서 왜 지금과 같은 질서와 제도가 존속하고 있는지 그 이유를 암시해 주고 있다.

사실 개인의 자유와 행복을 무엇보다 중시하는 현대인들에게 있어 결혼이라는 공적 · 제도적 약속에 따른 부담, 그리고 그것을 통해 형성된 인간관계에 대한 책임이라는 부담이 전혀 지워지지 않는다면, 현실적으로 결혼이 유지되기는 극히 힘들 것이다. 처음에는 이성異性 간의 매력이 상이한 성격과 성장 배경을 가진 두 사람의 차이를 극복할 수 있게 해 줄지 모르지만, 시간이 지남에 따라 자연히 많은 문제들과 갈등에 직면하게 될 것이기 때문이다. 만일 결혼과 더불어 생겨난 인간관계의 끈끈한 인연, 자발적으로 짊어진 온갖 책임과 의무라는 구속이 없다면, 남녀 간의 만남이란 언제든 만났다 헤어지는 해프닝에 불과한 것이 되고 말 것이다. 도대체 타인에 대한 진정한 관심과 배려, 그리고 자기희생 없이 지속될 수 있는 (참된) 인간관계라는 것이 있을 수 있겠는가?

3. 가정의 중요성과 전통적 가정 윤리에 대한 재인식

사람에게는 누구나 어머니가 있다. 아니, 사람은 누구나 어머니를 필요로 한다. 아이는 엄마 없이는 제대로 성장할 수 없다. 그래서 낳아준 엄마가 기를 수 없을 경우에는 양모養母라도 있어야 한다. 우리 말에는 어머니의 역할을 하는 분들이 많다. 이모, 고모, 숙모, 외숙모라는 호칭에서도 이것을 알 수 있다. 가족 간의 호칭을 두루 사용하는 예는 이밖에도 많다. 연인들끼리 누나나 오빠라는 호칭을 사용하기도 하고, 학교 동창 선배를 형이나 언니라고 부르기도 한다. 또 같은 종교 신앙을 가진 사람들끼리 서로 형제자매라 부르는 경우도 있다. 이처럼 우리가 친척 간이나, 애인 사이, 또 학교나 종교 집단에서 가족 간의 호칭을 사용하는 것은 그것이 단순한 이익집단 속의 관계가 아니라 사랑의 공동체 속의 관계임을 의미한다고 볼 수 있다. 또 그러한 관계 속의 모든 사람들과 부모 형제처럼 지내기를 희망하는 마음이 숨어 있다고도 볼 수 있다. 다시 말해서, 우리가 가정에서 가족을 믿고 마음 놓고 살 수 있는 것처럼 이 세상에서도 그들을 믿고 살 수 있기를 희망하는 것이다.[5]

하지만 이러한 우리의 소망과는 달리 현재 우리 사회는 통합의 구심점이라 할 수 있는 공동체 의식이 급속히 약화되고 있으며, 그 중심에는 가정의 해체라는 암癌이 도사리고 있다. 이러한 위기 징후의 원인으로는 황금만능, 물질 만능, 쾌락주의 풍조를 비롯하여 개인주의, 자유주의, 성 해방 의식의 확산, 그리고 앞에서 언급한 것과 같은 제도적 요인 등 여러 가지를 지적할 수 있을 것이다. 그러나 이러한 분석과 예상을 떠나서 분명한 것은 '우리는 가정을 필요로 한다'는 것이다. 어떤 특정 형태의 가정이 아니더라도, 어떤 형태이든 가정의 역할을 하는 그 무엇이 필요하다는 것이다.

최근 엽기적인 범죄로 매스컴에 오르내리는 사람들이나 이른바 '사이코패스'라 불리는 흉악범들의 공통점은 이들이 따뜻한 가정 분위기 속에서 자라지 못했다는 점이다. 이들은 어린 시절 대개 부친의

---

5. 진교훈, 『현대 사회윤리 연구』(울력, 2003), p. 330 이하 참조.

음주와 폭력에 시달리거나 성적 학대를 받았고, 경제적 빈곤이나 결손 가정 탓에 제대로 보살핌을 받지 못했다. 또 이런 특수한 사례보다도 우리가 더욱 심각하게 받아들여야 할 사실은 오늘날 붕괴된 가정으로 인해 고통 받고 있는 어린이들의 수가 점점 늘어나고 있다는 점이다. 참으로 우리는 두려운 마음으로 미래를 걱정할 수밖에 없으며, 이에 절실하게 가정의 재건을 요청하게 되는 것이다.

  자라나는 어린이들의 모습을 지켜보면, 우리는 이들에게 안정된 가정 환경이 얼마나 중요한지 느낄 수 있다. 어린이들은 모든 면에서 스스로를 돌볼 능력이 없기 때문에 먹을 것, 입을 것에서부터 정서적 배려에 이르기까지 누군가가 챙겨 주어야 한다. 이것은 많은 시간과 에너지가 소요되는 일이기 때문에 대개는 사랑과 정성으로 아기를 낳아 기르는 부모가 이 일을 감당하게 된다. 그 결과, 아기는 부모의 헌신적인 사랑과 희생을 먹고 한 인간으로 성장하게 된다. 만일 이 과정에서 인간이 필요로 하는 무조건적 사랑과 배려가 결핍된다면, 그는 힘겨운 삶을 살게 될 가능성이 크다. 세상을 신뢰하고 타인과 좋은 관계를 맺는 데 꼭 필요한 정서적 안정감을 확보하기 힘들기 때문이다. 이처럼 인간은 누구나 사랑을 필요로 한다. 그리고 서로를 사랑으로 보살펴 주는 안식처를 필요로 한다. 험한 세상을 살아가느라 힘들고 지쳤을 때에도 언제나 이해해 주고 긍정해 주고 용기를 북돋워 주는 가족을 필요로 하는 것이다.[6]

---

6. 여기서 우리는 '사랑이 전부는 아니다' 라는 반론에도 유념하지 않을 수 없다. '사랑 없는 정의' 는 차가워서 문제지만 '정의 없는 사랑' 또한 맹목이어서(무절제해서) 문제가 되기 때문이다. 전통적 유교 윤리에서도 이 점을 다음과 같이 지적하고 있다. "자식을 사랑할 줄만 알고 가르치지 않는다면 자라서 어질지 못하게 된다. 그러므로 자식이 제 뜻대로만 좇지 못하게 하며, 조금이라도 멋대로 굴면 그때마다 단속을 게을리 하지 말아야 한다. 나쁜 짓을 두둔하지 말 것이며, 한번이라도 고개를 쳐들면 그럴 때마다 때려서라도 가르쳐야 한다"(육완정 역주,『내훈』, 1984. [「한국 가족에서 모성과 여성의 일에 대한 철학적 고찰」,『한국여성철학』, 제12권에서 재인용]).

이러한 사랑의 안식처인 가정의 필수적 조건은 무엇인가? 물론 그것은 서로를 사랑하는 사람들의 존재일 것이다. 그중에서도 첫 손에 꼽히는 것은 사랑하는 남녀의 만남인 부부의 존재일 것이다. 앞에서 우리는 많은 현대적 유형의 가족 형태들을 확인한 바 있지만, 그것은 그런 다양성들을 포용하자는 것이지 부부 중심의 전형적인 가정을 무시하자는 것은 아니다. 참으로 부부야말로 가족을 형성하는 중심 축이자 인간과 인간의 만남이 낳을 수 있는 가장 친밀한 관계의 전형을 보여 주는 예라 할 수 있다. 그래서 이 부부 관계를 중심으로 다른 모든 인간관계가 전개되며, 또 부부간의 도리로부터 다른 모든 인간관계에서 지켜야 할 도리도 도출되는 것이다. "'군자의 도'도 부부간의 평범한 삶에서 발단되어 이루어지는 것이니 그 평범한 세계라 할지라도 지극한 데 이르면 하늘과 땅에 꽉 들어차 빛나는 것이다"[7]라는 『중용』의 구절은 이를 잘 표현해 준다. 김충열 교수 또한 전통적 가정 윤리의 근간을 다음과 같이 설명해 주고 있다.

> 가정 속의 인간 관계 중 가장 먼저 형성된 것이 부부 관계이다. 이는 전혀 다른 두 생명체가 함께 생활하며 자식을 낳아 기르는 등의 일치된 삶의 의지와 목적을 실천하기 위해 결합된 관계이다. 그러기에 이를 가정 구성의 기본 여건인 남녀의 결합 관계, 즉 부부 관계의 정립이라고 한다.
> 다음으로 부부라는 이성의 횡적 관계가 있게 되면 자연 그들로부터 자녀가 태어나게 마련이고, 이럴 때 생명을 주고받는 관계에서 이루어지는 종적 부모-자녀 관계가 형성된다. 엄격히 말해서 가정이란 남녀의 사랑만을 통한 한 세대의 결합만으로는 그 존재 의의를 다했다고 할 수 없다. 생명의 영구한 지속을 가능하게 하는 다음 세대를 가져야 비로소 한 가정으로 완성

---

7. "君子之道 造端乎夫婦 及其至也 察乎天地"(『중용』, 12장).

된다.

　또 그 다음 한 부모 밑에서 여러 자녀가 태어나 함께 자라가면서 형성되는 형제 관계가 생긴다. 이는 생명 전통의 종적 관계가 아닌 횡적 관계이지만 도의적 질서 상으로는 종적 상하 관계와 횡적 피차 관계를 함께 지니게 된다. 즉 형제란 태어난 선후가 있게 마련이지만, 또한 같은 세대이기 때문이다.

　그러니까 한 가정 안에서 기본적으로 형성되는 인간 관계를 요약해 보면, 부부 관계, 부모-자녀 관계, 형제-자매 관계로 말할 수 있는데, 이는 흔히 말하는 오륜五倫 관계 중에서 삼륜三倫에 해당한다. 오륜 중에서 삼륜이 한 가정 안에 있으므로 그 비중이 크다 할 수 있으며, 나머지 이륜二倫 또한 이 삼륜 관계가 밖으로 확장된 데서 이루어지는 것이므로 가정은 인륜의 기초라고 해도 과언이 아니다.[8]

이어서 그는 가정 윤리가 사회윤리의 기본임은 물론이요, 그 성패가 인류 사회의 미래의 성패로 직결된다는 점을 다음과 같이 역설한다.

맹자는 마음이 착하다는 표현의 싹으로 '차마 못하는 마음不忍人之心'을 들었다. 확실히 가정 속에서는 그러한 순수한 동정심, 아니 그보다도 더 숭고한 희생정신이 있는 것 같다. 자식의 아픔을 보고 차라리 내가 아픈 게 낫지 불쌍해 못 견디겠다는 어머니의 심정, 동생을 위해 모든 것을 양보하고 동생의 괴로움을 보기보다는 자기가 그 괴로움을 대신 겪는 형의 우애, 남의 아픔을 자기 아픔보다 더 마음 아프게 여기는 마음이 가정 안에는 예사로 있는 것이다. 또 이러한 '차마 못하는 마음'은 마음속에서 자연적으로 우러나오는 것으로서, 그것은 또 어떤 가까운 혈연에게만 미치는 것이 아니라

---

8. 김충열, 『유가윤리강의』(예문서원, 1998), pp. 70-1.

널리 미루어 온 누리에 확장되는 묘한 힘을 갖는다.

　그러므로 이 생명체들이 최초로 인간 관계를 형성하고, 인간이 원래 지닌 선한 본성을 그대로 발휘하여 하나의 공동운명체로서 모든 이해관계를 넘어서서 평화로운 삶을 영위하는 가정 윤리를 잘 확립한다면, 그것은 다음 사회, 더 나아가 온 누리에까지 파급되는 힘을 가지게 되므로 인간의 모든 문제를 미리 예방하고 또 쉽게 풀어나갈 수 있는 것이다. 요컨대 가정 윤리의 성패는 바로 인류 사회 전반에 걸친 성패와 직결된다고 하겠다.[9]

4. 가정은 윤리의 시작이자 근원!

　가정이 윤리의 시작이라는 것을 우리는 성 윤리의 관점에서도 조명해 볼 수 있다.

　흔히 결혼을 하는 이유 또는 결혼의 기능 중 하나로서 '성적 욕구의 합법적 충족'을 거론하기도 한다. 즉, 결혼을 통해 인간은 그의 성적 욕구를 사회적 승인 아래 합법적이고 공공연하게 충족시킬 수 있게 된다는 것이다. 동물의 한 종種으로서 인간은 다른 동물과 마찬가지로 종족 보존을 위한 성적인 욕구를 가지고 있다. 만약 이러한 욕구가 없다면, 인간 사회는 더 이상 존속할 수 없을 뿐만 아니라 결국 멸망하고 말 것이다. 그런데 인간의 성적 욕구는 다른 동물들과는 현저히 다른 특징을 가지고 있다. 다른 동물들이 대체로 번식기에만 성욕이 발동하는 데 반해, 인간은 그렇지 않다. 즉, 다른 동물들은 성욕과 성행위, 번식의 과정이 전부 본능적 메커니즘에 의해 진행되는

---
9. 위의 책, p. 82.

반면, 인간은 그의 성적 욕구를 충족시키는 데 있어서 단지 피동적으로 움직이지 않고 스스로의 판단을 통해 능동적으로 개입할 수 있다. 그는 자신의 성적 욕구에 대해 반성적 의식을 가지며, 대개 그 성적 욕구는 사랑을 통해 사회화社會化의 과정을 거치면서 점차 세련되어 간다. 만약 그러한 과정이 없다면, 인간의 성적 욕구는 온갖 종류의 도덕적 혼란과 범죄, 심지어는 사회의 해체까지도 야기할 가능성이 있다. 그러므로 결혼과 가족제도를 통해 성적인 욕구는 자제自制되고, 그것은 또한 사회윤리의 근간이 되는 것이다. 이처럼 혼인 관계야말로 모든 생활 규범의 기초가 되기 때문에, 세계 어디서나 결혼은 법적인 승인을 필요로 한다.

하지만 부부간의 성관계에서 우리는 이보다 더 심오한 뜻을 읽을 수 있다. 물론 남녀의 성관계는 인간에게 본능적으로 주어져 있는 성욕의 충족 메커니즘으로 설명될 수 있다. 이는 현상계적 질서의 한 부분으로서 부부 관계라 해서 특별히 다를 것이 없다. 그런데 그 결과는 새 생명의 탄생으로 이어진다. 일단 한 생명이 태어나게 되면, 그는 일반적 정서상으로나 법적·도덕적으로 절대적 가치를 가지게 된다. 그래서 이 관계야말로 가장 감각적인 쾌락과 가장 존엄한 인격체의 탄생이 만나는 순간인 것이며, 하나의 신비라 할 수 있다. 윤리란 각기 존엄한 인간들 사이의 관계를 규정하는 질서임을 생각할 때, 우리는 여기에 또한 윤리가 요청됨을 이해할 수 있다. 다른 말로 하면, 이는 현상계(물리적 인과관계를 통해 설명될 수 있는 세계)와 예지계(사실적 인과관계를 초월하여 당위를 규정하는 도덕의 세계)가 만나는 관계로서, 오로지 현상세계의 설명 방식(과학적이고 객관적인 관찰자의 설명 방식, 예컨대 감각적 쾌락의 메커니즘으로 설명하는 방식)만으로 해명될 수 없으며, 반드시 도덕적 관점으로도 바라봐야 하는 관계인 것이다. 이로써 부부간의 관계는 남녀의 단순한 육체적 결합이라는 현상적 차원을 넘어 도덕의 세계인 예지적 차원으로 고양된다.

　가정이 윤리의 시작이라는 것을 우리는 부모와 자식의 관계를 통해서도 조명해 볼 수 있다. 제1장 "서론"에서 우리는 도덕이란 자기중심성을 넘어서는 것이라는 점을 살펴본 바 있다. 그러나 우리는 끈질긴 자기중심적 성향을 가지고 있는 탓에 도덕의 요구가 늘 부담스럽게 느껴지고 또 실천하기도 힘들다. 그래서 도덕은 우리에게 의무의 형식으로 부과된다. 그런데 이렇게 평범한 우리들도 자기중심적인 태도를 극복할 수 있게 되는 계기가 있다. 바로 부모가 되는 경험을 통해서이다. 나 아니면 이 세상천지에서 아무도 책임져 줄 수 없는 무력한 새 생명 앞에서 부모는 절대적인 책임감을 느끼게 된다. 이제 그는 자기 자신의 안위와 행복만을 걱정하던 자기중심적 세계에서 벗어나 아기의 안전과 행복을 더 걱정하는 새로운 차원의 세계로 나아간다. 아기의 안전과 행복을 위해서라면 자기의 안전과 행복을 얼마든지 내던질 수 있다. '여자는 약하다. 그러나 어머니는 강하다' 라는 말도 이러한 맥락에서 이해된다. 내가 책임져야 하는 자식의 출현과 더불어 한 평범한 인간은 이제 도덕의 세계로 진입하게 되는 것이다. 이런 관점에서 보면, 자식의 존재는 인간을 이기적 동물의 세계로부터 인류의 세계에로 해방시켜 주는 하나의 축복이라 할 수 있다. 참으로 부모가 된다는 것은 인간으로 하여금 그 지긋지긋한 자기중심성의 굴레를 벗어버리고 신성한 세계로 나아가게 해주는 신의 축복이 아니겠는가?

　다음 글은 이러한 측면을 생생하게 깨우쳐준다.

아이가 내게 가르쳐준 것들

　아이가 아니었다면, 나는 누군가를 먹이고 어르기 위해 한밤중에 꿀 같은 잠을 억지로 밀쳐내며 일어나야 한다는 것을 몰랐을 것이다. 스스로 잠들지 못해 부대끼는 아이를 안고 밤새도록 좁은 집안을 뱅뱅 도는 누군가가 있다는 사실을 몰랐을 것이다.

아이가 아니었다면, 나는 펄펄 끓는 불덩이를 안고 새벽에 응급실로 뛰어가는 일은 없었을 것이다. 새벽에 종합병원 응급실을 가득 메우고 있는 사고 환자들 사이에서 염치없게 의사의 가운을 움켜잡고 제발 눈길을 건네 달라고 애원하지도 않았을 것이다.

아이가 아니었다면, 나는 우리 주변에 그토록 많은 턱과 계단이 존재하는지 몰랐을 것이다. 유모차를 밀고 장애물을 헤쳐 가는 일이 얼마나 버거운지, 그런 장애물들 앞에서 언제나 무력했을 장애인과 약한 자들의 분노와 슬픔을 몰랐을 것이다.

아이가 아니었다면, 나는 빙그레 머금는 웃음에 온 세상이 환해지는 경험을 하지 못했을 것이다. 나를 까맣게 잊고 누군가에게 맹목적으로 몰두할 수 있다는 것을, 그토록 회의를 품어온 '사랑'이라는 말의 실체가 이토록 엄연함을 알지 못했을 것이다.

아이가 아니었다면, 말 한 마디를 처음 내뱉을 때까지 얼마나 긴 기다림과 설렘이 있고, 그 어눌하게 터져 나온 불분명한 발음의 외마디 소리가 얼마나 신비롭게 들리는지 몰랐을 것이다.

[…]

아이가 아니었다면, 아이를 잃은 엄마들의 모습을 보면서 함께 통곡할 수 없었을 것이다. 그들의 상실감과 절망감을 쉽게 상상할 수 없었을 것이다. 몸 어느 한구석이 뭉텅 끊겨 나가는, 그 생생한 실제감을 이해할 수 없었을 것이다.

아이가 아니었다면, 운동회에서 백 미터 달리기를 하고 손등에 2등이라는 스탬프가 찍힐 때의 환희를 맛보지 못했을 것이다.

아이가 아니었다면, 60점짜리 수학 시험지를 이해할 수 없었을 것이다. 내가 공부하는 일보다 자식을 가르치는 일이 백만 배쯤 힘들다는 것도 알 수 없었을 것이다.

　아이가 아니었다면, 내 기억 속에 까마득히 묻힌 어린 날들을 다시 한 번 살아보는 경이로운 체험도 하지 못했을 것이다. 그 사금파리처럼 반짝이는 여린 추억들이 지금의 나를 키웠음을 깨닫지 못했을 것이다.

[…]

　아이가 아니었다면, 나의 노화와 쇠퇴가 곧 아이의 성장과 연결되어 있음을, 그 끝없는 순환의 고리와 숙명에 대해 순순히 인정하고 받아들이기 힘들었을 것이다. 한 해가 지나고 새롭게 한 해가 시작될 때마다, 나는 내 나이가 한 살 더 늘어난다는 사실보다 아이가 한 살 더 먹었다는 사실을 먼저 되새기고 감격한다. 시간이 이토록 빨리 흘러가는 일이 나쁘지만은 않다.

　아이가 아니었다면, 나는 내 안에 도사리고 있던 이기심과 욕망, 아집과 편견을 똑바로 바라볼 수 없었을 것이다. 나라는 인간이 대단히 특별하지도 않고 선인은 더더구나 아니라는 사실을 쉽게 인정할 수 없었을 것이다. 내가 길들여진 방식으로 결코 제압되지 않는 아이 앞에서, 노골적으로 드러나는 내 숱한 단점들 때문에 스스로 당황하여 쩔쩔매는 일 따위 없었을 것이다.

　아이가 아니었다면, 나는 더 많은 시간의 여유와 자유를 누릴 수 있었을지도 모르지만, 이 불편한 양육의 번거로움이 내게 가르쳐주는 숭고한 희생의 진실은 알지 못했을 것이다. 인간의 한 생애에서 가장 영예로운 일은 부와 명예와 지위와 업적을 쌓아올리는 것이 아니라, 마침내 한 잎으로 떨어져 썩어 거름이 되고 한 알의 밀알로 고요히 묻혀 새싹을 틔우는 것이라는 진리를.[10]

　가정생활 속에서 우리는 자기중심성의 극복이라는 도덕의 시작과

---

10. 김별아, 『식구』(베텔스만, 2004), pp. 215-8.

본질을 모두 찾아볼 수 있다. 그것은 바로 부부간의(혹은 구성원들 간의) 배려와 헌신을 통해서, 그리고 부모 자식 간의(혹은 구성원들 간의) 사랑과 희생을 통해서 발견되는 진리이다.

◀ 생각해 볼 문제 ▶

1. 다음 글은 오늘날 우리 가정의 위기의 요인이 근본적으로 사회에 있음을 지적하고 있다. 필자가 지적하고 있는 요즘 우리 사회의 문제점은 무엇인가?

> [현재 우리 사회는] 아이를 기르기 너무 힘든 사회다. 그 결과 결혼이란 제도 자체가 유지되기 힘들게 되었다. 사회가 건강하려면 이 땅의 모든 아이가 잘 자랄 수 있는 여건을 만들어야 한다. 하지만 지금은 남편은 일하고 부인은 집에 있어야 아이를 잘 기를 수 있는 여건이다. 육아정책과 일터의 문화가 가정과 일이 양립할 수 있도록 바뀌지 않는 한, 상황은 좋아지지 않을 것이다.
> 사회가 상생과 나눔, 돌봄 등의 가치를 중시하며 균형을 맞추지 않고, 하드웨어 중심, 경제지표 중심, 돈 중심으로 나간다면, 사람들은 아이를 낳지 못할 것이다. 이른바 제대로 된 가정을 만들지 못하는 것이다. 가족이란 기본적으로 같이 살면서 밥 해먹을 수 있는 시간이 있어야 한다. 아이와 어릴 때 함께 일상의 많은 시간을 보내면서 경험을 나누지 않는다면 그게 과연 가족인가. 우리가 계속 이렇게 외형적인 경제성장만 추구한다면 결국 결혼이란 불가능한 것이 되고, 아이도 지금처럼 투자의 대상, 관리의 대상으로 기른다면 잘 자랄 리가 없고 그러니 안 낳게 될 것이다.[11]

---

11. 조한혜정 인터뷰, 「결혼제도 유지되기 어렵다」, 『연합뉴스』, 2010년 11월 11일자.

2. 다음 글을 읽고 현대 가정의 어떤 측면이 청소년의 가출을 낳는지, 그 대안은 무엇인지 토론해 보자.

> 현재 우리나라 중·고등학생 중 가출 경험이 있는 학생이 10%를 넘는다고 한다. 이는 숫자상으로 약 48만 명에 해당된다. 이렇게 많은 학생들이 집을 나가 거리를 헤매고 있다는 것은 그 자체로 가슴 아픈 일일 뿐만 아니라 이미 하나의 커다란 사회문제라고 하지 않을 수 없다. 이들은 무엇 때문에 집을 나가는 것일까?
> 개인적 요인, 가정적 요인, 학교 요인, 또래 요인(친구 문제) 등 여러 가지가 있겠지만 부모의 이혼, 별거, 사망 등 가정 해체를 경험한 학생이 60%를 넘는다는 것을 보면 아무래도 가정적 요인이 가장 크게 작용하였음을 알 수 있다. 특히 부모 사이의 갈등, 부모와의 소통 부재, 부모의 학대 등도 주요 원인으로 지적되고 있다. 한마디로, 청소년 가출 문제의 배후에는 가정의 위기가 놓여 있음을 알 수 있다.
> 청소년 가출이 반드시 결손가정에서만 발생하는 것은 아니다. 오늘날에는 맞벌이 부부 가정이 많다. 대개는 아이들의 교육비(학원비)를 대느라 어머니도 일을 나간다. 어머니가 없는 집에서 아이들의 교육이 제대로 될 리 없고, 아이들은 게임에 몰두하거나 친구들과 몰려다니기 마련이다. 부모와의 대화가 단절된 상황이 길어지면서 아이들은 이미 부모가 이해할 수 없는 다른 세계로 가버리는 것이다.
> 가출만이 문제가 아니다. 이른바 '히키코모리'도 있다. 오직 인터넷 게시판에 자신의 고통을 호소하는 것 말고는 아무 것도 할 수 없는 아이들, 외부와의 접촉을 끊고 자신의 방에 틀어박혀 지내는 아이들을 가리키는 말이다. 그들은 지독한 대인 공포증에 시달리며 등교를 거부한다. 친구와는 물론 가족과도 대화를 나누지 않으며, 외모에 대한 콤플렉스나 자기 비하, 사

회에 대한 저주 등에 사로잡혀 있다. 자기 내면으로 도피해버리는 것이다.

학교의 상황은 어떠한가? 오늘날 학교는 경쟁이 치열하다. 학원이나 과외를 통해 선행학습이 되어 있지 않으면 학교 공부를 따라갈 수 없다. 이 대열에서 낙오하면 선생님과 친구들의 관심에서도 멀어지고, 자연히 자존감도 낮아진다. 예전에는 홀어머니 밑에서 어렵게 자란 아이들도 성공하는 경우가 많았다. 과외 공부할 형편이 못 되어도 성실하기만 하다면 학교에서 인정받을 수 있었다. 또 학교생활에서 공부가 전부가 아니었다. 오후 4시 정도에 학교가 끝나면 소설책을 읽거나 친구들과 어울려 취미활동도 하고 길거리를 어슬렁거리기도 했다. 이러한 여유 속에서 인생과 세상을 깊고 넓게 보는 안목을 키울 수 있었다. 그런데 오늘날 학교와 부모는 아이들에게 오로지 공부에 올인할 것을 요구한다. 이렇게 숨 막히는 환경에 내몰린 아이들은 이제 동병상련하는 친구들과 어울려 일탈을 꿈꾸게 되는 것이다.

이들에게 웃음과 희망을 되찾게 해 줄 방법은 과연 무엇인가?

3 성 윤리

욕구의 충족인가 인격의 만남인가

사랑은/생명 이전이고/죽음 이후이며/천지창조의 시작이고/지구의 해석자

— 에밀리 디킨슨(Emily Dickinson, 1830-1886)

오늘날 우리는 시선을 끄는 온갖 성적 자극물의 홍수 속에 살고 있다. 스치는 TV 광고 속에서, 스포츠 신문의 제1면에서, 잡지나 영화를 통해서, 또 인터넷을 통해서 직·간접으로 우리의 성 충동을 자극하는 그림이나 정보들에 둘러싸여 있다. 그렇다면 오늘날 매스컴을 통해 빈번히 보도되는 성폭행, 인신매매 등의 범죄 또한 이러한 무분별한 성적 표현의 허용이나 성의 상품화 현상과 어떤 관련이 있는 것이 아닐까? 과연 성적 표현은 어디까지 허용되어야 할까? 도대체 그런 것을 '도덕'의 이름으로 규제하는 것이 온당한 일일까? 성과 사랑은 분리될 수 있는 것인가, 없는 것인가?

위와 같은 질문들에 대해서는 각 입장에 따라 서로 다른 대답들이 있을 수 있을 것이다. 아래에서 우리는 성에 대한 여러 가지 입장들을 살펴보고, 각 입장은 어떠한 근거 및 문제를 지니고 있는지 알아보자. 또 이러한 문제들에 대해서 우리가 어떠한 태도를 취해야 할 것인지 생각해 보도록 하자.

1. 성이 윤리적 문제인가?

어떤 사람들은 우리가 성性을 특별히 윤리적인 주제로 삼아 논할 필요가 있는지에 대해 의문을 제기한다. 아마도 성이란 개인의 프라이버시와 관계되는 것으로서 타인에게 피해를 주지 않는 한 특별히 윤리적으로 문제 삼을 필요가 없다는 생각 때문인 듯하다. 피터 싱어 Peter Singer는 그의 책 『실천윤리학』 서문에서 이 점을 다음과 같이 지적하고 있다.

어떤 사람들은 도덕이란 이제 고리타분한 것이라고 생각한다. 그들은 도덕이란, 청교도적인 경직된 금지 체계로서, 주로 사람들의 향락을 억제하려는 목적으로 고안된 것이라 여긴다. 도덕의 옹호자를 자처하는 전통적인 도덕가들은 도덕 그 자체가 아니라 단지 어떤 특정한 도덕규범을 옹호하고 있을 뿐이다. 그들이 말하는 도덕 영역이란, 우리가 신문에서 "주교, 도덕의 타락을 개탄하다"와 같은 머리기사를 읽을 때 연상할 만한 것들로서, 혼음, 동성애, 음란물[1] 등의 내용이다. 정부 관리를 매수하는 기업이나, 해외의 가난한 나라들에 대한 우리의 빈약한 원조량 등은 그들의 도덕 영역에 속하지 않는다.

그래서 윤리가 아닌 첫 번째 것은 일련의 금지조항들, 특히 성性과 관련

---

1. 일명 '포르노pornography,' 독자나 시청자에게 성적 자극이나 쾌락을 유도할 목적으로 신체의 특정 부분 또는 성행위를 노골적으로 묘사하거나 보여 주는 매체.

된 것이다. 성은 특별한 도덕적 문제를 야기하지 않는다. 성과 관련된 문제를 결정할 때 고려할 사항은 정직성, 타인에 대한 배려, 분별력 등이다. 그러나 이러한 점에서 성에는 아무런 특별한 것도 없다. 왜냐하면 자동차 운전과 관련된 문제를 다룰 때에도 이와 똑같은 점들이 고려되기 때문이다. (사실 자동차 운전이 야기하는 도덕적 문제들은, 환경상의 관점에서든 안전상의 관점에서든 성행위가 야기하는 문제들보다 훨씬 더 심각하다.) 따라서 이 책은 성 도덕에 대해서는 논하지 않는다. 논의되어야 할 더 중요한 윤리적 문제들이 많기 때문이다.[2]

과연 성은 윤리적 영역에서 다룰 만한 주제가 될 수 없을까? 우리는 앞에서 도덕의 본질에 속하는 중요한 요소 혹은 기준으로서 자기중심성의 탈피(즉, 보편화 가능성), 인간 존엄, 타인에 대한 배려 등에 관해 살펴본 바 있다. 그런데 인간의 성은 분명히 다른 인간과의 관계를 전제하고 있다. 다른 인격체와의 만남, 그것도 진정한 만남을 지향하고 있다. 여기서 생길 수 있는 온갖 문제가 자기중심성의 탈피, 인간 존엄성에 대한 고려, 다른 성을 지닌 인간에 대한 배려와 깊이 관련되어 있는데, 이것이 윤리 문제가 아니란 말인가?

이러한 도덕의 본질과의 관련성 이외에, 사회 윤리적 차원에서도 우리는 성 문제를 심도 있게 다루어 볼 필요가 있다. 특히 오늘날 성 문제에 관한 우리 사회의 의식이 매우 혼란된 모습을 보이고 있기 때문이다. 잘 알다시피 우리 사회에는 한편으로 오랜 유교 문화의 전통을 지닌 윤리적으로 보수적인 사회 분위기가 엄존하는가 하면, 다른 한편으로는 서구화·개방화 물결에 편승한 성 해방 분위기가 급속히 확산되어 가고 있다. 그래서 성 문제는 종종 첨예한 윤리적 논쟁

2. 피터 싱어(황경식·김성동 역), 『실천윤리학』(철학과현실사, 1991), pp. 17-8.

거리가 되곤 한다. 과연 성적 자유를 어디까지 허용해야 할 것인지, 청소년에 대한 성 윤리 교육을 어떻게 해야 할 것인지 등에 관해 우리의 생각을 정리할 필요가 있는 것이다.

2. 성 윤리에 관한 다양한 입장들

인간의 본능적 욕구 중 대표적인 것이 식욕과 성욕이다. 식욕이 개체 보존 본능과 관련된다면, 성욕은 종족 보존 본능과 관련된다. 따라서 동서를 막론하고 성적 욕구가 갖는 의미는 기본적으로 자녀를 생산한다는 목적과 관련되어 있었다. 그리고 결혼을 통한 일부일처제一夫一妻制의 확립과 더불어 성은 다음과 같은 금기를 중심으로 규제되어 왔다. 첫째, 결혼 전까지는 성관계를 삼가야 한다. 둘째, 결혼 후에는 배우자 이외의 상대와 성관계를 가져서는 안 된다. 그러므로 이러한 전통적 입장에 따르면, 성관계는 자녀의 생산이나 부부간의 애정을 돈독히 함에 있어서만 도덕적 의의를 부여받았다.

그러나 서구의 경우 1960년대의 성 혁명 ― 이른바 자유연애free sex의 물결 ― 을 거치면서, 결혼 및 자녀 출산과 관련된 것 이외의 성관계를 금하는 전통적 성 윤리에 대한 도전이 시작되었다. 성 혁명을 통해 인위적 피임, 혼외의 성관계, 동성애, 성적 쾌락만을 위한 성관계 등도 용인되어야 한다는 주장이 제기되었던 것이다. 성 해방을 지지하는 이들은, 당사자가 합의하는 한 어떠한 성적 표현이나 행위도 허용되지 않을 이유가 없다고 주장했다.

그러나 곧이어 자유연애를 옹호하는 입장에 대한 비판도 제기되었다. 이러한 움직임이 전통적 가족제도의 붕괴, 상업주의에 편승한 성의 상품화 현상, 쾌락만을 위한 성관계에서의 비인간화 현상을 조장한다는 것이다. 이리하여 성 윤리를 둘러싼 논쟁은 더 이상 음지에만 머물러 있을 수 없게 되었다. 이제 우리는 성 문제를 공개적인 토론의 장에서 본격적으로, 그리고 진지하게 논의할 필요가 있다.

성 윤리를 둘러싼 논쟁거리로는 대체로 성과 사랑의 관계, 혼전 순결, 혼외정사, 음란물 등과 관련된 문제들을 들 수 있다. 아래에서 그 동안 논의되어 온 성 윤리에 대한 입장을 편의상 보수주의적 입장, 자유주의적 입장, 중도적 입장으로 나누어 살펴보기로 하자.[3]

보수주의적 입장

이러한 입장은 서구의 경우 대개 보수적인 그리스도교 윤리에서, 우리의 경우 전통적인 유교 윤리에서 찾아볼 수 있다. 여기서는 성이란 결혼 및 자녀 출산과 관련을 가질 경우에만 도덕적이고 온전한 것이 된다. 따라서 이러한 입장은 청소년에게는 혼전 금욕과 절제의 삶을, 결혼한 성인에게는 배우자에 대한 성적 지조를 지킬 것을 요구한다. 이와 같은 보수주의적 입장이 이제까지 우리 삶의 근간인 전통적 가족제도를 유지하는 데, 즉 부부간의 신뢰와 사랑, 안정적이고 책임 있는 자녀 교육 등을 뒷받침해 왔다는 데 이의가 없을 것이다.

그러나 자유주의적 입장에서 볼 때, 보수적 입장은 안정적 삶을 위해 변화와 모험이 가져다주는 다양하고 흥미진진한 삶을 포기하고 있는 셈이다. 이는 단지 안정적 삶이 파괴되는 것을 두려워하는 보수적 심리를 반영하고 있을 뿐이라는 것이다. 성 해방의 물결이 밀려오고 있는 오늘날의 분위기에서 자위행위나 부부간의 인위적(자연적 방

---

3. 황경식, 『개방사회의 사회윤리』(철학과현실사, 1995), p. 410 이하; 류지한, 『성윤리』(울력, 2002), 5장 참조.

법에 의한 것이 아닌) 피임까지 죄악시하는 엄격한 윤리가 설득력을 갖기는 힘들 것이다. 또 매스미디어를 통한 온갖 성적 자극 요인들이 범람하고 있는 오늘의 여건 속에서 보통 사람들에게 일방적인 절제와 금욕의 삶만을 요구하기도 어려운 것이 현실이다.

자유주의적 입장

자유주의적 입장에서 바라볼 때, 성은 일차적으로 쾌락을 위한 것이다. 물론 성적 쾌락을 추구하는 데 있어서 다음과 같은 기본적인 조건은 지켜져야 한다. 우선 성관계는 자신이 선택한 행위에 대해 충분한 분별력과 책임 의식을 지닌 성인들 사이에서 이루어져야 하고, 반드시 양쪽 모두의 합의 아래 이루어져야 하며, 타인에게 해악을 끼쳐서는 안 된다는 것이다. 이와 같은 조건을 충족시키는 한 혼전의 성이건, 혼외의 성이건, 동성애이건, 특이한 형태의 성적 실험이건 간에 하등 문제될 것이 없다.

또한 이 입장은 사랑이 동반된 성만이 허용되어야 한다는 주장을 받아들이지 않는다. 쾌락주의적 입장을 취하는 이들이 보기에 연인이나 부부 사이의 판에 박은 듯한 성관계보다는 새로운 상대자와의 성관계가 더 모험적이고 짜릿한 즐거움을 가져다준다는 것이다. 따라서 이들에게 있어 성은 마치 그때그때 스포츠를 즐기는 것과 같기 때문에, 성과 관련하여 반드시 사랑이 전제되어야 한다는 등의 제약을 둘 필요가 없는 것이다.

중도적 입장

오늘날의 많은 젊은이들은 사랑과 성을 굳이 결혼이나 자녀 출산과 결부시키려 하지 않는다. 그리하여 그들은 혼전 성관계를 용인하되, 그것이 상호 간 사랑의 서약이 전제될 경우에는 정당하다는 주장을 편다. 또 사랑하는 사람들 사이의 성애性愛는 서로의 관계를 돈독하게 하는 데 필수적이며, 성적 쾌락을 그 자체로서 즐기는 데 (출산이나 피임 등과 관련된) 어떤 제약도 있을 필요가 없다고 생각한다.[4]

이러한 입장을 '중도적'이라 표현하는 이유는, 이 입장이 전통적인 보수적 성 윤리로부터 벗어나 있는 것은 분명하지만 '참된 사랑이 동반되지 않는 성은 옳지 않다'는 생각을 지니고 있다는 점에서 완전한 쾌락주의적 입장으로부터도 거리를 두고 있기 때문이다. 성을 어떤 제약도 없이 그 자체로 즐기고자 하는 쾌락주의적 입장에서 보자면, 이러한 입장은 아직도 보수적 색채를 띠고 있는 셈이다. 말하자면, 성애에 사랑의 족쇄를 채움으로써 세상에서 누릴 수 있는 성적 환희를 놓치고 있다는 것이다. 여러분은 어떤 입장을 가지고 있는가?

---

[4]. 근래 우리나라 대학생들의 성 의식은 과거에 비해 매우 개방적인 것으로 나타났다. 「2009년 서울대학교 대학생 성의식 및 성폭력 실태 조사」결과에 의하면, '혼전 성관계'에 대해 절반이 넘는 학생들(남 62.0%, 여 51.6%)이 '사랑하면 무방하다'고 응답했고, 실제로 41.1%가 '성 경험이 있다'고 답했다. 또 남녀 간의 동거에 대해서 대체로 '수긍할 수 있다'는 반응을 보인 반면, '동거는 있을 수 없는 일'이라고 응답한 학생은 5.6%에 그쳤다. 이밖에 '결혼'에 대한 문항에서는 대부분의 학생이 결혼에 대해 긍정적인 생각을 갖고 있었으나 '결혼을 꼭 해야 한다'고 응답한 비율은 여학생(14.1%)이 남학생(34.6%)보다 낮았다(『대학신문』, 2010년 3월 15일자).

3. 쾌락과 욕망, 그리고 인간소외

기능주의적, 쾌락주의적 관점에서 바라본 성

　성적 자유를 주장하는 사람들은 흔히 성에 대해 보수적 입장을 취하는 사람들의 경직된 태도, 즉 사랑과 관련되지 않은 성은 저급한 쾌락에의 탐닉 행위에 불과하다고 여기는 태도를 비판한다. 이들에 따르면, 성은 (사랑과 관련되지 않더라도) 상대의 아름다움 자체에 대한 이끌림, 관심, 호감, 우정의 표현일 수 있으며, 상호 간의 욕구와 동의에 입각한 신체적 호응의 결과일 수 있다는 것이다. 따라서 우리는 성을 사랑과 같은 심각한 어떤 것과 굳이 결부시킬 필요가 없으며, 또한 그것이 인간의 품위를 손상시킨다거나 타인을 수단화하는 것으로 볼 필요도 없다는 것이다. 더 나아가서 이들은 쾌락과 만족감이라는 관점에서 볼 때 사랑과 무관한 성이 사랑과 관련된 성보다 더 낫다고 주장한다. 왜냐하면 후자가 책임과 헌신이라는 부담감을 수반하는 데 비해, 전자는 부담 없이 보다 새롭고 다양하고 낭만적인, 따라서 더욱 큰 즐거움을 제공해 주기 때문이라는 것이다.

　대체로 이들은 성의 본질을 이해함에 있어 프로이트 S. Freud의 견해를 폭넓게 수용하고 있다. 프로이트에 따르면, 성적 욕망을 충족시키는 것은 좋은 것이며, 성적 욕망을 억제하는 것은 부자연스러운 것으로서 신경증이나 우울증을 유발하는 나쁜 것이다. 이러한 해석을 넓게 적용한다면 이른바 음란물도 반드시 부정적인 것만은 아니다. 왜냐하면 그것은 우리의 성적 호기심과 욕구를 충족시켜 주는 기능을 하기 때문이다. 이리하여 한때 미국에서는(70년대 미국의 음란물심의위원회) 음란물이 유해하기는커녕 많은 부부들의 성적인 문제 해결에 도움을 주고 부모 자식 간 성에 대한 격의 없는 대화를 촉진함으로써 긍정적인 영향을 준다고 결론지은 적도 있었다.

쾌락주의적 접근(포르노)의 문제점: 인간소외

위에서 언급한 바와 같이 인간은 누구나 식욕이나 성욕과 같은 본능적 욕구를 가지고 있다. 만일 어떤 사람이 식욕을 전혀 느끼지 못한다면 그 사람은 곧 죽음의 위험에 직면하고 말 것이다. 또 만일 사람들에게서 성욕이 완전히 사라진다면 인류는 머지않아 멸종되고 말 것이다. 그러므로 자연은 인간을 포함한 모든 동물에게 이런 본능을 심어 놓음으로써 개체를 보존하고 또 종족을 보존하도록 하였을 것이다. 물론, 우리는 이와 같은 인간의 자연적 욕구를 나쁜 것으로 볼 필요가 없다. 말하자면, 그것은 아직 도덕 이전 단계에 있는 것으로서 도덕적으로 볼 때 중립적이라 할 수 있다. 문제는 욕구 충족의 과정에서 도덕의 본질적인 요소들인 자기중심성의 탈피, 인간 존엄, 타인에 대한 존중 및 배려와 관련하여 발생한다. 성에 대한 쾌락주의적 접근은 위의 요소들을 만족시키고 있는가?

잘 알다시피 쾌락은 욕구 충족의 결과물이다. 즉, 쾌락이란 우리의 욕구가 충족될 때 뒤따르는 심리적 상태를 의미한다. 따라서 쾌락을 얻으려면 욕구가 충족되어야 한다. 욕구는 뚜렷한 목적, 즉 지향하는 대상을 가진다. 예를 들면, 식욕의 목적은 음식을 먹는 것이고, 성욕의 목적은 이성과의 육체적 결합이다. 만일 우리가 욕구를 지니고 있는 한 인간의 입장에서 욕구를 충족시키고 그 결과로서 쾌락을 얻는 과정에만 주목할 경우, 음식을 먹는 행위나 성행위는 별로 차이가 없어 보인다. 다시 말해서, 욕구를 지닌 한 인간이 자신의 필요를 충족시킴으로써 만족감을 얻는다는 점에서는 양자가 동일하다는 것이다.

물론 이러한 견해에 대해서 우리는 '전자의 욕구 충족에 필요한 대상이 음식물(즉, 단순한 사물)이라면, 후자의 욕구 충족에 필요한 대상은 인간(즉, 인격체)'이라는 점을 들어 양자의 차이를 지적할 수 있을 것이다. 하지만 쾌락주의자는 즉각 '음식점에 가서 허기를 채우는 것이나 자위행위, 쾌락 기계,[5] 심지어 성매매 업소를 통해서 성욕을 채우는 것이나 모두 욕구 충족을 통한 쾌감 획득이라는 측면에서는 같은 것이 아니냐' 하면서 반론을 제기할 것이다. 이로써 우리는, 쾌락주의적 입장은 순전히 자기중심적 욕구 충족에 초점이 맞추어져 있으며, 따라서 여기서의 대상은 ─ 그것이 설사 인간이라 할지라도 ─ 그 욕구 충족을 위한 수단이 된다는 것을 알 수 있다. 이상의 고찰을 통해 우리는 인간의 성과 관련한 쾌락주의적 접근이 어떻게 인간 소외를 함축하는지 짐작하게 된다. 여기서는 자유의지의 담지자인 존엄한 인간은 사라지고 모든 존재가 오로지 쾌락 획득을 위한 수단으로 전락하고 말기 때문이다. 위와 같은 고찰은 또한 왜 포르노가 문제가 되는지도 암시해 주고 있다.

이러한 문제점을 더욱 분명히 하기 위해 다음의 예를 보자.

한창 젊은 나이의 민수는 지금 야한 그림을 보고 있다. 그 그림은 아주 유혹적이어서 민수는 거기에 깊이 몰입해 있다. 그런데 어느 순간 그 그림 속의 주인공이 어딘지 낯이 익다는 느낌이 들었다.

"아! 이제 누군지 알 것 같다. 이게 웬일이야, 이 사람은 어린 시절 나를 귀여워해 주셨던 ○○○아냐?"

민수는 조금 전까지 자기를 지배하고 있던 감정이 갑자기 변하는 것을 느꼈다.

---

5. 박찬구, 『우리들의 윤리학』(서광사, 2006), p. 76 참조.

위의 장면에서 여러분이 민수라 하더라도 여러분은 그의 심정, 혹은 충격을 이해할 수 있을 것이다. 아마도 민수의 감정이 변하게 된 것은 위 그림 속의 주인공이 미지未知의 인물에서 친숙한 인물로 바뀌었기 때문일 것이다. 만일 그 인물이 어린 시절부터 아주 친밀한 인간관계를 가져왔던 가까운 사람이라면 그 충격은 더욱 클 것이다. 민수의 감정이 변하게 된 보다 근본적인 이유는 무엇일까?

위의 예를 통해 우리는 쾌락주의적인 접근이 전인全人으로서의 인간의 측면을 무시한 채 단지 한 측면만을 부각시킨다는 것을, 그리고 모든 것을 오로지 쾌락의 창출을 위한 수단으로 단순화시켜버린다는 것을 알 수 있다. 어떻게 인간이 쾌락의 도구이기만 할 수 있겠는가? 위 그림의 주인공도(또는 성매매 현장에 있는 누구라도) 실제로는 누군가의 자식이자 누나(형)이자 동생일 것이며, 또 누군가의 아줌마(아저씨)이자 조카일 것이다. 비록 그가 그 장면에 놓이게 된 자세한 사정은 우리가 모를지라도, 그 또한 부모의 꿈과 기대를 안고 태어났을 것이며, 어린 시절부터 간직해 온 자신의 꿈과 희망을 지니고 있을 것이다. 말하자면, 그는 살아 있는 인격체인 것이다.

성관계가 오로지 자기중심적인 욕구의 해소 차원에 머물러 있지 않고, 실제의 이성異性 파트너와 이루어지는 한 그것은 인간과 인간의 만남일 수밖에 없다. 그리고 그 인간은 존엄성을 지닌 인격체이다. 만일 자신의 파트너를 단지 성적 쾌락 추구의 수단으로만 삼는 사람이 있다면, 그는 상대방을 소외시키고 있는 것일 뿐만 아니라 자기 자신도 소외시키고 있는 셈이다. 그는 인간과 인간의 만남이 이룰 수 있는 가장 이상적인 모습의 상징인 남녀의 만남을 단지 자기중심적 쾌락의 수단으로 삼음으로써, 자기 삶의 가능성을 스스로 제약하고 있을 뿐만 아니라 '남녀 관계란 결국 다 그렇고 그런 거야'라면서 냉소적이 되고 마는 것이다.

이런 관점에서 볼 때, 우리는 왜 포르노가 나쁜지 이해할 수 있다. 포르노는 인간의 성욕이라는 자연적 현상에 기대어 결국 인간을 소외시키고 있기 때문이다. 그리고 그것은 인간을 단지 사고파는 물건에 불과한 것으로 격하시킴으로써 인간의 존엄성을 훼손시키고 있기 때문이다. 이렇게 볼 때, 포르노의 만연은 성의 참된 의미와 인격 가치를 훼손함으로써 문화의 쇠락을 초래할 뿐이라는 것을 우리는 짐작할 수 있다.

결국 포르노가 문제가 되는 것은 성이 부끄럽고 수치스럽기 때문이 아니라, 성적인 만남 속에서 상대에 대한 자기 헌신과 배려라는 인격적 가치를 배울 수 있는 기회를 빼앗아가기 때문이다. 자기 헌신과 배려는 그럴 만한 가치가 있는, 존중할 만한 가치가 있는 타자를 전제한다. 타자란 내게 하나의 저항으로 다가오는 존재, 내가 마음대로 할 수 없는 존재를 의미한다. 그런 타자는 지배될 수 없다. 그러나 포르노 속의 여성은 남성의 성적 파트너로서만 취급된다. 남성의 지배를 받고 그 지배 속에서 쾌락을 느끼는 존재로만 묘사된다. 여성을 이런 식으로 바라보는 남성은 이제 신비와 긴장으로 가득 찬 성관계 속에서 존중과 헌신, 배려와 같은 인격적 완성의 기회를 제공할 수 있는 진정한 타자로서의 여성을 잃어버리게 된다. 포르노는 이렇게 인간 남녀 사이의 진정한 성적 만남이라는 기회를 빼앗아 간다. 이것이야말로 포르노의 해악이다.

4. 성의 진정한 의미는 결국 인격의 만남!

성은 단지 생물학적 성질(자연적 본능)의 측면뿐만 아니라 인간의 전체성, 즉 인간의 생각, 감정, 의지와 깊이 연관되어 있다. 전자가 성취, 욕구 충족, 생식, 쾌감 등과 관련된다면, 후자는 책임감, 수치감, 가치감, 인간 존엄성 등의 윤리적 측면과 관련된다. 이러한 두 차원, 즉 생리적·기능적 영역과 인격적 영역은 한 구체적 인간에게서는 분리될 수 없는 것이다. 예컨대 극단적인 성 해방을 주장하는 자유연애주의자도 자기가 사랑하는 사람이나 자기 자식의 문란한 성생활을 찬성하지 않는다는 사실은 성이 단순한 생리적 기능 이상의 의미를 갖는다는 것을 말해 주고 있다.

이러한 입장에서 보자면, 인간에게 있는 성적 수치심 역시 성이 지닌 윤리적 측면을 반영하고 있다. 이 성적 수치심은 단순히 습관이나 학습의 산물이 아니며, 오직 인간만이 지닌 본래적인 감정으로서 '단순히 본능적인 존재로 떨어지지 않겠다'는 하나의 자연적 방어기제이다. 일반적으로 그것은 성적 성숙과 더불어 생겨나는데, 타인과 거리를 두어 자신을 성적으로 방어(보호)하고 삼감으로써 새로운 방법으로의 결합을 예비(결혼할 때 깨끗하게 증여할 가치를 적립)하는 기능을 하는 것이다.

이렇게 볼 때, 인간의 성행위는 남녀가 서로 자신을 증여하는 헌신적인 영육靈肉의 표현이며, 상호 완성에 이르기 위한 행위가 된다. 그것은 처음부터 자제와 헌신과 같은 윤리적 성격을 가지고 있는 것이다. 그러므로 그것은 결코 자기중심적인 것이 되거나 쾌락만을 위한 것이 되어서는 안 된다.[6]

시대적인 조건을 떠나서 인간의 성이 갖는 보편적 의미가 있다. 인간에게 성이란 인간과 인간이 만날 수 있는 가장 이상적인 모습을 보여 주는 하나의 상징이다. 人間(사람 사이)이라는 한자어가 보여 주듯

---

6. 진교훈, 『현대 사회윤리 연구』(울력, 2003), 제14장 참조.

이, 인간은 원래 개인으로 존재하는 것이 아니다. 그는 관계(부모의 만남)의 산물이요, 관계(가정적 삶) 속에서 성장하여 결국 하나의 자립적 개인이 되는 듯하지만, 마침내 진정한 관계(남녀의 만남)를 통해서 자신의 인간성을 실현하는 것이다. 그래서 인간의 성은 그 외양은 단순한 육체적 결합으로 보일지 모르지만 그 참 모습은 인격적 만남이요, 그래서 신성한 행위인 것이다.

5. 남은 문제: 성욕은 억제하는 것이 좋은가?

그렇다면 남녀의 인격적 만남을 지향하지 않는 성이나 오로지 쾌락만을 지향하는 모든 성적 욕구는 억제되어야 마땅한가? 알다시피 오늘날 우리 주변에는 우리의 성적 욕구와 충동을 자극하는 온갖 그림과 정보들이 난무하고 있다. 이것들을 제한할 무슨 방법이라도 있는가? 아니 그 제한 가능성은 고사하고 그러한 제한 자체가 정당한 일이라 할 수 있는가?

인간 존엄과 인격 가치에 근거한 위의 논의가 모두 옳다고 하더라도, 이를 근거로 모든 음란물 및 음란 정보에 대한 공적 규제를 정당화할 수는 없다. 왜냐하면 음란물의 유통이라도 그것이 타인에게 피해를 입히거나 타인의 권리를 침해하는 일이 아니라면 원칙적으로 도덕적 차원의 문제이지 법적 차원의 문제는 아니기 때문이다.

여기서 우리는 이 논의를, 음란물을 접하는 주체를 가지고 두 차원으로 나누어 접근해 볼 필요가 있다. 첫째는 그 주체가 미성년자(어린이와 청소년)일 경우이다. 이 경우는 공적 규제의 대상이 될 수 있다. 칸트에 따르면, 인간에게는 두 가지 차원의 능력이 전제되어 있다. 하나는 자연 경향성으로서의 욕구요, 다른 하나는 자율의 능력으로 표현되는 실천이성이다. 후자는 인간의 이성적 분별력을 의미하는 것으로서, 이것 때문에 인간은 스스로 도덕적 책임의 주체가 될 수 있는 존재로 간주된다. 하지만 미성년자는 아직 이러한 이성적 분별력을 갖추고 있다고 볼 수 없으며, 따라서 자기 행위에 대한 올바른 선택을 할 수 있다거나 그것에 대해 도덕적 책임을 질 수 있다고 볼 수 없다. 이는 마치 우리가 동물이나 정신이상자에게 도덕적 책임을 묻거나 처벌을 할 수 없는 것과 마찬가지이다. 그러므로 미성년자는 그들이 이성적 분별력을 갖출 때까지 보호받을 필요가 있다. 만약 우리가 미성년자를 불건전 정보에 무차별적으로 노출시킨다면, 이는 넓은 의미에서 그들의 교육받을 권리를 침해하는 것이 될 수 있다.

다음은 성인들의 경우이다. 이 경우는 원칙적으로 공적 규제의 대상이 될 수 없다. 왜냐하면 남에게 피해를 주지 않는 한, 성인들은 자기 자신의 삶을 자율적으로 영위하고 거기에 대해 스스로 책임을 지면 되기 때문이다. 도덕은 법과 달라서 외적 강제로 이루어지는 영역이 아니라 내적 강제, 즉 자율의 영역이다. 그래서 도덕에서는 오직 자기 수양과 스스로에 대한 계몽이 과제가 될 뿐이다. 하지만 미성년에서 성년으로의 이행이 단지 나이에 따라 이루어지는 것이 아님을 우리는 이미 알고 있다. 칸트는 우리가 마땅히 미성년 상태를 벗어나야 함에도 불구하고 아직 거기에 머물러 있는 것은 지성의 결핍 때문이 아니라 결단과 용기의 결핍 때문이라고 보았다.[7] 사실, 도덕적 결단과 용기는 단지 지식의 문제는 아니다. 그것은 오랜 자기 절제의 훈련 없이는 불가능하다. 그렇기 때문에 우리 조상들은 그토록 신독

---

7. Kant, "Beantwortung der Frage: Was ist Aufklärung?" in: *Kant Werke* (Darmstadt: Wissenschaftliche Buchgesellschaft, 1983), Bd. 9, A 481.

愼獨을 중시했던 것이며, 아리스토텔레스 또한 '덕은 오직 습관의 산물'임을 강조했던 것이다.

 이제 이러한 필요성을 인정한다면, 우리는 각자 서로 도울 필요가 있다. 넓은 의미에서, 우리가 서로 돕는다는 의미 속에는 우리가 서로의 본능적 충동을 과도하게 자극하지 않는다는 것이 포함되어 있다. 자기 자신과 타인에 대한 지나친 성적 자극은 어느 정도 절제해야 할 필요성을 이미 스스로 느끼고 있는 대부분의 사람들에게 사실상 자학自虐일 뿐이다. 그것은 일종의 병적 현상이다. 그러므로 우리가 이러한 문제에 있어 사회적 합의를 이룰 수만 있다면, 우리는 스스로를 지키기 위한 최소한의 법적 제재도 생각해 볼 수 있다.[8]

 물론 이러한 논변에 대해서는 곧 다음과 같은 반론이 제기될 것이다. 프로테스탄트의 금욕 정신에 바탕을 둔 1919년 미국의 '금주법'이 결국 실패한 것이나, 어느 나라에나 매매춘을 금하는 법이 있음에도 불구하고 사실상 그것이 지켜지고 있지 않은 현상 등을 볼 때, 현실을 무시한 지나친 도덕주의는 성공하기 어렵다는 것이 그것이다. 더구나 인터넷상의 음란 정보를 규제하는 것은 기술적으로도 한계가 있다.

 하지만 우리는, 결핵균이 늘 새로이 변이變異하기 때문에 기존의 항생제가 잘 듣지 않는다고 하여 신약의 개발을 포기하지는 않는다. 결핵균을 궁극적으로 박멸할 수는 없다 하더라도 우리는 우리 자신을 지키기 위해 항상 새로운 싸움을 벌이지 않을 수 없는 것이다. 인간의 기본적 욕구가 엄존하는 한 그것을 완전히 통제하고자 하는 시도가 성공할 수는 없다. 다만 최소한의 중용을 지키기 위해서라도,

---

[8] 서로 서로를 도와야 할 인간의 '도덕적' 의무도, 사회적 합의만 있다면, 얼마든지 '법적' 의무로 설정될 수 있다. 우리는 이것을 수년 전에 제정된 '성매매 금지 특별법'의 예에서 찾아볼 수 있다.

손쉽게 음란물을 접할 수 있는 환경은 막아야 한다. 그것이 우리의 미래 세대를 보호하는 것이자, 우리가 서로를 돕는 것이기도 하다.

무분별한 음란물의 유통은 그렇다 치고, 그러면 정상적인 성인들 간의 합의에 의한 성관계에도 어떤 제한이나 절제가 필요한가? 다음 글은 우리가 일정 범위를 넘는 성관계를 왜 삼가야 하는지를 불교적 '자비' 정신의 측면에서 잘 설명해 주고 있다.

왜 인간은 욕망과 성에 있어 서로 조심해야 하는가? 왜 아무하고나 악수를 나누고 말을 하듯이, 한 순간 마음에 드는 아무하고나 사랑을 표현하고 포옹을 해서는 안 되는 것인가? 성욕이나 성행위 자체가 더러운 신체의 산물이라서 수치스럽고 죄스럽기 때문인가? 그것 자체가 부정하고 악하기 때문인가?

우리가 성을 조심해야 하는 것은 그것이 더러운 신체에 속한 일이기 때문이 아니라, 오히려 그것이 너무나도 정신적인 것이기 때문이다. 성은 서로에 대해 더 많은 애정을 갈구하게 하여 더 많은 애착과 미련과 집착을 남겨준다. 때문에 그 관계가 지속될 수 없을 경우에는 말할 수 없는 고통을 일으키게 되고, 둘 사이의 성이 제삼자에게는 죽고 싶을 정도의 절망까지도 가져다줄 수 있다. 결국 우리가 성에다 그렇게 많은 제한을 두게 되는 것은 서로의 마음에 상처를 남기고 고통을 주어서는 안 된다는 자비심 때문이다. 그러므로 평생을 손잡고 있을 수 없는 사람이라면 아예 손잡지 말고, 평생을 하나로 지낼 수 없는 사람이라면 아예 가까이 다가서지 말라고 하는 행동방식이 나오게 된 것이다. 한마디로 말해 타인에 대한 자비심으로부터 행동에 있어서의 자기제한 내지 자기절제의 요구가 귀결되는 것이다.

[…]

간음하지 말아야 하는 것은 그 행위 자체가 부정하기 때문이 아니라 그 행위가 야기하는 고통이 너무 크기 때문이다. 그런 고통을 막으려는 자비심으로부터 성에 있어 우리의 몸짓에 제한이 요구되는 것이며, 그런 제한을 실행하지 못한 자, 간음한 자는 자비심이 없는 자로서 정죄되는 것이다.

[…]

자비의 정신은 우리의 욕망에 넘지 말아야 할 선線을 그어준다. 그것은 그 이상의 말이나 행동이 부정하기 때문도 아니며 그 욕망 자체가 비윤리적이거나 아름답지 못한 것이기 때문도 아니다. 그것은 단지 넘지 말아야 할 선 너머의 행동이 자제된 행동보다 타인에게 더 많은 고통을 가져다주기 때문이다. 욕망을 표출하지 않고 사는 자는 그것을 표출하며 사는 자보다 어쩌면 스스로 더 많은 고통 속에 사는 자일지도 모른다. 그러나 타인에게 고통을 일으키지 않기 위해 자신의 고통을 감내하겠다는 마음, 고통스런 갈애渴愛를 따뜻한 관심으로 받아들이겠다는 마음이 바로 자비의 마음 아니겠는가?[9]

성 윤리를 통해서 우리는 타인에 대한 존중과 배려, 그리고 자비의 실천이라는 도덕의 본질과 만나게 된다. 성은 인간의 가장 강력한 욕망과 결부되어 있지만, 인간은 단지 본능적 존재에 그치는 것이 아니라 또한 도덕적 존재이기 때문에 우리는 그러한 욕망을 넘어서고자 하며, 그래서 인격 가치의 실현을 향해 나아갈 수 있는 것이다. 이런 점에서 성은 인간 존엄성이라는 도덕의 뿌리가 가장 잘 드러나는 영역일지도 모른다.

---

9. 한자경, 『불교철학과 현대윤리의 만남』(예문서원, 2008), pp. 243-5.

◀ 생각해 볼 문제 ▶

1. 남녀 간의 성관계 혹은 매춘과 관련하여, 다음과 같은 칸트의 견해에 대해 자신의 생각을 말해 보자.

> 만약 사람이 이익을 위해 자기 자신을 타인의 성욕 충족의 대상으로 삼는데 동의한다면, 그래서 자기 자신을 타인의 욕구의 대상으로 만든다면, 이 때 그는 마치 물건을 처분하듯이 자기 자신을 함부로 처분하고 있는 것이다. 이는 마치 고기구이로 허기를 채우듯이, 자기 자신을 단지 미각을 만족시키기 위한 음식물로 취급하는 것과 마찬가지이다. 타인의 욕구가 지향하고 있는 것은 성sex일 뿐 인간성humanity이 아니기 때문에, 그는 부분적으로 자신의 인간성을 포기하고 있는 것이며, 따라서 도덕의 목적의 견지에서 볼 때 그의 인격은 위기에 처해 있는 것이다.
>
> 그러므로 인간은 이익을 위해 자기 자신을 타인의 성욕 충족을 위해 쓰이는 물건처럼 내어줄 권리가 없다. 왜냐하면 그 경우 그의 인간성은 타인에 의해 경향성의 만족을 위한 도구이자 물건으로 사용될 위기에 처해 있는 것이기 때문이다.[10]

2. 다음 글을 읽고 현행 '성매매특별법'의 의의 및 '성 노동' 개념의 성립 가능성에 관해 찬반 대립 토론을 해보자.

---

10. I. Kant, "Of Duties to the Body in Regard to the Sexual Impulse," in: *Lectures on Ethics*, ed. Peter Heath and J. B. Schneewind (Cambridge Univ. Press, 1997), p. 157.

성매매 금지 5년, 법과 현실 사이

성매매를 막고 여성 종사자들을 보호하기 위한 성매매특별법이 시행 5년을 맞았다. 그동안 전국 집창촌의 성매매 업소가 1600여 곳에서 850여 곳으로, 종사자는 5700여 명에서 1800여 명으로 줄었다. 대표적인 31개 집창촌 가운데 4곳이 폐쇄됐고, 3곳은 단속이 심해 영업 중인 업소가 한 군데도 없다. 공식 통계로만 보면 효력을 발휘한 셈이다. 미성년자의 성매매 방지에도 일정 부분 기여했다. 그러나 사회적 논의과정을 충분히 거치지 않고 제정된 이 법의 실효성에 대해서는 여전히 논란이 끊이지 않는다.

집창촌 밖으로 쫓겨난 종사자의 상당수가 다시 변종 업소로 스며들었다. 이들은 인터넷 공간과 주택가 오피스빌딩 같은 은밀한 곳으로 숨어들어 오히려 '법외法外 구역'으로 내몰리고 있다. 집창촌은 표면적으로는 위축됐지만 변태적인 신종 성매매가 성행하는 풍선효과가 나타났다. 변종 업소 종사자의 수와 실태는 파악조차 되지 않고 있다. 법 제정 당시부터 예상됐던 일이지만 성 윤리를 바로 세우고 여성 종사자의 인권을 보호한다는 법의 취지는 무색해졌다.

성매매에 관한 법규는 나라마다 다르다. 일부 국가는 성매매를 허용해주고 세금을 부과하는 나라도 있다. 법으로는 금지하고 있지만 단속을 하지 않는 나라도 많다. 유럽 국가에서는 고급지의 신문 사설이 성인 남녀의 계약에 따른 침대 비즈니스에 국가가 개입해서는 안 된다는 논지를 펴기도 한다.

우리나라에서도 일부 여성 운동가와 성매매 여성모임은 '성 노동자의 권리'를 내세워 성 노동을 범죄행위에서 제외해야 한다고 주장한다. 성매매는 '타락'이 아니라 '생존'의 문제이기 때문에 합법적인 노동의 권리와 조건을 보장해 달라는 것이다. 이들은 성매수자에게 폭행 협박을 당해도 신고를 하지 못해 노동 환경이 더 악화했다고 하소연한다.

> 강력한 법규정에도 불구하고 성매매로 검거되는 사람은 매년 급증하고 있다. 2004년 1만 6000여 명에서 2006년 3만 4000여 명, 2008년 5만 1000명으로 늘었고, 올해는 7월까지 4만 1000여 명에 이른다. 성 도덕과 성 윤리의 문제를 법의 영역으로 끌어들이는 데는 좀 더 신중해야 한다. 간통죄의 경우처럼 성매매 문제도 사회 구성원의 충분한 공감과 합의, 더 많은 고민을 통해 법과 현실의 접점接點을 찾는 지혜가 필요하다.[11]

3. 다음 글을 읽고, '사랑은 길들이는 것'이라는 의미에 대해 생각해 보자.

> "안녕" 어린 왕자가 말했다.
> 장미꽃이 만발해 있는 정원이었다.
> "안녕" 장미꽃들이 대답했다.
> 어린 왕자는 그 꽃들을 찬찬히 들여다보았다. 그것들은 모두 자기 꽃과 비슷했다.
> "너희들은 뭐니?" 어린 왕자가 어리둥절해 하며 물었다.
> "우리는 장미꽃이라고 해." 꽃들이 대답했다.
> "그래?" 어린 왕자가 말했다.
> 어린 왕자는 갑자기 자기가 불행하다는 생각이 들었다. 그의 꽃은 어린 왕자에게 자기 같은 꽃은 세상에 오로지 한 종류뿐이라고 말했던 것이다. 그러나 이 정원에는 그와 비슷한 꽃이 5천 송이나 있지 않은가!
> [⋯]

---
11. 『동아일보』, 2009년 9월 23일자 사설.

> 여우가 말했다.
>
> "장미꽃들에게 다시 가 봐. 그러면 네 꽃이 세상에 하나밖에 없다는 것을 알게 될 거야. 그리고 나서 작별 인사를 하러 오면 내가 선물로 비밀 하나를 가르쳐 주지."
>
> 어린 왕자는 다시 장미꽃들을 보러 갔다. 그는 꽃들에게 말했다.
>
> "너희는 내 장미꽃하고 닮지 않았어. 너희는 아직 아무 것도 아니야. 아무도 너희를 길들이지 않았고 너희도 길들인 사람이 없어. 너희는 길들이기 전의 여우와 비슷해. 내 여우도 다른 수많은 여우와 다름없는 여우였어. 하지만 내 친구로 변한 다음부터는 세상에 둘도 없는 여우가 되었지."
>
> 말을 들은 장미꽃들은 어쩔 줄을 몰라 했다. 어린 왕자는 계속해서 말했다.
>
> "너희가 아름다운 건 사실이지만 속은 텅 비어 있어. 누가 너희를 위해서 죽을 수는 없을 테니까. 물론 나의 꽃도 그냥 지나치는 사람들에게는 너희와 똑같이 생긴 것으로 보이겠지. 하지만 그 꽃 한 송이가 내게는 너희 모두보다 더 소중해. 그건 내가 물을 주고 유리 고깔을 씌워주고 바람막이로 보호해준 바로 그 꽃이기 때문이지. 내가 벌레를 잡아준 것도(나비 때문에 두세 마리 남겨두긴 했지만) 그 꽃이기 때문이지. 불평을 하거나 자랑을 늘어놓는 것을, 또 때로는 말없이 침묵을 지키는 것을 내가 귀 기울여 들어준 것도 그 꽃이기 때문이지. 그건 내 꽃이기 때문이지.
>
> [···]
>
> 작별 인사를 할 때, 여우가 말했다.
>
> "내 비밀은 이런 거야. 제대로 보려면 마음으로 봐야 해. 가장 중요한 것은 눈에는 보이지 않거든."[12]

---

12. 생텍쥐페리, 『어린왕자』 중에서.

4 양성평등 윤리

양성평등 실현의 당위성과 과제

남자한테 하는 말	여자한테 하는 말
남자는 키가 크고 힘이 세어야 해	여자는 날씬하고 예뻐야 해
남자는 씩씩하고 대범해야 해	여자는 얌전하고 부드러워야지
남자는 거칠어도 괜찮아	여자는 거칠면 안 돼
남자는 울면 안 돼, 맞고 오면 더욱 안 돼	여자는 다소곳하고 참을성이 많아야 해
남자는 부엌일 못 해도 돼	여자는 살림을 잘 해야 해
남자는 가끔 말썽도 피우며 자라는 거야	여자는 몸조심해야 해
남자는 싸움도 잘 해야 하고	여자는 싸움하면 안 돼
남자는 여자보다 잘 나야 돼	여자는 남편보다 잘 나면 안 돼
남자는 여자보다 적극적이어야 하고	여자는 자기주장이 너무 강하면 안 돼
남자는 여자보다 무엇이든 잘 해내야 해	여자는 이 일 저 일에 나서면 안 돼
남자는 여자보다 더 많이 배워야 해	여자는 시집만 잘 가면 돼
그래야 남자답지!	그래야 여자답지!

전통적으로 남성에 비해 여성의 사회적 지위가 낮다는 것은 동·

서양을 막론하고 공통된 현상일 것이다. 현대에 와서 이러한 현상이 많이 개선되었다고는 하지만 눈에 보이지 않는 남녀 차별은 아직도 도처에 남아 있다. 예를 들어, 직업 전선에 나선 여성들에게 있어 취업의 문은 남성들에 비해 좁으며, 직장에서의 승진 기회 또한 상대적으로 적은 것이 현실이다. 가정생활에 있어서도 주부들에게 시댁(친가)의 일은 항상 친정(처가)의 일보다 우선한다. 또한 여성들의 가사노동은 그들이 쏟은 시간과 노력에 비해 그 가치를 충분히 인정받고 있지 못한 듯하다. 남녀 사이에 존재하는 이러한 엄연한 불평등이 이제까지 남아선호男兒選好 사상을 부추겼던 요인 중 하나였을 것이다.

여성에 대한 사회적 불평등을 제거하려는 가장 적극적인 움직임은 20세기 서구에서 시작되었다. 흔히 '여성주의feminism'라 불리는 이 운동은 1960년대 초에 반전反戰, 반인종차별을 내세우며 등장했던 이른바 신좌파the New Left 운동의 영향을 받으며 '여성해방운동women's liberation movement'이라는 이름을 얻기도 하였다.

그러나 이러한 움직임에 대한 비판도 만만치 않아서 이 문제는 곧잘 논쟁의 대상이 되곤 하였다. 남성과 여성 간에는 과연 여성에 대한 남성의 사회적 우위를 정당화할 만한 차이가 존재하는가? 우리가 볼 수 있는 남녀 간의 차이는 선천적인 것인가, 아니면 남성 우위의 기존 사회적 환경이 그것을 조장하는 것인가? 남녀 간에 여러 가지 면에서 차이가 있다는 사실이 남녀 간의 불평등한 대우를 정당화할 수 있는가? 여성주의는 혹시 피해 의식에 젖은 여성들의 과장된 논법을 대변하고 있는 것은 아닌가? 이제 아래에서 여성주의를 둘러싸고 전개되는 논쟁들을 살펴봄으로써 양성평등의 이슈에 더 깊이 있게 다가가 보자.

1. 남녀 간의 차이는 유전에서 오는가, 환경에서 오는가?

지능 검사나 적성 검사의 결과 분석을 통해 우리는 남녀 간에 지적 능력 면에서 어떤 차이가 있다는 것을 알 수 있다. 그런데 실제로 의미 있는 차이는 IQ 점수에서가 아니라 유형별 능력에서 나타나고 있다. 통계에 따르면, 대체로 여성이 남성보다 더 나은 언어능력을 가지고 있다. 이것은 여성이 말을 더 많이 한다는 일반적인 생각과도 일치할 뿐만 아니라, 여성이 복잡한 글을 더 잘 이해하고 언어를 더 창의적으로 사용할 수 있다는 것을 의미한다. 반면에 남성은 여성보다 우수한 수학적 능력 및 공간지각 능력을 가지고 있는 것으로 나타난다.

그러나 남녀 간의 중요한 차이는 지적인 능력에서가 아니라 심리적인 측면에서 더욱 확연하게 드러난다. 그 대표적인 예로서 남성이 여성에 비해 더 공격적이라는 점을 들 수 있다. 서로 다른 문화권에 살고 있는 아이들에 대한 몇몇 연구는, 우리의 평소 생각대로 남자아이들이 여자아이들보다 더 거칠고 공격적임을 보여 주고 있다. 대체로 남성은 여성보다 쉽게 남을 해치는 경향이 있다. 이는 대부분의 폭력범이 남성이라는 사실에서도 드러난다. 한편, 공격성은 경쟁심과 지배욕, 즉 어떤 집단 내에서 될 수 있으면 정상에 올라서서 남들을 지배하려는 충동과 관련된다고 여겨진다. 그렇다면 남성이 여성보다 '공격적'이라는 사실은, 이 사회에서 왜 남성이 여성보다 지배적 위치에 있는지를 '설명' 해 줄 뿐만 아니라 또한 그것을 '정당화' 해 주는 논거가 될 수 있는가? 우리는 이 중에서 우선 첫 번째 문제, 즉 남녀 간에 관찰되는 사실적 차이의 원인을 둘러싼 논쟁을 살펴보자.

환경적 요인설

남녀 간에 발견되는 이러한 차이의 원인은 무엇인가? 여성주의자들은, 대체로 이것이 타고난 것이라기보다는 다분히 환경적 요인에 의해 만들어지는 것이라고 본다. 보부아르Simone de Beauvoir는 이 점을 다음과 같이 지적하고 있다.

> 여성은 태어나는 것이 아니라 만들어지는 것이다. (…) 문명 전체가 남성과 '거세된 남성' 사이의 중간 산물을 만든 다음 거기에 여성이라는 명칭을 붙인 것이다.[1]

이처럼 여성주의자들은 여성성[2]이라는 것이 사회적 구조와 그 모순에 의해 발생했다고 주장한다. 그들에 따르면, '남성'이라는 본질이 존재하지 않듯이 '여성'이라는 본질 역시 존재하지 않는다. 그래서 여성다움이라는 것도 문화적 산물에 불과하다고 주장한다. 이들은 그동안 남성이 여성을 지배했던 것은, 목숨을 걸고 야생동물을 사냥해야 했고 적의 침략을 무력으로 지켜야 했던 지난날, 전쟁에서 육체적인 힘이 가장 필요한 능력으로 중시되었기 때문이라고 설명한다. 이러한 단순한 사회에서는 육체적인 힘과 공격성이 중요했기 때문에 남자들이 지배적인 위치를 차지하게 되었다는 것이다. 그러나 오늘날과 같이 모든 것이 기계화되어 힘보다 기술과 아이디어가 더

---

1. 시몬느 드 보부아르(강명희 역), 『제2의 性』(하서출판사, 1996), 제2부 제1편 제1장 "유년기" 도입부 참조.
2. 이른바 젠더gender를 말하는데, 이는 생물학적 의미의 성sex 개념과 확연히 구별되는 의미로 사용되는 개념이다. 다시 말해서, 젠더란 성 역할의 사회화 과정을 통해 후천적으로 결정되는 성 개념을 가리키며, 남성다움(남성성)과 여성다움(여성성)으로 구분한다. 그리고 사회마다 요구하는 남성다움과 여성다움의 기준이 다르기 때문에 그 의미는 사회마다 다양하게 나타난다고 본다.

중요해지고, 또 법과 권리가 중시되는 사회에서 남성의 여성에 대한 지배는 더 이상 의미가 없다고 말한다.

우리의 성장 과정을 되돌아볼 때, 확실히 우리는 어렸을 때부터 남자와 여자의 역할을 '배우게' 되는 면이 많다. 남자아이들은 선물로 자동차나 총을 받고, 여자아이들은 인형이나 소꿉놀이 장난감을 받는다. 여자아이들은 칭찬으로 대개 '예쁘다'는 말을 듣고, 남자아이들은 '씩씩하다'는 말을 듣는다. 아동 도서에서는, 아빠는 회사에서 일하고, 엄마는 집에서 아기를 돌보고 음식을 만드는 모습으로 그리고 있다.

그래서 대부분의 페미니스트들은 '여성성'이란 자연의 산물이라기보다 의식·무의식적인 사회적 학습의 산물이라고, 아니 사회구조적 차별의 결과라고 확신한다. 과연 이들이 주장하듯 여성성은 사회적 불평등에 의해 조작된 것에 불과한가? 여성 억압의 요인을 단지 남성 대 여성이라는 대립 구도나 가부장적·사회적 관습으로 이해하는 것은 여성이 처한 현실을 너무 단순화하는 것이 아닐까? 차별을 없애자는 것이 혹 여성성이라는 차이성에 대한 부정으로 이어지는 것은 아닌지 우리는 조금 더 면밀히 검토해 볼 필요가 있다.

생물학적 요인설

일부 여성주의자들이 주장하는 환경설에 대한 반론도 적지 않다. 이 견해에 따르면, 사회적·교육적 환경이 남녀 간의 심리학적 차이를 결정하는 데 영향을 미치기는 하지만, 생물학적·유전적 요인 역시 작용하고 있다는 것이다. 일례로 남성의 공격성은 인간뿐만 아니라 모든 영장류에서 전반적으로 나타나는 현상으로서, 학습되기 이전의 아이들에게서도 발견된다. 한 연구에 의하면, 그 정도는 남성

호르몬의 양에 따라 좌우된다.

  실제 우리의 경험상으로도 아이들은 아주 어렸을 때부터 이미 남녀 간에 태도 및 관심사에 있어서 차이를 보인다. 남의 집에 처음 들어설 때 남자아이는 대개 그 집의 사물, 즉 장난감에 먼저 관심을 보이는 반면, 여자아이는 먼저 그 집의 사람들을 쳐다보고 인간적 관계에 관심을 보이는 경향이 있다. 이러한 면과 관련하여 대체로 여성은 주변 사람들의 요구에 민감한 반면 남성은 자기 일에 더 열중하며, 여학생들이 문학·예술에 더 능력을 발휘하는 데 반해 남학생들은 수학·과학에 더 재능을 나타내는 것을 볼 수 있다. 그렇기 때문에 남성은 흔히 여성을 복잡하다고 느끼고, 여성은 남성을 무심하다고 느낀다.

  다음 글은 남녀의 이러한 타고난 차이를 무조건 부정하는 것은 오히려 여성의 참된 가치를 무시하는 결과가 될 수 있음을 지적하고 있다.

일군의 과학자들은 인류 진화의 과정을 통해 남성의 뇌구조가 직선적이라 한 번에 한 가지 일밖에 처리하지 못하는 특징을 지닌 반면, 여성의 뇌구조는 거미줄과 유사하여 한 번에 여러 가지 일을 소화하고 전후 맥락과 관계를 조망하는 데 훨씬 유리하다고 밝혀낸 바 있다. 또 타인을 대하는 방식에서도 남성은 '지위와 권력'을 지향하는 데 반해 여성은 '인간관계'를 중시하고, 이 인간관계를 형성하는 데 있어 여성의 '언어능력과 심리감지력'이 탁월한 역할을 한다고 주장하는 학자들도 있다.

  이처럼 원하건 원하지 않건 남자와 여자 사이에 확연한 차이가 존재한다면 이러한 천성적 측면을 무조건 부정하는 것만이 근본적 해결책은 아닐 것이다. 더욱이 "사람은 여자로 태어나는 것이 아니라 여자로 만들어진다."는 보부아르의 주장은 우회적으로 남성적인 특성이 여성적인 특성보다 더 가치 있음을 함축함으로써 은연중에 여성이 되는 것은 부정적이라는 의미를 암시하는데, 이는 여성의 여성 자신에 대한 비하로 간주될 수 있을 만큼 위험하다.

    일반적으로 여성의 것으로 치부된 모성애, 헌신, 가사노동이 무조건 비하되고 극복해야 할 열등성일까? 모든 남성과 여성이 논리적이고 생산적인 분야에만 참여한다면 사회는 제대로 움직일 수 없게 될 것이다. 만약 모든 여성이 모성애와 가사노동을 거부하고 남성화된 여성만을 찬양한다면 사회는 곧 파국을 맞게 될 것이다. 보부아르의 주장은 은연중에 이성理性중심적인 남성문화를 답습하고 있는 것이 아닐까?[3]

2. 여성에 대한 편견과 억압의 역사

    과거에는 여성이 남성에 비해 여러 가지 면에서 열등하다고 믿었기 때문에 여성이 감히 넘볼 수 없는 영역들이 있었다. 이는 철학이나 윤리의 영역에서도 마찬가지여서 대부분의 위대한 철학자들도 여성이 모든 면에서 남성보다 열등하다는 견해를 표명한 바 있다. 다음은 이러한 편견이 드러나 있는 예이다.[4]

"원래 남성은 여성보다 지도와 관리에 적합하다. 여성이 이러한 분야에 재능이 있는 것은 아마도 자연에 반하는 일일 것이다." (아리스토텔레스)

"여성들도 물론 교육을 받을 수는 있지만, 여성은 보편적인 것을 요구하는 고차원적인 학문, 즉 철학과 예술의 창조에는 적합하지 않다. … 여성은 보

---

3. 최영주 엮음, 『세계의 교양을 읽는다 4 — 윤리학 편』(휴머니스트, 2006), pp. 196-7.
4. 안네마리 피퍼(진교훈 · 류지한 역), 『현대윤리학 입문』(철학과 현실사, 1999), pp. 297-8.

편성의 요구에 따라 행동하는 것이 아니라 우연적 성향이나 의견에 좌우되기 때문에 여성이 정치를 하게 되면 국가가 위험에 빠지게 된다."(헤겔)

"여성은 정신적 능력이 미약하기 때문에 꾸준함이 요구되는 정신적 작업을 할 수 없다."(콩트)

"남성의 행복은 '나는 원한다'이고, 여성의 행복은 '그가 원해요'이다."(니체)

"추상적이고 사변적인 진리의 탐구, 학문의 원리와 공리, 즉 개념의 일반화를 추구하는 모든 것은 여성이 할 일이 아니다. 여성의 공부란 실천적인 것에 관련되어야 한다. 여성의 일은 남성이 발견한 원리를 적용하는 것이다."(루소)

이 밖에도 보부아르는 남성에 대한 여성의 종속적인 지위를 못 박아 놓은 발언들을 다음과 같이 열거하고 있다.[5]

"여성은 어떤 성질인가가 결여되어 있기 때문에 여성이다. 우리는 여성의 본성을 자연적인 결함 때문에 괴로워하는 것으로 보아야 한다."(아리스토텔레스)

"여자는 '되다 만 남자'이며 '우발적인 존재'이다."(성 토마스)

"남자의 육체는 여자의 육체가 갖는 의미를 제외하고도 그 자신이 하나의

---

5. 보부아르, 위의 책, p. 15.

의미를 가진다. 하지만 여자의 육체는 남자의 육체를 고려하지 않으면 그 의미를 잃게 된다. … 남자는 여자가 없어도 생각될 수 있지만, 여자는 남자가 없이는 생각될 수 없다." (방다[6])

우리 역사에서도 사정은 마찬가지여서, 여성은 아무리 학예에 재능이 뛰어나도 과거科擧 등을 통해 사회의 지도적 위치에 오를 길이 없었다. 뿐만 아니라 조선시대에는 칠거지악七去之惡(아내를 내쫓을 수 있는 일곱 가지 이유)이니 삼종지도三從之道(여자가 지켜야 할 세 가지의 도, 즉 어려서는 아버지를 좇고, 시집가서는 남편을 좇고, 남편이 죽은 뒤에는 아들을 좇아야 한다는 것)니 하여 여성의 종속적 지위를 분명히 못 박아 놓았다.

그렇다면 현대 사회에서는 이러한 편견이 얼마나 개선되었는가? 불과 50여 년 전(1958년) 독일에서 벌어졌던 양성평등에 관한 법학 논쟁은 인간의 편견이 바뀌는 데 얼마나 오랜 시간이 걸리는지를 짐작하게 해준다. 당시 핵심 쟁점은 헌법에 명시된 양성평등의 원칙이 사람들이 자연스레 받아들이고 있는 '가정에서의 남성의 결정권'과 모순된다는 점이었는데, 이에 대해 자연법 철학자들이 공식적으로 제출한 소견서의 결론은 다음과 같다.

남성은 명령할 수 있다. 남성이 세상과 맺는 비통합적 자발성은 명백하게 앞서 형성된 명령을 내릴 권리조항에 해당된다. (…) 여성은 순종해야 한다. 여성이 세상과 맺는 통합적 수용성은 명백하게 순종 속에서 수행되는 명령에 따를 의무조항에 해당된다.[7]

---

6. 프랑스의 철학자이자 비평가(1867-1956).
7. 안네마리 피퍼(이미원 역), 『페미니즘 윤리학은 있는가?』(서광사, 2004), pp. 16-7.

위의 사례를 통해 우리는 법의 이름으로 자신들의 편견 및 이에 근거한 사회체제를 계속해서 유지하고자 하는 인간들의 뿌리 깊은 경향성을 엿볼 수 있다. 대체로 역사는 우리에게, 인간은 자신의 지위나 이권을 보장해 주는 기존의 체제를 유지하려 한다는 사실을 보여주고 있다.

3. 여성해방운동의 필요성

남성 중심적 의식구조와 사회체제가 바뀌어야 하는 이유는 무엇인가? 이는 무엇보다도 그것이 우리 시대의 이념인 인간 평등과 인간 존엄성에 위배되기 때문이다. 그리고 그것은 인간의 진정한 자아실현을 방해하기 때문이다.

남성 우위의 사회에서 남자는 날 때부터 여자보다 유리한 위치에 서서 성장할 수 있을 것이다. 반면, 여자는 그 사회의 규범을 습득해 가는 가운데 아마도 자신의 낮은 지위와 열등성을 묵묵히 받아들이게 될 것이다. 설사 여성이 어떤 재능을 가졌거나 어떤 업적을 성취하려 해도, "여자가 별 수 있겠어?"라거나 "여자가 무얼 한다고…" 등 남성들의 경멸적인 언사와 더불어 한 인간으로서의 가능성을 무시당하기 쉬울 것이다.

남성 위주 사회에서의 여성 경시는 이른바 에로티시즘eroticism의 허울 속에도 숨어 있다. 이러한 사회에서 여성들에게는 남성들의(혹은 남성들을 위한) 성적 파트너라는 이미지가 부여된다. 이러한 경향은 특히 경제력을 지닌 남성들이 자신의 성적 욕망을 충족시키기 위해 여성(혹은 여성을 등장시킨 음란물)을 돈으로 사게 되는 데서 더욱 조장된다. 여기에 이르러 여성은 자율적이며 존엄한 인간으로서의 품위를 상실하고 마침내 남성의 성性을 위한 도구적 존재로 비하되고 마는 것이다.

  이러한 사회는 한 인간으로서의 여성을 소외시킬 뿐만 아니라 사실은 남성 자신도 소외시킨다. 특히 남성들이 스스로 '사나이 기질' (강하고, 거칠고, 경쟁적인 기질 등)을 내세우며 여성과 세계를 자신이 지배해야 된다는 이미지에 집착할 때, 그들은 억압받는 여성들과 마찬가지로 여성에 대한, 그리고 세계에 대한 관계를 왜곡시키게 된다. 즉, 그들 또한 여성들과 마찬가지로 인위적으로 조작된 ― 여자는 순종적이어야 하고 남자는 허세를 부려야 하는 ― 성적인 전형 stereotype에 얽매임으로써 온전한 한 인간으로서의 자기완성을 스스로 제약시키고 마는 것이다. 이런 측면에서 보면, 여성해방은 곧 남성해방을 함축하게 된다는 것을 우리는 짐작할 수 있다.

  그렇다면 오늘날 사회체제의 측면에서, 또 의식구조의 측면에서 남녀의 평등은 어느 정도나 실현되었다고 할 수 있을까? 물론 우리 시대에는 '적어도 외형상으로는' 위에서 살펴본 바와 같은 시대착오적 편견이나 불평등은 더 이상 존재하지 않는다. 하지만 암암리에 여성을 제약하는 남성 중심적 의식구조는 아직도 광범위하게 남아 있는 듯하다. 다음 대중가요 가사는 오늘의 젊은 여성들이 이에 대해 어떻게 느끼고 있는지를 잘 보여 준다.

모든 게 나에게 여자가 여자다운 것을 강요해. 날 바라보는 네 야릇한 시선들이 난 싫어. (약한 여자, 사랑에 약한 여자..) 내게 강요하지 마. 틀에 갇혀버릴 내가 아닌 걸. 전부 나의 뜻대로.. 섹시한, 차분한, 영원히 한 남자만 아는 따분함. 그건 바로 착각, 모든 남자들의 관심사.. 난 이 세상을 모두 바꿔버릴 꿈을 다 가진걸. (Get it up, 난 부족해, Get it up, 모든 게 다..) 말이 되지 않잖아. 그들만의 평등 같은 건. 그대들이 만든 기준에 맞게.. 나는 나인걸. 누구도 대신 하지 말아. (그렇게 만만하게 넘어갈 내가 아니야.) 내 모습 그대로 당당하고 싶어. (그늘에 갇혀 사는 여자를 기대하지 마.) 마음을 더 열어봐. 우린 같은 곳을 향해 가잖아. 모두 함께 영원할 텐데.. 서로 다른 성일뿐. 존재하기 위한 인간인걸. 이젠 부정하지 마. 남자들 모두가 세상의 진리는 절대로 불변의 법칙이라고.. 이 칼을 잡은 난 세상의 지배자, 힘의 논리, 남자만의 법칙들.. 아주 웃기시네! 이 세상의 반, 그건 여자들이 만들 거야. 당당하게 난 멀리 앞을 향해 걸어갈래.[8]

한편 최근에는 남성들에 대한 역차별도 논란의 대상이 되는 듯하다. 여성의 권리를 지켜주기 위해 시행된 여러 가지 제도가 이제는 오히려 남성들을 차별하는 결과를 초래하고 있다는 것이다. 역차별을 받고 있다는 남성들의 주장의 요지는, 현대에는 양성평등이 완성 단계에 이르렀고 따라서 여성의 차별을 초래하지도 않는 사안에서 무고한 다수 남성이 희생되는 일은 없어야 한다는 것이다. 물론 직접적 이해관계가 걸려 있는 일에서 한 개인으로서의 남성이 여성 할당제 등에 대해서 불만을 가질 수는 있을 것이다. 그리고 여성의 권리 보장이나 차별에 대한 보상이 지나쳐 많은 남성들이 차별을 받고 있다고 느낄 정도가 된다면 이는 '사안별로' 마땅히 시정되어야 할 것이다. 하지만 전체적으로 볼 때 저울의 추가 아직도 한쪽으로 현저히 기울어 있다면, 우리는 그 저울의 균형이 수평을 이룰 때까지 낮은 쪽을 계속 밀어 올리는 노력을 해야 하는 것이 아닐까? 안네마리 피퍼는 여성주의 철학자의 입장에서 왜 오늘날에도 여전히 여성해방운동이 지속되어야 하는지를 다음과 같이 역설하고 있다.

---

8. 보아, 〈Girls on Top〉.

여성해방운동은 지금도 계속되고 있다. 남성들은 이에 대해 매우 반발하고 있으며, 여성해방을 지지하는 여성들도 지나친 활동에 대해서는 비판적인 입장을 취한다. 이에 대한 의식을 갖고 있지 않은 여성들의 반대는 더 말할 필요도 없다. 하지만 여성운동은 여성들의 일을 가치 있는 것으로 인정하지 않고 여전히 비천한 것으로만 여기고 있는 현재의 상황에서는 바람직한 것이라고 생각된다. 오늘날 자연과 인류는 희망을 발견할 수 없다. 그것은 무엇보다 남성적 합리성에 근거한 지배구조들에서 비롯된 것이다. 남성적 합리성은 모든 것을 지배하고 막강한 세력을 행사하였다. 하지만 그것은 지배 받는 자, 약한 자, 억압 받는 자들에게 따라올 파멸은 무시한 채 그들을 도구화하였다.[9]

4. 진정한 양성평등을 향하여

1절에서 우리는 남녀 간의 차이가 선천적인 것인지, 환경적 요인에 의한 것인지에 관해 살펴본 바 있다. 그리고 그 차이의 원인에 대한 여러 가지 설명을 검토하는 가운데, 남녀 간의 차이들 중에는 단지 '만들어진' 것만이 아니라 본래적인 부분도 있으며, 또 그것을 굳이 무시할 필요도 없다는 점을 논한 바 있다. 그렇다면 이러한 사실이 함축하는 것은 무엇인가? 즉, 이러한 사실을 해석함에 있어 주의할 점은 무엇인가?

우선 남녀 간의 그러한 차이는 단지 평균적인 것이므로 개인을 평가하는 척도로 삼아서는 안 된다는 점이다. 남녀 간의 심리적 메커니

---

9. 안네마리 피퍼(이미원 역), 위의 책, pp. 18-9.

즘에 타고난 차이가 있다 하더라도 그것은 분명 평균적으로만 존재한다. 즉, 어떤 여성은 남성보다 더 공격적이며 더 뛰어난 공간지각 능력을 가진다. 그러므로 개인적 특성이나 잠재력을 무시한 채 '너는 여자이므로 엔지니어가 될 수 없다'고 하거나, '너는 여자이므로 정치적 야심을 가져서는 안 된다'고 말하는 것은 분명 무리한 논법이다. 마찬가지로 우리는 남성이라고 해서 무조건 (일하러 나간 아내 대신) 집에서 아이를 잘 돌볼 만한 부드러운 품성을 가질 수 없다고 결론 내릴 수는 없다. 다시 말해서, 분야별 능력이나 적성에 있어서 남녀 간에 차이가 있다는 생물학적인 설명을 우리가 받아들인다 하더라도, 가지고 있는 능력을 최대한 발휘하는 데에서 만약 여성이 남성과 똑같은 기회를 가지지 못한다면, 이는 개선되어야 할 일일 것이다.

다음으로 그러한 차이는 차별을 정당화할 수 없음은 물론 오히려 보완을 필요로 한다는 점이다. 동물의 세계에서라면 특정한 능력에서의 차이는 곧 약육강식으로 이어지고, 우리는 이를 자연의 질서로 이해한다. 그러나 인간의 세계는 이러한 동물 세계의 질서를 넘어 인간 존엄의 이념에 근거한 도덕적 질서를 추구한다. 우리는 모든 사람을 동등한 자격을 지닌 존재로서 존중하기 때문에, 약자라고 해서 함부로 대하지 않으며 오히려 그의 권리를 지켜주기 위해 특별히 배려해야 하는 것이다. 그러므로 만일 여성이라는 이유로 그간 차별 받아온 부분이 있다면, 이는 마땅히 시정되어야 하는 것이다.

그런데 문제는 당위가 아닌 현실이다. 오늘날에는 남녀를 차별하는 법적·제도적 불평등이 더 이상 남아 있지 않다. 그래서 모든 사람이 자아실현의 기회를 동등하게 가질 수 있다. 우리가 추구하는 민주주의 사회는 모든 이에게 동일한 기회를 부여하기 때문이다. 기회 균등은 과거에 존재했던 사회적 불평등을 제거할 수 있게 하는 자유민주주의적 이상의 하나이다. 그래서 이제는 여자라는 이유만으로 공직이나 대학 입학을 위한 시험에서 불이익이나 제한을 받는 일은 없다. 그러나 기업체나 산업 현장 등 사회 각 분야에서는 여전히 여성 인력을 기피하고 있는 것 또한 현실이다. 여기에 대해서 고용주들은 여성들 중에 많은 유능한 자원이 있음을 인정하면서도 여성의 출산이나 양육에 따른 생산성 저하라는 문제점을 지적하고 있다. 여기서 우리는 기회의 균등만으로 과연 진정한 평등이 이루어질 수 있는지 묻지 않을 수 없다.[10]

예를 들어, 장애인들은 사회적 경쟁에 있어 그 출발점에서부터 불리한 입장에 서게 된다. 또 지나치게 가난하거나, 어릴 적에 필요한 최소한의 보살핌도 받지 못한 사람은 자기의 타고난 재능을 제대로 발휘할 기회조차 얻지 못한다. 그래서 선진국들은 이러한 문제를 해결하기 위해 사회 복지 및 교육 재정을 확충함으로써 사회 구성원들에게 '실질적인' 기회균등을 부여하는 동시에 잠재적인 인적자원을 최대한 활용할 수 있는 정책을 펼친다.

마찬가지로 여성 문제에 있어서도, 만약 기존의 남성 위주의 사회가 여성으로 하여금 구조적으로 불평등한 여건에서 사회생활을 하도록 한 요인이 있었다면, 그것을 개선하는 정책이 나와야 할 것이

---

10. 아직도 우리나라의 양성평등 실현 정도는 매우 낮은 편이다. 세계경제포럼(WEF)이 발표한 「2009 글로벌 성 격차 보고서」에 따르면, 한국은 성 평등 순위가 전체 134개 회원국 가운데 115위인 것으로 나타났다. 성 평등 순위는 남성과 여성의 사회적 상황을 비교해 성 격차 지수를 토대로 매겨지는데, 성 격차 지수는 여성의 경제 참여 기회, 교육 수준, 정치적 권한, 보건 등 네 부문을 종합적으로 수치화해 결정된다. GDP에서 세계 10위권에 근접하는 경제 강국 한국이 '여성의 경제 참여 기회' 부문에서는 113위, '여성의 정치적 권한' 부문에서는 104위로 아주 하위권에 머물렀으며, 입법 활동이나 고위 관리직 진출 측면에서도 취약하여 '여성의 고위 공무원 및 경영진 진출'은 114위를 차지했다. 한편, 성 평등 순위가 높은 나라들은 북유럽 국가들이었는데, 아이슬란드가 1위, 핀란드와 노르웨이가 각각 2, 3위를 차지했다. 중국은 60위, 남아공은 6위였다. 이러한 통계에 대해 한 국회의원은 "우리 사회는 양성평등 의식을 고양하고 여성의 권리를 신장하기 위해 적극적인 노력을 펼쳐야 한다"고 말하면서, "국가지명도와 국격은 양성평등과 같은 인류의 보편적 가치를 실현해야 가능하다"고 지적했다(『대학신문』, 2009년 11월 9일자).

다. 예컨대 자손을 낳고 바르게 키우는 일이 남녀 모두의 관심사인 이상, 사회는 직장 여성을 위한 탁아소 시설을 세우고 출산 및 양육을 위해 여성에게 유급 휴가를 부여하는 등의 제도적 장치를 마련해야 한다. 이러한 것이 바로 진정한 인간의 평등을 구현하는 길이기 때문이다.[11]

남녀는 인간성의 본질적인 속성이 지닌 양 측면이기 때문에, 그것이 서로 함께 할 때에만 온전한 전체, 제대로 된 개체가 될 수 있다. 따라서 인간성을 남녀로 양분하여 파악하려 고집하는 것은 어리석은 태도일 뿐이다. "남성 도덕과 여성 도덕은 서로 다를 것이 아니라, 양성에 공통되는 인간 존재의 기반 위에서 서로를 보완해야 한다. 이때 양성은 그 자체로 가치를 지닌 다른 성의 고유한 기능을 인정함으로써 그들 간의 차이를 대화와 담론을 통해 극복하고 조화를 이룰 수 있게 된다."[12]

---

11. 이와 더불어 양성평등 의식을 함양하기 위한 교육적 노력도 중요하다. 미국에서는 매년 4월 넷째 목요일에 '딸(아들)들을 일터에 데려가는 날Take Our Daughters and Sons To Work Day'이라는 행사를 벌이고 있다. 이 행사는 1993년 양성평등 사회를 만들기 위해 설립한 미즈재단에서 8~18세 사이의 여자아이들에게 다양한 직업 체험 기회를 제공하고, 성 역할에 대해 생각해 보도록 하기 위해 만들었다고 한다. 처음에는 여자아이들을 위해 만들었지만, 2003년부터는 남자아이들도 함께 참가하는 행사로 바뀌었다. 미국에서는 이 행사를 아주 중요하게 여겨 행사 날짜와 시험 날짜가 겹칠 경우 시험 날짜를 다른 날로 바꿀 정도라고 한다(http://www.takeourdaughterstowork.org 참조).
12. 안네마리 피퍼(진교훈·류지한 역), 위의 책, p. 305.

◀ 생각해 볼 문제 ▶

1. 다음 글을 읽고, 남녀의 기질적 차이는 어디까지가 선천적 요인에 의한 것이고 어디까지가 환경적 요인에 의한 것인지 토론해 보자.

> 마가렛 미드Margaret Mead는 1931년부터 1933년까지 원시농경 체제에 속하는 뉴기니New Guinea의 세 마을에서 성과 기질에 대한 현장 연구를 했다. 다음은 그녀의 기록이다.
>
> 아라페쉬족Arapesh 사람들은 남녀 모두가 비슷한 인성을 나타냈는데, 이 인성의 특징은 서구인들의 문화적 시각에서 볼 때, 부모 역할의 측면에서는 모성적이라 부르고, 남녀 관계의 측면에서는 여성적이라고 할 수 있는 성질이었다. 그 곳에서는 여자들뿐만 아니라 남자들까지도 협동심이 강하고, 비공격적이며, 타인의 욕구나 요구사항에 재빨리 반응하도록 길들여지는 것을 보았다. 그리고 성욕이란 남녀 모두에게 있어 그리 강력한 힘이 될 수 없다고 생각한다는 것을 알았다.
> 먼더거머족Mundugumor 사람들은 아라페쉬인들과는 대조적으로, 남녀 모두 무자비하고 공격적이며 성욕을 적극적인 것으로 받아들이는 반면, 자애롭고 모성적인 면은 극히 무시하였다. 그들이 남녀 모두를 표준화시켜온 인성적 기준은 서구인의 시각에서 본다면 제대로 양육되지 않은 매우 과격한 남성들에게서나 찾아질 수 있는 성격이었다.
> [...]
> 세 번째 부족인 챔불리Tchambuli에서는 서구 현대인들이 일반적으로 보이

> 는 특성과는 정반대로, 여자는 지배적이고 객관적이며 통솔권을 가지는 반면에 남자는 책임감이 약하고 정서적으로 의존적 성향을 갖는다.
> 　이러한 세 가지 상황은 상당히 명확한 결론을 제시하고 있다. 전통적으로 우리는 수동성, 민감함, 아기를 귀여워하는 마음 등을 여성적인 기질이며 태도라고 간주해 왔지만, 앞의 세 사례에서 이런 기질이나 태도가 어느 부족에서는 남성적 유형으로 간주되고, 또 다른 부족에서는 남자들뿐 아니라 여자들에게까지도 별로 바람직하지 못한 기질로 간주되고 있음을 보았다. 따라서 우리는 더 이상 그러한 기질과 태도 등을 성과 관련지어 보편화할 수 없게 된 것이다. 더욱이 부계제가 공식적으로 존재하면서도, 남녀간의 주도적 지위가 실제로는 뒤바뀌어 있는 챔불리의 경우를 살펴볼 때 그러한 결론은 더욱 문제가 있음을 알게 된다.
> 　이 조사 자료가 시사하는 것은 우리가 흔히 '남성적'이라고 말하는 인성적 특성들은 전부는 아니더라도 대부분이 본질적으로 성과 관련되어 있지 않다는 점이다.[13]

2. 다음은 어느 직장 여성이 쓴 글이다. 이 글을 읽고 '현모양처와 유능한 직장인' 사이의 딜레마를 극복할 수 있는 길은 무엇인지에 관해 토론해 보자.

> 요즘 유행하는 말들 중에 골드미스와 수퍼맘이 있다. 골드미스란 30대 이상의 미혼 여성으로서 학력이 높고 소득 수준이 높은 소위 잘 나가는 여성을 가리킨다. 수준에 맞는 배우자가 없어서인지, 아니면 일 때문인지 모르

---

13. 마가렛 미드(조혜정 역), 『세 부족사회에서의 성과 기질』(이대출판부, 1988), pp. 325-6.

겠지만 이들은 결혼을 안 하고 독신생활을 즐기는 삶을 선택한 것 같다. 한편, 수퍼맘은 직장 일도 잘 하면서 가정 일에도 소홀하지 않는 수퍼우먼 같은 엄마를 일컫는 말이다.

요즘 기업의 신입사원 면접에서 '중요한 회의가 있을 때 아이가 아프면 어떻게 하겠느냐?'는 질문을 여성구직자에게 한다고 한다. 나 역시 '나이 어린 여성 상사(이 글의 필자 자신의 상황임)에 대한 남자 직원들의 거부감을 어떻게 해결할 것인가?' 하는 질문을 받았던 기억이 난다. 골드미스는 있는데 골드미스터는 없다. 수퍼맘은 있는데 수퍼파더는 없다. 여성의 사회진출이 증가할수록 여성은 더 힘들어지는 것 같다. 해야 할 일이 더 많아지기 때문이다. 임신을 해서 입덧을 해도 내색하지 않고 일을 해내야 프로로 인정받는다. 매달 생리휴가가 있지만 실제로 이를 사용하는 간 큰 여성은 별로 없다. 출산휴가 3개월이 끝나면 대부분 바로 복직을 한다. 아이가 생기면서 경제적 부담이 더 커지다보니 일을 계속해야 하고, 그보다도 승진이나 평가에서 실질적인 불이익을 받지 않기 위해서이다.

가정을 중시하는 남성은 자상하다는 평판을 얻지만, 가사일을 우선시하는 여성은 일에 대한 열정이 없는 것으로 평가된다. 또한 여성은 사회활동을 하는 가운데에도 가정에서 아내로서, 어머니로서, 그리고 며느리로서 역할을 해야 한다. 요즘 젊은 남편들 중에는 가사일을 많이 도와주는 경우가 있지만, 그래도 여성이 가정에서 할 일이 더 많다. 또 연중행사도 많다. 나의 경우는 비교적 적은 편이지만 같이 직장 다니는 동료를 보면 명절 두 번(설날, 추석)에 제사, 어버이날, 어른들 생신까지 행사가 없는 달이 없다. 특히 맏며느리들은 아직도 그 모든 준비를 감당해야 한다. 아이가 커서 학교에 가게 되면 숙제, 학원 등을 챙기는 것은 기본이고, 소풍이나 운동회 같은 행사에도 참여해야 한다. 특히 직장에서 중요한 업무보고나 회의가 있는 날이면, 가정과 직장일 중 선택을 해야 하는 문제에 직면하게 된다. (남자들은 당연히 일을 선택하겠지만…) 그래서 현명한(?) 여성들은 골드미스가 되는 것인지도 모른다. 물론 결혼이 주는 삶의 안정과 행복이 훨씬 크기 때문에 많은 여성들이 수퍼맘의 역할을 기꺼이 감당하는 것이겠지만, 때로는 수퍼맘의 삶이 고단할 때도 있다.

최근 여성의 사회진출이 많이 증가했다는 통계와 함께 양성평등의 시대가 오고 있다는 이야기들을 한다. 하지만, 여기에는 단순한 수치로 평가할 수 없는 무엇인가가 있다. 여성이든 남성이든 가정에서 느끼는 행복과 직장에서 얻는 보람은 다르다. 여성의 사회진출이 늘어난다는 것은 여성에게 더 많은 선택의 기회가 생긴다는 것이겠지만, 그와 함께 두 배로 늘어난 여성의 부담을 해결해 주는 제도적 장치에 대한 고민도 함께 이루어져야 한다. 여성의 사회활동의 대가를 가정이 이해해 준다면, 여성의 가정에서의 역할을 수용할 수 있는 사회여건과 분위기도 함께 가야 한다.

5 경제 윤리(1)

분배 정의와 빈곤의 문제

> 난 결코 대중을 구원하려고 하지 않는다./난 다만 한 개인을 바라볼 뿐이다./난 한 번에 단지 한 사람만을 사랑할 수 있다./한 번에 단지 한 사람만을 껴안을 수 있다./단지 한 사람, 한 사람, 한 사람씩만…./따라서 당신도 시작하고/나도 시작하는 것이다./난 한 사람을 붙잡는다./만일 내가 그 사람을 붙잡지 않았다면/난 4만 2천 명을 붙잡지 못 했을 것이다./모든 노력은 단지 바다에 붓는 한 방울 물과 같다./하지만 만일 내가 그 한 방울의 물을 붓지 않았다면/바다는 그 한 방울만큼 줄어들 것이다./당신에게도 마찬가지다./당신의 가족에게도,/당신이 다니는 교회에서도 마찬가지다./단지 시작하는 것이다./한 번에 한 사람씩.
>
> — 마더 테레사, 「한 번에 한 사람」

원래 경제經濟란 경세제민經世濟民의 준말로서 '세상을 다스리고 백성을 보살핀다'는 뜻을 지니고 있다. 그런데 이것이 '경제학'이라는 하나의 학문으로서 독립적으로 탐구되기 시작한 것은 18세기 서구 산업사회와 시장경제체제가 성립한 이후의 일이다. 초기 산업사회는 아직 생산성도 생산량도 보잘 것이 없었기 때문에 경제의 관심사는 '어떻게 하면 국민들이 누리는 재화의 크기를 더 크게 할 수 있을 것인가'에 있었다. 즉, '경제성장'이 최대 관심사였다.

　어느 정도 성장을 달성한 이후에는 '어떻게 하면 주어진 자원을 가지고 더 효율적으로 생산할 수 있을까'의 문제가 주목받음으로써 이른바 미시경제학micro-economics(주로 개인의 행동 분석을 바탕으로 가격의 움직임을 관찰함)이 등장했다. 1930년대 세계 대공황 이후에는 '어떻게 하면 이용되지 않는 자원을 최대한 이용할 수 있는가'의 문제, 다시 말해서 완전고용을 비롯해 경제 규모의 안정을 달성하는 문제가 최대 관심사가 됨으로써 이른바 거시경제학macro-economics(주로 경제 전체에 관련된 변수를 관찰함)이 등장했다.

　오늘날에는 대체로 이 양자를 종합한 '희소한 자원의 효율적 배분에 관해 탐구하는 것'을 경제학의 과제로 삼고 있다. 경제학의 과제를 이와 같이 규정하는 이유는 유한한 자원에 비해 인간의 욕망이 크기 때문이다. 그래서 인간은 불가불 선택을 할 수밖에 없고, 이때의 선택은 합리적 선택이어야 한다는 것이다. 이상을 토대로 현대 경제학의 과제를 한마디로 요약하자면, '무엇을, 어떻게, 누구를 위해 생산, 소비, 분배할 것인가'라는 문제를 생각해 보는 것이라 할 수 있다.[1]

　그러나 우리의 논의가 단지 '경제'에 머물지 않고 '경제 윤리'로 나아갈 경우, 우리는 합리적 선택과 효율적 배분에서 더 나아가 무엇을 위한 '합리'이고 무엇을 위한 '효율'인지를 또한 묻지 않을 수 없다. 다시 말해서, 우리가 지향하는 삶의 목표와 그것을 가능케 하는 바람직한 사회의 모습에 대해서도 생각지 않을 수 없는 것이다. 그래서 우리는 자연히 무엇이 정의롭고 무엇이 공정하며 어떤 사회가 이

---

1. 조영달 · 홍기현, 『경제학 산책』(김영사, 2005), pp. 25-37 참조.

상적인 사회인지를 따져보게 된다.

아래에서는 이러한 사회가 지녀야 할 조건 중 하나인 분배 정의의 문제와 그것을 가능케 하는 사회체제를 살펴본 후, 절대 빈곤의 문제 및 그것에 대한 우리의 대응책과 자세에 관해 생각해 보고자 한다.

1. 정의로운 분배의 원칙

분배 정의의 중요성에 대해서는 일찍이 공자도 다음과 같이 지적한 바 있다.

> 내가 듣기로, 나라를 다스리고 가정을 책임진 자는 적음을 걱정하지 않고 고르지 못함을 걱정하며, 가난함을 걱정하지 않고 편안하지 못함을 걱정한다고 한다. 대체로 고르면 가난함이 없고 조화를 이루면 부족함이 없으며 편안하면 기울어짐이 없는 것이다.[2]

부와 소득, 그리고 경제적 기회를 어떻게 분배하는 것이 정의로운가의 문제에 대해서 정답을 찾아내기란 쉽지 않다. 분배적 정의론 자체가 다양하기 때문이다. 아래에서 이제까지의 대표적인 정의론을 검토함으로써 우리의 현실에 맞는 정의의 원칙을 찾아보자.[3]

---

2. 『논어論語』, 계씨季氏편.
3. 이하 네 가지 정의론의 내용은 변형윤, 「경제정의와 시민윤리」, 『한국자본주의와 경제윤리』(아산사회복지사업재단, 1993) 참조.

공리주의적 정의론

공리주의는 "행위란 그것이 행복을 증진하는 경향에 비례해서 옳으며, 불행을 산출하는 경향에 비례해서 그르다"고 주장한다. 공리주의의 모토인 '최대 다수의 최대 행복'이라는 말이 잘 나타내고 있듯이, 이 이론에서는 쾌락이나 행복의 사회적 합(총량)을 기준으로 선악을 판단한다. 그러므로 이에 따르면 부와 소득은 행복의 사회적 총량이 극대화되도록 분배되어야 한다. 이를 경제 정책적 관점에서 보자면, GNP의 극대화를 추구하는 방식으로 나타날 수 있다. 이런 점에서 과거 한국 정부의 고도성장 정책은 일종의 공리주의적 정책이라 할 수 있을 것이다.

그런데 이러한 정책의 추진 과정에서 중소기업보다 대기업에, 내수산업보다 수출산업에, 농업보다 공업 부문에 조세나 금융 등의 측면에서 막대한 지원을 하였다. 그 결과, 빈부의 격차, 경제력의 집중과 불평등이 심화되었다. 이처럼 공리주의는 전체를 위한다는 명분으로 개인과 소수를 희생시킬 가능성이 있다. 그러나 사회 전체적 차원에서 부의 총량만 증가한다면 구성원들 사이의 분배는 어떠해도 좋다는 식의 주장은 정당화되기 힘들 것이다.

자유주의적 정의론

자유주의는 자유 시장이 효율적이고 개인의 자유를 가장 잘 보호한다는 이유로 자유 시장을 옹호한다. 나아가 시장경제 원리에 의한 분배 역시 정의롭다고 본다. 자유주의를 주장하는 대표적인 학자들로는 하이에크 F. A. Hayek와 노직 R. Nozick을 들 수 있다. 노직은 정의로운 분배를 "모든 사람들이 소유하는 소유물에 정당한 권리가 있는 경우"라고 정의하는데, 정당한 소유 권리란 올바른 절차를 따라 소유물을 획득하는 데서 생긴다. 자연물에 노동을 가하여 생산된 것과 자발적 교환, 증여, 상속을 통해 이전된 것은 올바른 절차를 거친 것이다. 이러한 과정은 개인들의 자유로운 동의에 의해 이루어지므로 정부가 거기에 개입하는 것은 인권을 침해하는 것이 된다.

공리주의가 개인의 권리를 희생시킬 가능성이 있는 데 반해, 노직은 개인 권리의 불가침성을 옹호한 점에서 의의가 있으나, 이런 과정을 통해 획득한 재산권이 과연 신성불가침하다고 할 수 있는지에 대해서는 의문이 제기된다. 그는 인간의 사회성을 무시하고 타인의 간섭으로부터의 자유라는 소극적 자유에만 집착하여, 각 개인의 자유로운 재산권 행사에 의해 불가피하게 생겨나는 사회적 문제들, 즉 빈곤과 불평등에 대해 눈을 감고 있다는 비판을 받는다.

평등주의적 정의론

평등주의는 인간은 평등하므로 평등한 대우를 받아야 한다고 주장한다. 사람이 기본적으로 평등하다는 것은 오늘날 인류의 보편적인 신념이다. 그렇다고 해서 급진적인 평등주의자들의 주장처럼 부와 소득을 완전히 균등하게 분배해야 하는가? 그러나 이러한 기계적 평등의 실현은 인센티브의 약화로 인해 효율성이 떨어지고 개인의 자유와 책임 의식이 약화되는 등 심각한 부작용을 초래한다. 그래서 롤스J. Rawls는 효율성과 공적 등의 다른 가치들을 고려하면서 평등주의를 전개하고 있다. 그는 이기적인 판단이 배제될 수 있는 원초적 상황을 가정하여 정의의 두 가지 원칙을 도출하는데, 제1원칙은 '광범위한 기본적 자유를 평등하게 누려야 한다'는 원칙이고, 제2원칙은 '기회균등의 조건 하에서 모든 사람에게 이익이 되는 사회경제적 불평등만 정당화된다'는 원칙이다. 이러한 차등 원칙은 결국 최소 수혜자의 이익을 극대화하는 원칙이다. 이를 토대로 롤스는 정의로운 경제 질서를 다음과 같이 예시한다. 효율적인 자본주의 시장경제를 출발점으로 하여, 첫째, 공정한 기회균등을 실현하고, 둘째, 모든 사람에게 사회적 최소치를 보장하며, 셋째, 지속적인 부의 분산을 꾀한다는 것이다.

롤스의 정의론은 매우 설득력이 있지만, 그의 최소 극대화 원칙을 글자 그대로 실현하려고 하면 상당한 정도의 총소득 감소를 감수해야 할지도 모른다. 그러므로 최소 극대화보다는 기본 생활의 보장이 더 현실적인 대안일 수 있다. 우리나라에서도 일부에서 급진적인 평등주의를 주장하고 있으나, 여러 가지 부정적인 결과를 고려할 때, 기본 생활의 평등한 보장에 대한 요구가 더 현실적이고 타당할 것이다.

공적주의적 정의론

공적주의는 받을 만한 자격이 있는 사람이 부와 소득을 가지는 상태가 정의롭다고 주장한다. 게으른 사람보다는 열심히 일하는 사람이, 그리고 기여가 적은 사람보다 기여가 많은 사람이 더 많은 소득을 가지는 것은 매우 합당해 보인다. 왜냐하면, 우선 공적에 따른 분배를 함으로써 자신의 재능을 발휘하고 열심히 노력하도록 동기를 부여하여 효율성을 높일 수 있고, 다음으로 인간이 자율성과 책임성을 가진 존재라면 자신의 결정과 선택에 대해 책임을 져야 하기 때문이다.

오늘날 한국에서 가장 설득력 있는 정의론이 바로 공적주의일 것이다. 부동산 가격의 폭등 때문에 기여나 노력 없이 얻는 소득이 엄청난 크기에 달하는 현실은 공적주의적 정의론에 정면으로 위배된다. 또 근면과 창의, 공정한 경쟁을 통한 부의 추구 대신 특혜와 결탁, 불법적 행동을 통한 부의 추구 역시 정당화될 수 없다.

이상의 논의로부터 경제 정의의 확립을 위해 우리가 합의할 수 있는 원칙은 어느 하나의 원칙만으로는 부족하다는 것을 알 수 있다. 따라서 잠정적으로 내릴 수 있는 결론은 공적주의를 기본으로 하되 그 부족한 점은 다른 정의의 원리를 가지고 보완한다는 것이다. 이러한 원칙을 실현하기 위해서는 다음과 같은 식으로 분배 개선을 시도할 필요가 있다.

첫째, 부동산 투기, 특혜, 불법과 부정 등에 의해 획득되는, 기여 없이 받는 소득을 봉쇄하여 부의 획득의 규칙을 확립해야 한다.

둘째, 모든 사람에게 최저 생활이 보장되도록 해야 하고, 공정한 기회균등이 이루어져야 한다.

셋째, 부와 경제력의 지나친 집중은 자유와 기회균등을 위협할 가능성이 크므로 지속적인 분산 노력을 해야 한다.

이는 결국 효율적인 시장경제체제를 전제로 하되 그것을 정의의 관점에서 시정하자는 것으로 요약될 수 있을 것이다.

2. 우리가 지향해야 할 사회체제

자유와 평등은 어느 것이 먼저인가?

위에서 우리는 분배 정의의 차원에서 과연 어떤 정의 이론 및 체제가 바람직한지에 관해 검토해 보았다. 그리고 검토 결과에서 드러났듯이, 우리가 지향해야 할 바는 시장경제체제를 기반으로 하되 빈부격차를 완화시키기 위해 끊임없이 노력해야 한다는 것이다. 다른 말로 하면, '기본적으로 자유의 가치를 보장하되 끊임없이 평등의 이상을 향해 나아가야 한다'는 정도로 표현할 수 있을 것이다.

물론, 가장 이상적인 사회는 '자유'와 '평등'이 함께 충족되고 유지되는 사회일 것이다. 그러나 불완전한 인간들이 모여서 형성하는 인간 사회에서 이러한 이상은 어쩌면 영원히 실현 불가능한 것인지도 모른다. 그래서 비록 차선책이지만, 현실적으로 우리가 경험해 온 온갖 성격과 형태를 지닌 사회에서, 오랜 체험을 통해 내릴 수 있는 한 가지 결론이 있다고 생각한다. 즉, 자유와 평등은 동등하고 동격의 가치를 지닌 요소이지만, 집단적 인간의 행복 추구의 실천적 순서로서는 '자유'가 '평등'보다 앞선다는 사실이다. 가까운 근현대사에서 수많은 봉기·민란·폭동·혁명·민족해방전쟁 등의 예를 보더라도, 비록 목표 추구의 질적 무게는 비슷하지만, 목적 달성의 선후 또는 완급에서는 자유가 평등보다 앞섰다는 많은 실례를 우리는 확인할 수 있다.

자유는 인간 생명체의 원초적 본성이고, 평등은 개개인의 집단적 생존이 확보된 뒤에 생명이 요구하는 추후적인 사회적 조건이라 볼 수 있다. 현실 공산주의가 자본주의에 패한 이유 중의 하나가 바로 이것이다. 진정한 자유는 진정한 평등으로만 가능하지만, 현실적·사회적 생존 차원에서는 개개인에게 있어 무엇보다 자유가 먼저이고 그 다음에 평등을 원하게 되는 것이다.[4]

---

4. 리영희, 『대화』(한길사, 2005), pp. 522-3 참조.

자본주의와 사회주의의 조화

주지하다시피, 정치적 이념에 있어 자본주의는 자유를 더 중시하고, 사회주의는 평등을 더 중시한다. 하지만 공산주의가 20세기의 세계사적 실험을 통해 퇴출된 이후, 분배 정의와 관련한, 자유와 평등의 조화 문제는 현실적으로 자본주의와 사회주의 간의 조화 문제로 수렴되는 듯하다. 우리는 자본주의와 사회주의 간의 해묵은 논쟁을 다음과 같이 정리해 볼 수 있을 것이다.

20세기 공산주의의 역사를 되돌아볼 때, 공산주의는 현실적으로 불가능한 유토피아적 가상일 뿐, 소련식 공산주의는 애초에 코뮤니즘이라고 부를 수도 없었던 인위적 제도에 불과했다. 그러나 사회주의는 다르다. 오늘날 유럽의 예에서 볼 수 있듯이, 자본주의가 앓는 사회적 질병을 치료하는 데에는 사회주의라는 항생제가 필수적이다. 철저한 자본주의적 계급 통치자인 비스마르크가 이미 1870년대에 사회주의적 시책을 처음으로 채용한 까닭이 바로 그것이다.

초기 자본주의의 역사가 보여 주듯이, 사회주의 없는 자본주의는 부패·불법·부정·타락·빈부 격차·폭력·범죄·인간소외 등을 낳게 마련이다. 그것들은 자본주의의 '본태성 질병'이라 할 수 있다. 이에 사회주의의 인간 중시 가치관은 그러한 자본주의의 반인간적 측면을 방지하고 보완하는 기능을 수행할 수 있다. 다시 말해서, 자본주의의 질병이 그 제도의 중심에까지 퍼져 제도 자체가 붕괴되는 위험을 어느 정도의 선에서 예방하고 존속하기 위해서는 사회주의가 필수적으로 요구된다는 것이다. 우리가 지난 300~400년 사이에 인류의 발전을 이루어 왔던 제도의 변화를 통시적으로 바라볼 때, 그래도 상대적으로 바람직한 것이 있다면 그것은 자본주의와 사회주의의 적절한 배합일 것이다.

사회주의는 현시점에서 자본주의보다 일단 열세에 놓여 있는 것으로 보인다. 자본주의는 원리상으로나 방법론에서나 개인의 이기심과 끝없는 소유욕을 인간 행위의 원동력으로 삼고, 그것을 제도화하고 법적으로 보호함으로써 성립된다. 자본주의적 생산은 이념이 앞서는 사회주의보다 인간 본능을 그대로 개방해서 그것을 물질의 획득과 생산을 위한 인센티브의 에너지로 동원하기 때문에, 사회주의의 인간중심적 생산방식이 자본주의의 생산력을 이길 수 없음을 인정해야 한다. 즉, 반생명적·반인간적 행위와 생산을 철학적·윤리적으로 배격하고, 그러한 동기와 유인의 활용을 비윤리적인 것으로 해석하여 억제하는 사회주의적 생산 경제는 '자기 제한적'이기 때문에 경쟁에서 열세일 수밖에 없다는 것이다.

그런데 자본주의는 발전해 갈수록 소유의 '물신숭배' 풍조가 점점 커지는 경향을 보인다. 또 물질적 소유가 커지면 커질수록 인간적 요소들이 손상되고 무시되고 파괴되는 위험도 이에 비례하여 커진다. 자본주의 사회 어디서나 그렇고, 우리나라도 마찬가지이다. 여기서 우리가 생각할 수 있는 대안은, 인간은 어차피 물질적 요소로 살아가는 존재이므로 자본주의적 요소로 말미암은 필연적인 비인간화의 결과를 절반 정도의 선에서 인정하고, 동시에 그것으로 인해 일어날 수 있는 인간성 파괴의 측면을 보완하기 위해 평등 지향적인 사회주의적 요소를 절반 정도 융합하는 방식을 취하자는 것이다. 이러한 사회 민주주의적 체제가 현실적으로 결함과 약점이 없지 않지만, 그래도 인류 사회의 현 발전 단계에서는 가장 낫고, 사회주의를 배제하는 체제보다 여러 면에서 더 바람직한 것으로 보인다.[5]

이제까지 우리는 분배 정의의 문제를 검토한 후, 그것을 가능하게

---

5. 위의 책, pp. 684-7 참조.

해줄 사회체제에 관해 생각해 보았다. 무릇 현실의 정치·경제 체제에 관한 한, 늘 최선만을 고집할 수는 없다는 것을 우리는 그간의 무수한 시행착오를 통해서 배운 바 있다. 위에서 살펴본 '차선책' 또한 이상과 현실 사이의 이러한 딜레마를 감안한 절충안의 성격을 가진다.

이제 우리는 분배 정의의 사각死角지대인 범세계적 빈곤의 문제에 다가가 보자.

3. 빈곤을 종식시키는 길은 무엇인가?

절대 빈곤의 원인

현재 지구의 60억이 넘는 인구 중 12억 인구가 기아 상태에 놓여 있다. 매일 수만 명이 기아나 영양실조로 인한 질병으로 죽어 가고 있다. 2005년 기준으로 10세 미만의 아동이 5초에 1명씩 굶어 죽어 가고 있으며, 비타민 A 부족으로 시력을 상실하는 사람이 3분에 1명 꼴이다. 특히 아프리카에서는 현재 전 인구의 36%가, 사하라 사막 이남 지역에서는 인구의 절반 정도가 굶주림에 무방비 상태로 놓여 있다. 다음 글은 이러한 실태를 적나라하게 보여 주고 있다.

아이들의 모습은 공장에서 찍어낸 것처럼 똑같았다. 누더기 옷 밖으로 삐져나온 팔다리는 꼬챙이처럼 가늘고, 갈비뼈가 다 보이는 몸통에 배만 수박처럼 잔뜩 부풀어올라 있었다. 그 중앙에는 배꼽이 수박꼭지처럼 툭 튀어나왔다. 세 살짜리가 걷기는커녕 앉지도 못한다. 까맣고 꼬불꼬불해야 할 흑인 아이의 머리카락은 먼지를 뒤집어쓴 것처럼 푸석푸석하고 회색빛

이 돈다. 너무 오래 먹지 못해서 뇌 속에 있는 단백질까지 영양분으로 다 써 버렸기 때문이란다. 아프가니스탄에서도 수없이 보았지만, 이런 아이들을 볼 때마다 콧등이 매워지며 목에 뭔가 걸린다.

갓난아이를 안고 있는 이십대 젊은 부부를 만났다. 일주일 전 첫째 아이를 잃고 바로 저 밭에 묻었다고 남편이 담담하게 말했다. "며칠을 걸어서 병원에 갔더니 의사가 우리 아이는 병에 걸린 게 아니라 먹지 못해서 그런 거니까 집에 가서 잘 먹이면 낫는다고 했어요." 백방으로 곡식을 구하러 다녔지만 결국 야생 과일만 먹다가 그 아이는 죽고 말았고, 지금 안고 있는 아이가 동생이란다. 제시카라는 이 아이는 다른 아이들과는 달리 까만 눈동자가 반짝반짝해서 상태가 좀 괜찮은가 했는데, 바짝 마른 몸이 온통 곪아서 피고름덩어리다. 눈에 파리가 안경처럼 달라붙어 있어도 아이도 엄마도 쫓을 생각을 하지 않는다.

여기서 오토바이를 타고 한 시간만 나가면 가게마다 밀가루가 산처럼 쌓여 있는데…. 흔히 사람들은 굶주림의 원인을 세상에 식량이 부족해서, 혹은 자연재해 때문이라고 생각한다. 하지만 이 지구에는 60억 인구를 모두 먹여 살리고도 남을 충분한 식량이 있다. 10년 가뭄이 들어도 부자들은 굶어죽지 않는다. 문제의 핵심은 분배다.[6]

위 글은 기아 문제의 발생 원인이 분배에 있다고 지적한다. 실제로 지금 전 세계에는 1인당 GNP가 1만 달러 이상인(우리나라도 여기에 포함됨) 인구가 10억 정도인 데 반해, 1인당 GNP가 몇 십 달러도 안 되는 인구가 12억이나 된다. 즉, 10억의 인구가 지구 재화의 80% 이상을 독점해버림으로써 12억의 인구는 1%의 재화도 못 쓰는 형편이다.

피터 싱어 역시 빈곤의 원인이 본질적으로 분배의 문제임을 지적

---

6. 한비야, 『지도 밖으로 행군하라』(푸른숲, 2005), pp. 72-3.

하면서, 이러한 상황은 오로지 부유한 나라 사람들의 부의 일부를 가난한 나라 사람들에게 옮김으로써만 변화될 수 있다고 주장한다.

절대 빈곤[7] 때문에 수많은 생명이, 특히 유아와 어린아이들이 죽어가고 있다.

[…]

문제는 세계가 세계 인구를 먹이고 재울 음식과 거처를 충분히 생산하지 못하는 데 있지 않다. 가난한 나라의 사람들은 하루에 평균 180그램의 곡물을 소비하는 반면, 북미에서는 평균 900그램 이상을 소비하고 있다. 이 같은 차이는, 부유한 나라에서는 곡물을 고기, 우유 그리고 달걀로 전환시키기 위해 동물들에게 대부분을 먹이는 데서 생겨난다. 동물에게 곡물을 먹이는 것은 동물이 먹는 음식의 영양가를 95%까지 낭비하는 비효율적인 과정이므로, 부유한 나라 사람들은 동물이 생산하는 것을 거의 먹지 못하는 가난한 나라 사람들보다 훨씬 많은 음식을 소비하고 있는 것에 책임을 져야 한다. 만약 우리가 동물에게 곡물, 콩 그리고 어분을 먹이지 않고 절약한 식량을 필요로 하는 사람들에게 분배할 수만 있다면, 전 세계의 기아를 종식시키고도 남을 것이다.

동물성 음식과 관련된 이 같은 사실이 우리가 동물성 음식의 생산을 축소

---

7. 절대 빈곤absolute poverty이란 적당한 음식, 물, 주거, 의복, 위생시설, 의료 서비스, 교육으로 이루어지는 가장 기초적인 인간의 욕구 충족이 어려운 상태를 가리킨다. 2008년까지 세계은행은 절대 빈곤 기준을 매일 1달러 이하로 연명하고 있는 상태로 잡았는데, 이에 해당되는 사람은 10억 명이었다. 현재 수정된 절대 빈곤 기준은 매일 1.25달러이다. 이 이하의 수입밖에 없는 사람의 숫자는 오늘날 14억 명에 이른다. 그래도 이것은 1981년의 19억 명보다 많이 줄어든 것이며, 세계 인구 4명 중 1명 정도가 이에 해당된다. 절대 빈곤에 허덕이는 14억 명의 사람들은 1년 중 상당 기간을 굶주린다. 비록 주린 배를 채울 식량이 있다 해도 영양실조를 면치 못한다. 기초 영양소가 결핍된 음식을 먹기 때문이다. 영양실조는 자라나는 아이들의 성장을 억제하며, 뇌에 평생 없어지지 않을 장애를 남길 수도 있다. 부유한 나라에서는 5세를 넘기지 못하고 죽는 아동의 수가 100명 중 1명도 안 되는 데 비해, 최빈국에서는 5명 중 1명이다. 그리고 유엔아동기금의 통계로는 1천만 명에 달하는 아이들이 가난 때문에 죽음을 맞는다(피터 싱어(함규진 역), 『물에 빠진 아이 구하기』(산책자, 2009), pp. 25-7).

시킴으로써 세계의 식량문제를 쉽게 해결할 수 있다는 것을 의미하지는 않는다. 그러나 이 같은 사실들은 그 문제가 본질적으로 생산의 문제가 아니라 분배의 문제임을 보여주고 있다. 세계는 충분한 식량을 생산하고 있다. 게다가 비교적 가난한 나라들도 개선된 농업기술을 더 많이 사용한다면 훨씬 많은 식량을 생산할 수도 있을 것이다.

그렇다면 사람들은 왜 굶주리는가? 가난한 사람들은 미국 농부들이 키운 곡물을 살 만한 여유가 없다. 가난한 농부들은 개량종자나, 비료나, 우물을 파고 물을 긷는 데 필요한 기계를 살 만한 여유가 없다. 오직 발전된 나라의 부의 약간을 덜 발전된 나라의 가난한 사람들에게 옮김으로써만이 상황은 변화될 수 있다.[8]

어떻게 도울 것인가?

그렇다면 어떻게 부유한 나라의 부를 가지고서 가난한 나라의 굶주린 사람들을 도울 수 있을 것인가? '많이 가진 것을 나누어 모두가 공존하는 길을 모색하자'는 말은 훌륭한 말로 들린다. 그러나 이것이 구체적이고 가시적인 대책을 통해 실제로 구현되지 못한다면 이는 한낱 구호에 그치고 말 것이다.

사실 얼마 전까지만 해도 수천만 명이 기아로 사망하고, 수억 명이 만성적 영양실조에 시달리는 것은 아주 자연스러운 일로서, 피할 수 없는 숙명처럼 여겨져 왔다. 그러나 이제는 그 주요 원인이 살인적이고 불합리한 세계 경제 질서라는 사실을 점점 더 많은 사람들이 명확하게 인식하게 되었다. 그 결실의 하나로 2000년 9월 뉴욕에서 열린 유엔회의에는 156개국의 국가 정상과 정부 수뇌가 모였고, 이 회의

---

8. 피터 싱어(황경식/김성동 역), 『실천윤리학』(철학과현실사, 1991), pp. 216-8.

에서 '밀레니엄 발전 목표Millennium Development Goals'가 정해졌다.[9] 밀레니엄 발전 목표란 세계 공동체가 새로이 맞은 새 천년 초반에 실현하고자 하는 목표들인데, 그중에서 기아와의 전쟁이 에이즈와의 전쟁이나 무장해제, 오존층 보호보다 더 우선시되는 제1의 목표로 선정되었다. 그리고 그 핵심 내용은 기아 사망자 수를 2015년까지 최소한 절반으로 줄이자는 것이었다.

이 목표를 달성하는 데에는 전 세계적 회의론이나 여러 가지 편견 및 전쟁 성향 등 많은 난관들이 예상되지만, 뜻있는 사람들은 이를 극복할 수 있는 구체적인 조치들을 제시하고 있다. 현재 이 일에 앞장서고 있는 제프리 삭스Jeffrey D. Sachs가 제시한 아홉 가지 조치는 다음과 같다.[10]

첫째, 빈곤을 종식시키기로 약속해야 한다. 현재 많은 시민사회 지도자들은 빈곤을 역사적 유물로 만들어버리자는 과제를 기꺼이 받아들였다. 우리는 2015년까지 빈곤을 절반으로 줄이자고 약속한 바 있다. 2025년에는 절대 빈곤을 이 지구상에서 종식시키기로 약속하자.

둘째, 구체적인 행동 계획을 채택해야 한다. 밀레니엄 발전 목표는 빈곤의 종말을 위해 일정한 계약금을 거는 것과 같다. 이 목표는 부자와 빈자 사이의 세계적 협약 속에서 이미 약속된 구체적인 목표이

---

9. 장 지글러(유영미 역), 『왜 세계의 절반은 굶주리는가?』(갈라파고스, 2007), p. 23.
이 회의에서 선정된 목표들은 다음과 같다.
· 세계의 절대 빈곤 인구 비율을 절반으로 줄인다.
· 세계의 기아 인구 비율을 절반으로 줄인다.
· 모든 어린이들로 하여금 초등교육을 제대로 받을 수 있도록 한다.
· 교육의 성 불평등을 철폐한다.
· 5세 이하 아동 사망률을 2/3까지 줄인다.
· 산모 사망률을 3/4까지 줄인다.
· AIDS의 확산 추세를 감소시킨다. 그리고 말라리아와 다른 질병도 감소시킨다.
· 안전하게 마실 물이 없는 사람의 비율을 절반으로 줄인다.
10. 제프리 D. 삭스(김현구 역), 『빈곤의 종말』(21세기북스, 2006), pp. 542-6 참조.

다. 세계 공동체는 이 목표를 다시 한 번 약속해야 할 뿐만 아니라, 지도자들은 밀레니엄 발전 목표를 완수하기 위한 구체적인 전 지구적 계획을 채택해야 한다.

셋째, 가난한 사람들의 목소리가 더 높아져야 한다. 마하트마 간디와 마틴 루터 킹은 부자와 힘 있는 사람들이 가난한 사람들을 구하러 오기를 기다리지 않았다. 두 사람은 정의에 대한 요구를 역설했고, 관리들의 오만과 무시에 맞서 싸웠다. 가난한 사람들은 부유한 사람들이 정의의 호소에 응답할 때까지 기다릴 수 없다. 이제는 가난한 세계의 민주주의 나라들 ─ 브라질·인도·나이지리아·세네갈·남아프리카를 포함한 10여 개국 ─ 이 일치단결하여 행동에 나서야 할 때다.

넷째, 세계에서 미국의 역할을 되찾아야 한다. 오랫동안 민주적 이상의 전파자이자 지도자였으며, 세계에서 가장 부유하고 힘 있는 나라인 미국은 최근 가장 무시무시하고 분열주의적인 나라가 되어버렸다. 국익을 앞세워 국제사회의 다자간 행동에 불참한 미국은 사회정의와 환경보호를 향한 진전뿐만 아니라 세계의 안전마저 훼손시켰다. 전 세계적 평화와 정의를 향한 길에서 미국의 역할을 회복시키려면 미국 내부의 정치 활동뿐만 아니라 외부 세계의 정치적 압력도 필요할 것이다.

다섯째, IMF와 세계은행이 제 역할을 해야 한다. 전 세계적 빈곤을 없애기 위해서는 지도적인 국제적 금융기관들의 역할이 중요하다. 유감스럽게도 그간 이 기구들은 모든 회원국들을 대표하는 국제기구의 역할보다 채권자들이 운영하는 기구로 악용되었다. 이 기구들의 국제적 역할을 회복시킴으로써 이들이 더 이상 채권국 정부들의 시녀가 아니라 경제적 정의와 계몽된 세계화의 옹호자가 되도록 해야 한다.

여섯째, 국제연합의 기능을 강화시켜야 한다. 그동안 유엔은 세계의 강대국들, 특히 미국의 의지에 휘둘려 왔다. 유엔 기구들이 기대만큼 잘 활동하지 못하는 이유는 강대국들이 자신들의 영향력 약화를 우려하여 국제기구들에게 많은 권한을 주지 않으려고 하기 때문이다. 이제는 유엔의 전문기구들(유엔아동기금, 세계보건기구, 식량농업기구 등)에게 보다 많은 권한을 부여하여 각 나라별 현장에서 빈곤의 종말을 위해 더욱 적극적으로 일할 수 있게 해야 한다.

일곱째, 세계적 과학의 힘을 사용해야 한다. 과학은 산업혁명 이래 식량 생산, 보건, 환경 관리 등의 모든 영역에서 기술 진보를 가능하게 했다. 그런데 과학은 시장을 선도하기도 하지만, 또한 시장의 힘에 끌려 다니는 경향이 있다. 그 결과, 부국과 빈국 간의 격차는 더욱 벌어졌다. 이제 부국 정부에 소속된 세계적 과학 연구 센터들은 가난한 나라들의 문제를 해결해 주는 일에 특별한 노력을 기울여야 한다. 시장의 힘만으로는 충분하지 않기 때문에, 공공 기금, 민간사업체의 자선, 비영리 재단 등이 이런 노력을 후원해야 한다.

여덟째, 지속 가능한 개발을 추진해야 한다. 절대 빈곤에서 벗어나기 위해 환경을 파괴하는 일을 최소화시켜야 한다. 가난한 나라 사람들이 농장을 더욱 생산적으로 운영할 수 있게 도움으로써 이들이 새로운 농지를 찾아 인근 숲을 베어 없애는 일을 줄여야 한다. 또 절대 빈곤이 종식되더라도 공해로 인한 환경 악화와, 화석연료의 대량 사용으로 인한 장기적 기후변화에도 대비해야 한다. 우리는 절대 빈곤을 종식시키는 일에 노력을 기울이는 한편, 전 세계의 생태계가 지속될 수 있도록 돌보는 일을 항구적인 문제로 인식해 끊임없이 대처해야 한다.

아홉째, 개인적 수준의 약속이 중요하다. 이상의 모든 문제는 최종적으로 개인으로서 우리 자신에게 돌아온다. 사회적 약속이란 곧 개인들의 약속이다. 거대한 사회적 힘도 결국 개인적 행위들이 쌓여 만들어진 것이다.

어느 정도까지 도와야 하는가?

그렇다면 우리는 어려운 이웃을 어느 정도까지 도와야 하는가? 우리보다 더 부자인 나라, 더 부자인 사람들도 그냥 무심하게 살고 있는 경우가 많은데, 왜 우리가 우리 몫을 떼어서 남을 도와야 하는가? 남을 도와야 할 우리의 책임은 어디까지인가? 이러한 물음에 대해 피터 싱어는 다음과 같은 예를 통해 우리의 분발을 촉구하고 있다.

연못가를 지나는데 열 명의 아이가 연못에 빠져 살려달라고 하고 있다. 주위를 둘러보니 부모나 다른 보호자가 전혀 보이지 않는다. 그러나 자신 외에도 아홉 명의 어른이 지금 막 연못가에 도착해서 물에 빠진 아이들을 본 상태이다. 그들도 나와 똑같이 아이를 구하기에 어려움이 없는 위치에 있다. 이제 나는 물로 뛰어들어 한 아이를 붙잡고 물에서 무사히 끌어낸다. 그리고 다른 어른들도 똑같은 일을 했을 것이고, 이제는 모든 아이가 무사하리라 예상하며 고개를 들었다. 그러나 실망스럽게도, 네 명의 어른이 각자 한 명씩 아이를 구해냈으나, 나머지 다섯은 그냥 왔다갔다 하고만 있음을 본다. 연못에는 아직도 다섯 명의 아이가 허우적거리고 있다. 분명히 빠져죽기 직전이다. 모두가 나처럼 행동했다면 모든 아이가 살았을 것이므로, 나는 나의 몫은 다한 셈이다. 더 이상의 아이를 구해야 할 책임은 내게 없다. 그러나 스스로 그러한 논리에 대해 납득할 수 있겠는가? 다른 네 명도 아이를 한 명씩만 구한 채 팔짱을 끼고서 나머지 아이들이 빠져죽는 것을 바라만 보는 것에?

이 문제는 다음과 같은 문제로 이어진다. 다른 사람이 자기 몫을 다하지 않고 있다는 사실이 내가 손쉽게 아이를 구할 수 있는데도 구하지 않는 행위를 정당화하는가? 나는 이 문제의 해답이 명백하다고 본다. "아니다!" 위의 다섯 명의 어른은 자기가 해야 할 몫을 외면함으로써 스스로를 아무것도 아닌 존재로 만들었다. 그들은 그냥 주변에 널린 바위덩어리나 마찬가지다. 아니, 차라리 진짜 바위만도 못하다. 주변에 바위뿐이라면 우리는 한 아이를 구하고 지체 없이 다른 아이를 구하러 다시 뛰어들었을 테니까. 어쨌든 다른 사람들이 이와 같이 행위한다고 해서, 우리가 쉽게 구할 수 있는 아이의 죽음을 방관하는 것에 면죄부가 주어질 수는 없다.[11]

싱어는, 남들이 외면한 결과로 생긴 빈틈을 메우기 위해 내 생활을 망칠 정도로 더 많은 몫을 부담할 필요까지는 없겠지만, 우리가 처한 상황은 우리로 하여금 보통 하는 일보다 더 많은 것을 하도록 계속해서 요구한다고 주장한다. 그렇다면 우리는 구체적으로 어느 정도까지 남을 도와야 하는가?

이러한 물음에 대해 싱어는 자신이 생각하는 '기부의 공식적인 기준'을 제시한다. 그는, 경제적으로 웬만한 여유가 있는 사람들은 연소득의 약 5%를 기부할 것과, 이보다 부유한 사람들은 더욱 많이 낼 것을 제안한다. 그러면서 이러한 기준이 널리 받아들여진다면 우리는 절대 빈곤을 끝장내기에 충분한 기부금을 갖추게 될 것이라고 주장한다. 그가 제시한 기준을 좀 더 자세히 살펴보면 표 1과 같다.[12]

싱어는 이것을 '수용 가능한 기부의 공식적 기준'이라고 말하면서, "이는 미국에서 가장 소득이 높은 10%의 사람들이 세계의 가장 가난한 사람들의 헛된 죽음을 막고 고통을 덜어주기 위한 기부의 기준으로 충분히 공정하다고 여겨진다"고 주장한다. 싱어의 주장은 얼

---

11. 피터 싱어(함규진 역), 『물에 빠진 아이 구하기』(산책자, 2009), pp. 195-6.
12. 위의 책, p. 219.

연소득 수준 (미국 기준)	총소득 대비 기부금 비율
상위 0.01% (17,000,000달러 이상)	1/3
0.01%~0.1% (1,900,000달러 이상)	25% (1/4)
0.1%~0.5% (600,000달러 이상)	20% (1/5)
0.5%~1% (383,000달러 이상)	15%
1%~5% (148,000달러 이상)	10%
5%~10% (105,000달러 이상)	5%

표1. 싱어의 '수용 가능한 기부의 공식적 기준'

마만큼 현실성이 있는가? 이것은 과연 실현 가능한가? 여러분이 짐작할 수 있다시피, 이러한 싱어의 주장은 아직까지 그리 널리 실천되지 못하고 있다. 뿐만 아니라 2015년까지 전 세계의 절대 빈곤을 절반으로 줄이자는 삭스의 주장도 제대로 실현될 것 같은 조짐은 보이지 않는다. 많은 사람들이 싱어나 삭스의 선언적인 주장의 타당성을 인정하고 그것을 따라야 한다고 생각하면서도 막상 실천하기는 쉽지 않은 것이다. 이상적 담론만으로 실천윤리의 문제들을 해결하기에는 한계가 있는 것 같다.

여기서 좀 더 근본적인 문제를 제기해 보자. 부자가 가난한 자를 돕는 것은 물론 좋은 일이요 마땅히 권장해야 할 일이다. 그리고 각자는 자기 형편껏 이를 실천하도록 노력해야 한다. 그러나 절대 빈곤의 원인이 과연 부자가 자기 소득을 나누는 데 인색하기 때문일까? 만일 부자들이 충분한 기부금을 낸다면 절대 빈곤이 종식될 수 있을까?

절대 빈곤과 민주주의

기아의 원인에 관한 연구로 유명한 노벨 경제학상 수상자 아마르티아 센Amartya Sen은 절대 빈곤의 원인을 다른 관점에서 접근한다. 그에 따르면, 세계적으로 비참한 기근의 역사를 살펴볼 때, 비교적 자유로운 언론이 존재한 민주 독립국가에서는 본격적인 기근이 한 번도 일어나지 않았다. 수년 전 에티오피아, 소말리아 및 그 밖의 독재국가에서 발생한 기근이나, 1930년대 소련 스탈린 정권 치하의 기근, 1958년에서 1961년 사이 대약진운동의 실패에 따른 중국의 기근, 조금 더 거슬러 올라가서 식민지 시대의 아일랜드와 인도의 기근 등 아무리 살펴보아도 이런 법칙에서 예외를 발견할 수 없다는 것이다. 이들 나라들은 대체로 의회에 야당 세력이 없었고, 복수정당제에 의한 선거도 치러지지 않았으며, 언론의 자유도 없었기 때문에 잘못된 정책들을 비판할 수 없었다. 그 결과, 수많은 사람들이 굶어죽고 있는데도 심각한 오류를 지닌 정책들이 아무런 이의 제기 없이 지속되었다는 것이다. 덧붙여, 그는 현대의 대표적인 기근 사태인 북한과 아프리카의 기근도 이와 똑같은 경우임을 지적한다.[13]

반면에 1973년의 인도, 1980년대 초반의 짐바브웨와 보츠와나는 세계에서 가장 가난했지만 민주주의 국가였기 때문에, 실제로 심각한 가뭄이나 홍수, 그 밖의 자연재해에 직면한 상황에서도 식량공급 프로그램을 시행하여 국민들이 기근의 고통을 겪지 않을 수 있었다는 사실을 아울러 지적한다. 이처럼 민주주의 국가는 선거가 이루어지고 언제든 야당과 자유 언론의 비판이 제기되기 때문에 기근 방지를 위해 노력하지 않을 수 없다는 것이다. 이런 이유로 센은 기근 문

---

13. 아마티아 센(원용찬 역), 『센코노믹스』(갈라파고스, 2008), pp. 142-3.

제야말로 — 흔히 그 원인을 흉작이나 홍수로 인한 식량 부족 등 다각도로 분석하기도 하지만 — 사실상 오직 민주주의의 차원에서 접근해야 할 대표적인 사례라고 단언한다.[14]

센이 옳다면, 절대 빈곤의 극복을 위해서는 무엇보다도 우선 '민주화'를 이루어내야 한다. 오늘날 전 세계적으로 확산되고 있는 민주주의의 가치에 대해서는 반론의 여지가 별로 없지만, 특히 가난한 나라에서는 그것이 지닌 인간 보호의 역할 때문에 더욱 중요하다.[15] 다시 말해서, 민주주의가 존재해야 기아의 위기에 직면한 잠재적 기근 희생자들이 보호를 받을 수 있다는 것이다. 이것은 금융 위기를 맞아 자신의 경제를 지탱해 주던 사다리를 상실한 빈곤층에게도 마찬가지로 해당된다. 경제적 필요가 절실한 사람이 정치적으로 목소리를 내고 이것이 이들을 보호하는 정책으로 가시화될 수 있을 때 비로소 절대 빈곤은 예방될 수 있는 것이다. 이런 관점에서 보면, 민주주의는 국민의 자유와 평등의 실현을 위해서 요구되는 것일 뿐만 아니라 국민을 절대 빈곤의 공포로부터 해방시키기 위해서도 절대적으로 요구되는 것임을 알 수 있다.

이로써 우리는 지금까지 이 장에서 살펴보았던 정의로운 분배 문제와 바람직한 사회체제 문제, 그리고 절대 빈곤의 극복 문제가 결국 하나의 과제로 수렴되어 감을 볼 수 있다. 그것은 바로 '진정한 민주

---

14. 수년 전 아시아의 금융 위기에 관해서도 센은 동일한 분석을 내놓는다. 한국, 태국, 인도네시아 등에서 나타난 심각한 금융 위기는 비즈니스에서 투명성의 결여, 특히 금융이나 상거래 체계를 점검하는 공적 참여 시스템이 부재했던 것과 밀접한 관련이 있다는 것이다. 만일 그러한 시스템과 민주적 공론의 장이 있었더라면 정부의 반응을 신속하게 유도함으로써 위기를 막을 수 있었으리라고 본다(위의 책, p. 145).

15. 센은 민주주의가 지닌 가치와 장점에 대해 다음과 같이 말한다. "민주주의의 가치는 ① 인간다운 삶에 있어 그 자체로 중요한 의미를 가지며, ② 정치적 유인을 창출하는 데 있어 도구적인 역할을 수행하고, ③ 인간의 욕구, 권리, 각종 의무에 대한 주장이 사회적으로 실현될 가능성과 그 힘을 이해하고 가치를 형성하는 데 있어 구성적인 기능을 한다"(위의 책, p. 163).

주의의 실현'이라는 평범한 진리이다. 하지만 그것은 동시에 늘 새롭게 재발견되어야 하는 중요한 진리이기도 하다. 민주주의야말로 인간의 자유와 평등, 그리고 존엄성이 지켜지는 세상을 만들기 위해 우리가 끝까지 포기할 수 없는 이상이기 때문이다.

◀ 생각해 볼 문제 ▶

1. 다음 글은 우리나라와 우리 각자의 해외 원조 책임을 강조하고 있다. 우리는 해외의 어려운 사람들을 돕기 위해 과연 얼마만큼의 몫을 분담해야 하는가?

> 한국이 해외 원조에 인색한 것은 사실이다. [예전에] 우리가 원조 받은 액수는 총 130억 달러 정도이고, 지금까지 원조한 총액은 약 22억 달러다. 갚아야 할 '은혜의 빚'이 이렇게 많은데도 우리는 국민 총소득의 0.06%, 1인당 한 달에 400원 정도를 원조금으로 내고 있다. 이것은 유엔이 권장하는 0.7%는 물론 한국과 국민소득이 비슷한 그리스의 0.17%, 포르투갈의 0.25%와 비교해도 처지는 수치이며, 1위인 덴마크는 무려 0.91%이다. 단번에 OECD 국가 평균치인 0.23%까지 가는 건 어렵더라도 경제 규모 세계 13위라는 한국의 위상과 국력에 걸맞으려면 최소한 0.1%로는 올려야 한다는 것이 중론이다.
>
> [...]
>
> 우리나라에도 도울 사람이 많은데 왜 외국까지 도와야 하나요?
> 내가 이 일을 하면서 가장 많이 받는 질문 가운데 하나다. 물론 우리나라에도 도울 사람들이 있다. 그리고 누구보다 먼저 제 나라 아이를 돌보는 것은 너무나 마땅한 일이다. 하지만 이렇게 한번 생각해 보자. 우리를 도왔던 외국에는 고통 받는 사람이 단 한 명도 없었을까. 우리가 돌보고자 하는 외국 사람들은 그야말로 벼랑 끝에서 삶과 죽음을 함께 기다리는 사람들이다. 해당 정부가 돌봐야겠지만 대부분의 정부는 지금 당장 그럴 능력이 전

혀 없다.

  게다가 우리는 똑같은 처지에 있었던 사람들이다. 그때 다른 사람들로부터 전폭적인 지원을 받은 경험도 있다. 그리고 세상은 그것을 잘 기억하고 있다. 하지만 나는 개인적으로 '은혜의 빚'이라는 부채감과 의무감으로 그들을 돕는 것을 참 슬픈 일이라고 생각한다. 남을 도울 때에는 기껍고 즐거운 마음이었으면 좋겠다. 성경에도 이런 말이 있다. '네가 가진 것을 다 팔아 구제하고, 네가 남을 위해 불 속에 뛰어든다 하더라도 사랑이 없으면 아무것도 아니다'라고.[16]

2. 다음 글에 나오는 '헤이토'의 주장의 타당성(혹은 문제점)에 관해 토론해 보자.

『도박묵시록 카이지』라는 일본 만화가 있다. 어둠의 세계에서 벌어지는 기상천외한 도박과 그 속에서 몸부림치는 인간들의 욕망을 흥미진진하게 그린 만화로, 한국에서도 인기가 많다. 그 만화의 최대 악역은 헤이토라는 부자인데, 세계에서도 몇 손가락에 꼽히는 부를 가지고 있으면서도 더 많은 부를 얻으려 탈법과 악행을 거듭하며, 동전 한 푼이라도 남을 위해 쓰지는 않는 사람이다. 헤이토는 자신의 그런 행동을 이렇게 변호한다.
  "세상에는 그래선 안 된다, 불쌍한 사람들을 구해야 한다고 말하는 놈들도 있어. 나는 정말로 그런 놈들이 싫어…. 진심으로 그렇게 생각한다면,

---

16. 한비야, 위의 책, pp. 157-8. 한국의 대외 원조 금액과 관련하여, 미국의 싱크탱크 '글로벌개발센터'가 발표한 '2010년도 개발공헌지수(CDI)' 보고서에 따르면, 우리나라는 조사대상(OECD) 22개국 가운데 최하위를 기록했다. 이 센터의 한 관계자는 "한국의 순수 원조액은 경제 규모의 0.08%에 불과하다"고 밝혔다(『세계일보』, 2011년 4월 14일자).

> 자기가 돈을 보내면 될 거 아냐. 이러쿵저러쿵 잔소리 말고…. 척척 보내란 말이다! 하지만, 놈들은 절대 그렇게 안 해. 그쪽으로 얘기가 돌아가면, 갑자기 시치미 떼고, 애매하게 발뺌하는 소리."
>
> "…이유가 뭔지 알겠나? 크크…. 여기가 제일 중요해…! 남의 부러진 다리를 건드리면 [당사자는] 아프겠지만, 나는 아프지 않아! 카이지, 자네도 아프지는 않을 거야. 바로 이거야. 이것만이 사실이지….[17]

---

17. 피터 싱어(함규진 역), 위의 책, 「옮긴이의 말」, pp. 259-60에서 재인용.

6 경제 윤리(2)

세계화와 신자유주의

어느 날 한 관광객이 해변에 갔다가 한 어부가 파도에 흔들리는 고깃배에서 꾸벅꾸벅 조는 모습을 보았다. 그는 어부에게 날씨는 좋고, 바다에 고기도 많은데 왜 이렇게 누워서 빈둥거리느냐고 물었다. 어부는 자신이 오늘 아침에 필요한 만큼 충분히 고기를 잡았기 때문이라고 대답했다.

그러자 관광객이 말했다. "그러나 이걸 한번 상상해보시오. 만약 당신이 하루에 서너 차례 바다에 출항한다면 서너 배는 더 많은 고기를 잡아올 수 있소. 그러면 어떤 일이 생길지 알고 있소?"

어부가 모르겠다고 고개를 저었다.

"한 일 년쯤이면 당신은 통통배 한 척을 살 수 있게 될 겁니다. 2년만 고생하면 통통배를 하나 더 살 수 있게 되겠지요. 그리고 3년이 지나면 작은 선박 한두 척을 살 수 있게 될 테고, 그러면 언젠가는 냉동 공장이나 훈제가공 공장을 지을 수 있게 될 테고, 결국에는 여러 척의 어선들을 지휘하여 물고기 떼를 추적할 헬기를 장만하게 되거나, 아니면 당신이 잡은 고기를 대도시까지 싣고 갈 트럭을 여러 대 살 수 있게 되겠지요. 그러고 나면…"

"그러고 나면?" 어부가 물었다.

관광객은 의기양양하게 말했다. "그러고 나면, 당신은 조용히 멋진 해변에 앉아 햇볕아래 꾸벅꾸벅 졸면서 아름다운 바다를 바라보게 될 겁니다!"

그러자 어부가 관광객을 쳐다보며 말했다. "그게 바로 당신이 여기 오기 전까지 내가 하고 있었던 거잖소!"[1]

현재 우리는 정치적으로는 자유민주주의, 경제적으로는 자본주의 또는 시장경제체제 아래 살고 있다. 자본주의 시장경제의 반대는 사회주의 계획경제이다. 후자는 생산수단이 국가에 의해 소유되고, 경제 행위가 정부 당국에 의해 통제되는 경제체제이다. 반면에 전자는 생산 시설이나 토지와 같은 생산에 필요한 수단이 주로 개인에 의해 소유되고, 각 개인 간의 경제 행위가 시장에서의 가격기구를 통해 조정된다. 그간 자본주의와 사회주의의 장단점에 대해서는 여러 가지로 의견이 분분했지만, 대체로 자본주의는 생산성과 효율성이 높은 반면 빈부 격차와 공황(불황)의 위험성을 안고 있고, 사회주의는 평등과 복지의 측면에서 장점을 가지지만 경제적 비효율성의 문제를 극복하지 못했다는 평가를 받았다. 그래서 유럽의 많은 선진국들은 양자의 장점을 적절히 조화시킨 사회민주주의 혹은 수정자본주의의 길을 걸어왔다.

우리나라도 그간 비록 많은 시행착오를 겪긴 했지만 모두가 놀랄 만한 경제 발전을 이룩하였고, 이제 선진국의 문턱에서 제2의 도약을 꿈꾸고 있다. 우리가 우리의 경제적 삶에 있어 다음 단계로 나아가는 데 필요한 조건은 무엇인가? 우리가 몸담아 왔던 자본주의 경제체제는 이제까지와 마찬가지로 앞으로도 우리에게 계속적인 도약을 허용할 것인가? 현 단계의 세계 자본주의 체제에 혹 우리의 발전

---

1. 볼프강 작스, 「물질적으론 부자, 시간적으론 가난뱅이」, 『녹색평론』 제73호(녹색평론사, 2003), pp. 159-60.

을 가로막는 덫은 없는가? 아래에서는 현재 우리에게 새로운 도전으로 다가오고 있는 '세계화'와 '신자유주의'에 대해 알아보고, 우리가 이러한 파고를 넘기 위해서는 어떤 자세를 가져야 하는지 생각해 보고자 한다.

1. 자본주의의 간략한 역사

고전적 자본주의

고전적 자본주의는 정치적 '자유주의' 이데올로기와 병행하여 발전된 개념이다. 이 입장에 따르면, 인간의 이기심이야말로 전체의 이익에 기여한다. 『국부론』에서 아담 스미스A. Smith는 '모든 개인은 그가 마음대로 쓸 수 있는 자본을 투자하여 가장 큰 이익을 얻을 수 있는 곳이 어디인가를 찾기 위해 끊임없이 노력하며, 이러한 그의 노력의 목적은 오로지 자기 자신의 이익일 뿐 사회의 이익이 아닌데도, 이는 자연스럽게, 아니 필연적으로 사회에 가장 큰 이익이 되는 곳에 투자하도록 그를 이끌어 준다'고 지적한 바 있다. 개인 각자는 자기의 이익을 추구하지만 결과적으로 전체의 이익에 기여한다는 관점에서 시장의 안전성과 효율성을 강조하는 것이다. 그래서 경제활동에서 각 개인의 결정은 존중해야 하는 반면, 국가의 개입은 최소한에 그쳐야 한다고 주장한다.

아래에서 그의 말을 직접 확인해 보자.

각 개인이 최선을 다해 자기 자본을 국내 산업에 투자하고 생산물이 최대의 가치를 가질 수 있도록 노력한다면, 그는 필연적으로 그 사회의 연간 수입을 가능한 한 최대로 만들려고 노력하는 셈이 된다. 사실 그는, 일반적으로 말해서, 공공의 이익을 증진시키려고 의도한 것도 아니고, 공공의 이익을 자신이 얼마만큼 촉진하는지도 알지 못한다. 그가 외국 산업보다 국내 산업에 투자한 것은 오로지 자기 자본의 안전을 위해서였고, 생산물이 최대의 가치를 갖도록 노력한 것은 오로지 자기 자신의 이익을 위해서였다. 그리고 이런 경우에도 다른 많은 경우와 마찬가지로 '보이지 않는 손an invisible hand'에 이끌려서 그가 전혀 의도하지 않았던 목적을 달성하게 된다. 하지만 그가 의도하지 않았던 것이라고 해서 반드시 사회에 좋지 않은 것은 아니다. 그는 자기 자신의 이익을 추구함으로써, 그 자신이 진실로 사회의 이익을 증진시키려고 의도했던 경우보다 더욱 효과적으로 그것을 증진시키게 된 것이다.[2]

아담 스미스로 대표되는 고전적 자본주의(혹은 경제적 자유주의)의 기본 제도는 재산의 소유권, 계약의 자유, 제한된 정부이다. 이는 시민혁명으로 국가 권력을 장악한 부르주아지의 입장을 반영한 것으로서, 그 핵심은 경제적 규제의 철폐이다. 부르주아지가 경제적 규제 철폐를 주장한 것은 당시 시행되던 정부의 규제들이 대자본과 관료들에게만 유리하고 중소 상공인이 다수였던 부르주아지에게는 불리하였기 때문이다. 그러나 이와 같은 자유방임의 시장경제가 계속해서 유지될 수는 없었다. '시장의 실패'라는 구조적 병폐를 가지고 있음이 자본주의의 역사를 통해 드러났기 때문이다.

---

2. Adam Smith(김수행 역), 『국부론(상)』(비봉, 2003), pp. 499-500.

시장의 실패와 케인스주의

산업혁명 이후 경제활동이 매우 활발해진 자본주의 사회에서 자유방임의 시장경제 논리는 처음에 상당한 호응을 얻었다. 하지만 방임적 자유의 폐해가 드러나면서, 그런 자유주의는 도전을 받기 시작하였다. 자유를 빙자한 자본의 횡포와 독점이 발생하고 빈부 격차가 커짐에 따라 서민의 구매력이 감소하여 경기가 침체되는 등 많은 부작용이 나타났던 것이다. 결국 '보이지 않는 손'의 존재와 역할에 회의를 갖게 된 사람들은 방임적 자유보다 정부의 적극적 관리와 개입의 필요성을 느끼게 되었다.

이처럼 시장이 언제나 안전하고 효율적인 자원 배분을 약속해 주는 것은 아니었다. 바로 독점과 공공재의 문제에서 시장의 문제점이 드러났고, 이는 1930년대 세계 대공황을 통해 극적으로 표출되었다. 세계 대공황은 1920년대를 전후로 대량 생산 및 규모의 경제에 의해 노동 생산성은 크게 향상되었는데도 실질 임금의 증가가 생산성 향상에 훨씬 미치지 못한 데에서 원인을 찾을 수 있다. 다시 말해, 기술의 발달로 물건은 많이 생산되었어도 노동자들의 임금이 너무 낮아 물건을 살 능력이 없게 되자[유효수요 부족], 물건이 팔리지 않음으로써 기업이 도산하는 사태가 일어났던 것이다. 이에 따라 실업자가 증가하면서 물건은 더욱 팔리지 않게 되었고, 더 많은 공장이 파산하는 악순환이 초래되었다.

이때 나타난 것이 케인스J. M. Keynes의 수정주의 이론이다. 1930년대의 자본주의 국가들은 당시의 가장 심각한 문제인 만성적 실업문제에 대하여 효과적인 처방을 제공하지 못했다. 이에 케인스는 그들의 이론적 토대인 자유경쟁 이론에 결정적인 반론을 폈다. 그는 각 경제 주체가 합리적으로 행동한다 하더라도 경제 전체로는 바람직하지 않은 결과가 나타날 수 있다는 점을 지적했다. 나아가 정부의 적극적인 개입을 지지하면서, 조세에 의한 소득 평준화 정책과 팽창예산을 통한 공공투자 확대 및 완전고용 정책으로 복지국가를 지향해야 한다고 주장하였다. 이리하여 국가의 개입을 통해 자본의 방임적 자유를 통제하는 '개량'의 흐름이 다시 주류를 이루게 되었다. 이를 '케인스주의' 혹은 '수정자본주의'라고 부른다.

정부의 실패와 신자유주의

'신자유주의Neo-liberalism'라는 명칭은 케인스의 수정주의에 대한 비판 논리로 등장한 흐름에 붙여지기 시작했다. 말하자면, 정부가 자본의 흐름에 개입하여 경제활동을 간섭하는 것이 경제적 효율성을 떨어뜨린다는 문제의식에서, 다시 제약 없는 자유를 주장하는 이론이 등장하였는데, 그 주장이 고전적 자유주의와는 같지 않기 때문에 '신자유주의'라는 말을 쓰게 되었던 것이다.

1970년대에 이르러 서유럽 여러 나라는 정부의 적극적인 개입에도 불구하고 높은 실업률, 인플레이션, 경기 후퇴라는 전반적인 악조건에 직면하였다. 경제만 침체되는 것이 아니라, 사람들 사이에 무언가 새로운 것을 추구하려는 창조적인 분위기 및 생동감이 저하되는 현상이 함께 나타났다. 이를 계기로 케인스주의와 복지국가 모델 등 이른바 '과도한 국가 개입 정책'에 대한 반성과 비판이 일어나게 되었다. 즉, 시장에 대한 정부의 지나친 간섭이 오히려 경제의 효율성을 떨어뜨리는 '정부의 실패' 현상에 대한 비판이 제기되었다. 그 대표적인 예가 영국병이다. 과도한 복지 정책과 그로 인한 도덕적 해이 및 정부의 만성적인 재정 적자, 높은 실업률, 강성 노조 때문에 영국은 고비용, 고복지, 저효율의 구조를 띠게 되었던 것이다.

신자유주의를 대표하는 인물은 하이에크F. A. Hayek, 프리드먼M. Friedman 등 이른바 시카고학파의 경제 이론가들이다. 이들은 시장이 개인들의 능력과 창의성에 따른 경쟁을 촉진하고 이에 따라 개인들의 능력을 차별화하고 보상함으로써 사회 전체의 발전을 가져온다는 신념을 가지고 있었다. 이들에 따르면, 국가는 자유 시장을 위해서 사유 재산권 보호, 공정 경쟁 보장, 시장 체제 유지를 위한 최소한의 사회 안전망은 구축해야 하지만, 그 밖의 경제 개입은 대폭 축소해야 한다. 심지어 하이에크는 '사회정의란 민주적인 선동정치가 지금까지 산출한 것 가운데 가장 나쁜 것으로서, 시장의 원칙에 따르지 않고 사회정의의 원칙에 따라 (재)분배할 경우 부 자체가 없어지거나 급격히 소멸한다'고 주장하기도 하였다.

신자유주의가 국제적으로 부각되기 시작한 것은 1979년 영국에서 집권한 대처M. Thatcher 수상이 매우 강력한 신자유주의 정책을 도입하여 '대처리즘'을 탄생시키고, 1980년 미국 대통령에 당선된 레이건R. Reagan이 비슷한 정책을 도입하여 '레이거노믹스'를 탄생시키면서부터였다. 이들은 각종 규제를 풀어 자본의 이동을 자유롭게 해주고 자본가의 판단에 따라 쉽게 구조조정을 하도록 허용하는 등 기업 활동의 자유를 보장함으로써 경기를 크게 활성화시켰다는 평가를 받았다. 그리고 이는 신자유주의가 매우 유효하다는 심증으로 이어졌다. 특히 '규제 완화,' '세금 축소,' '공기업 민영화,' '노동시장 유연화,' '복지 정책 축소' 등의 조치들은 자본가들의 환영과 지지를 받았다.[3]

신자유주의 철학은 작은 정부를 지향한다는 점에서 고전적 자유주의와 별 차이가 없지만, 범세계화의 흐름에 힘입어 한 국가를 넘어서

---

3. 주경복, 「신자유주의를 말한다」, 『왜 세계의 절반은 굶주리는가?』(갈라파고스, 2007), pp. 190-1.

세계 수준에 적용되는 이데올로기를 지향한다는 점에서 차이점을 찾을 수 있다.

2. 세계화와 신자유주의는 약인가 독인가?

세계화의 의미와 특징

세계화globalization의 의미는 국제화와 비교할 때 그 차이가 드러난다. 국제화internationalization는 국가 간의 관계를 전제로 하고 있는 반면, 세계화는 국가 간의 관계보다 지구적global 맥락을 더 강조한다. 국제화가 근대의 국민국가 혹은 민족국가nation state의 존재를 전제로 하고, 이들 사이의 관계를 기초로 하여 국가의 발전과 국제 협력이 증진되어 가는 과정을 가리키는 데 반해, 세계화는 기존의 민족국가 개념을 넘어 전 인류, 전 지구적 수준에서 경쟁과 협력을 통하여 통합이 이루어져 가는 과정을 나타낸다고 볼 수 있다. 그러므로 국제화의 경우에는 국민국가의 존재와 그것의 유지가 중요한 반면, 세계화의 경우에는 오히려 국민국가의 약화 혹은 해체를 통해 하나의 세계를 지향한다고 할 수 있다.

세계화의 의미를 좀 더 구체적으로 살펴보기로 하자.

세계화 현상이 가장 뚜렷하게 나타나고 있는 영역은 경제인데, 이는 세계경제의 통합 증대라는 한마디로 표현될 수 있다. 이것은 국가 간 무역의 증가, 다국적 기업의 활동 증가, 세계 금융시장의 거대화 및 통합 심화를 의미한다. 정치적인 면에서의 세계화는 국가들 및 사회들 사이에 존재하는 연계와 상호 연관성이 더 커졌음을 의미한다.

이제 세계의 한 지역에서 일어나는 사건들, 결정들, 행위들이 먼 지역에 있는 개인들과 공동체에 대해서도 중요한 의미를 갖게 되었다. 인식적 측면에서 세계화는 세계가 더 좁아지고 지구촌 의식이 강화된 것으로 드러난다. 이는 사회적·문화적 관계에 있어 지리적 제약이 축소되고 사람들이 점차 이러한 사실을 인식하게 되는 사회적 과정으로 이해된다.

이러한 세계화를 촉진시키게 된 요인으로는 먼저 공산권의 붕괴를 들 수 있다. 공산 정권이 붕괴되면서 계획경제 체제를 포기하고 개방경제를 지향하게 되자 자본주의가 범세계적으로 확산되었으며, 이는 세계가 하나의 시장경제 체제로 통합되는 데 일조하였다. 두 번째는 자본의 속성이다. 자본주의는 끝없는 자본 축적을 추구하는데, 이윤 추구를 위해 자본은 국경을 넘어가며 세계화한다. 이에 따라 기업·노동자·농민은 이제 국경을 넘어서 전 세계적으로 경쟁을 하게 되었다. 세 번째는, 과학기술의 발달과 정보 통신 혁명을 지적할 수 있다. 이는 '공간 조정 테크놀로지'(공간이라는 물리적 거리의 장벽을 허무는 것)를 통해 문화적 국경까지도 허물고 있다. 마지막으로 전 지구적 차원에서 해결해야 할 문제들이 크게 증대되었다는 점(예를 들면, 환경, 마약, 테러, 질병 등)도 세계화를 촉진하고 있다.[4]

세계화에 대한 낙관적 기대

신자유주의는 세계화가 경제적 비효율성과 정치적 억압의 근원이었던 국가주의를 해체함으로써 개인의 자유로운 선택권을 증대시킬 것이라고 주장한다. 또 시장경제가 세계적 수준의 경제적 풍요를 가

---

4. 변창구, 「신자유주의적 세계화의 도전과 한국의 진로」, 『대한정치학회보』 7집 2호(1999년 겨울), pp. 244-50 참조.

져다줌으로써 민주주의를 더욱 발전시킬 것이라고 보고 있다. 뿐만 아니라 세계화를 가능케 한 기본 동력인 정보 통신 혁명이 일반 시민들로 하여금 중앙정부와 대기업에 의해 독점되어 왔던 정보들을 누릴 수 있게 함으로써, 빈부 격차와 함께 선진국과 후진국 간의 차이도 줄어들 것이라고 주장한다. 그래서 이제는 누구나 자신의 정보와 판단에 기초하여 해외시장을 개척하고 외국자본과 기업을 유치하며, 자신의 능력과 개성을 최대한 발휘할 기회를 가질 수 있다는 것이다.[5]

  다음 글은 세계화와 신자유주의가 우리의 불가피한 선택일 수밖에 없다는 것, 그리고 그것은 개인들에게도 커다란 기회가 된다는 점을 역설하고 있다.

  경제활동의 지리적 영역은 어느 지역에서 기업이 수익을 최대화할 수 있는가에 의해 결정된다. 즉 기업은 가장 싼 가격으로 상품을 생산하고 가장 수익성 높은 곳에서 상품과 서비스를 판매할 지역을 찾느라 고심한다. (…) 기업의 활동을 위해서 국적은 의미가 없다. 회사가 처음 설립된 장소나 최고 경영자의 국적 따위는 중요한 의사결정을 내리는 순간이 다가왔을 때 그다지 영향을 미치지 않는다. 기업의 소유권은 대개 겉으로 보이는 것과는 매우 다르다. 핀란드 회사로 잘 알려져 있는 노키아의 경우, 미국인이 소유한 주식이 핀란드인이 소유한 주식보다 훨씬 많다. 일본에서보다 미국에서 판매율과 수익률이 높은 혼다는 미국 기업이라 불러야 하는가, 아니면 일본 기업이라 불러야 하는가?[6]

---

5. 위의 책, pp. 250-1 참조.
6. 레스터 C. 서로우(한국경제연구원 역), 『세계화 이후의 부의 지배』(청림출판, 2005), pp. 19-22.

세계화에 참여하지 않는다는 결정은 곧 빈곤의 선택을 의미한다. 사실상 오늘날 고립경제를 유지하고 있는 국가는 존재하지 않는다는 주장이 지배적이다. 현실적으로 대부분의 선진국들은 세계화에 대한 거부권을 행사할 수 없다. 너무나도 많은 국민들(유권자, 노동자)이 글로벌 경제에 생활을 의존하고 있기 때문이다. 그들이 속한 기업은 이미 글로벌 경제에 속하기로 결심했으며 그에 맞춰 조직을 재편성한지 오래이다. 비록 원한다 하더라도 이제 국민경제로 되돌아갈 길이 없는 것이다. 만일 정부가 이 기업들을 되돌리고자 시도한다면 대부분은 본사를 글로벌 경제에 참여하고 있는 국가로 옮길 것이다. 선진 세계는 이미 글로벌 경제의 일부로서 돌아올 수 없는 다리를 건넌 상태이다. … 세계화는 국가 차원에서만 발생하는 것이 아님을 명심하라. 개인은 개인대로 세계화에 참여할 수 있으며, 지금도 수백만 명의 사람들이 이를 실천하고 있다. 개발도상국에서 선진국으로 이주하는 사람들, 예를 들어 멕시코에서 미국으로, 북아프리카 및 터키에서 유럽으로 이주하는 사람들은 실질적으로 수입이 늘고 있다. 개인에게 있어 세계화란 눈부신 기회인 것이다.[7]

우리도 한동안 세계화에의 달콤한 꿈에 빠진 적이 있었다. 문민정부의 등장과 함께 본격적으로 논의된 세계화의 물결 속에서 해외여행이 완전 자유화되었고, 국경을 넘는 자본과 상품의 등장 등 우리는 처음 얼마 동안은 세계화의 풍요 속에서 세계화가 좋은 것인 줄로만 알았다. 그러나 1997년 외환 위기를 겪으면서 세계화의 덫을 경고한 사람들의 우려가 현실이 되었다. 그리고 생각보다 빨리 그 위기를 극복하면서 다시 세계화의 행복한 꿈에 젖는 듯했으나 이번에는 세계적 규모의 금융 위기라는 어두운 그림자가 또다시 우리를 위협하고

---

7. 위의 책, pp. 34-5.

있다. 과연 우리에게 세계화는 약인가 독인가?

세계화와 신자유주의에 대한 비판적 견해

위의 낙관론과는 반대로 일부 학자들은 세계화를 강대 세력이 주도하는 일종의 음모로 간주한다. 왜냐하면 신자유주의적 세계화는 강대국에게는 기회를 의미하지만, 약소국에게는 위험의 증대로 나타날 가능성이 매우 크다고 보기 때문이다. 다음 글은 이러한 위험성을 경고하고 있다.

이 이데올로기[신자유주의(시장원리주의)]는 특히 위험하다. 중심에 자유라는 개념이 있기 때문이다. 규범도 가라, 규제도 가라, 국민국가도 가라, 장애만 될 뿐이다. 선거도 가라, 일치도 가라, 정권교체도 가라, 민족주체성도 가라. 자유! 자본을 위한 자유, 서비스를 위한 자유, 특허를 위한 자유만 남아라. 그것은 관료제나 모든 종류의 제한에 반대하는 것이다. 오직 '완전하게 리버럴한 시장'을 추구하는 시장원리주의(신자유주의)일 따름이다.

그렇다면 과연 누가 정의를 논할 것인가? 이제 아무도 그럴 수 없다. 보이지 않는 손, 세계시장밖에는…. 신자유주의 원리는 자본의 흐름이 완전히 자유로워지고 그 유동성이 완전하게 용인되면 이윤이 가장 많은 쪽으로 자본이 집중된다는 것, 즉 자유로운 세계시장에 맡기면 진정으로 공평한 사회가 실현된다는 것이다.

이런 시장원리주의의 주장은 그야말로 넌센스다. 게다가 더욱 큰 문제는 그런 주장이 자세히 검토되지도 않은 채 세계에 침투되고 있다는 사실이다. 무엇이 인간에게 진정으로 필요한 것인가, 무엇이 사회에 진정으로 필요한 것인가를 따지지 않은 채, 그저 '경제 합리성'이라는 구호만이 난무하고 있다.

[…]

장 자크 루소는 『사회계약론』에서 "약자와 강자 사이에서는 자유가 억압이며 법이 해방이다"라고 썼다. 시장의 완전한 자유는 억압과 착취와 죽음을 의미한다. 법칙은 사회정의를 보장한다. 세계시장은 규범을 필요로 한다. 그리고 이것은 민중의 집단적인 의지를 통해 마련되어야 한다.

경제의 유일한 견인차는 이윤지상주의라는 입장, 신의 보이지 않는 손에 맡겨두면 유토피아가 도래할 것이라는 허구에 대항하여 싸우는 것이 이 시대의 급박한 과제다.[8]

세계화와 결합된 신자유주의의 문제점으로 거론되는 요인들은 대체로 다음과 같다.[9]

- 초고속 성장의 촉진, 그리고 이를 위한 무제한적인 환경 자원 및 새 시장 착취
- 공적 서비스, 세계 공동 자산, 지역공동체 공동 자산의 사유화와 상품화
- 전 세계 문화와 경제의 동질화 및 소비자주의의 집중적인 촉진
- 경제적 자립을 이룬 나라들을 포함해 모든 나라의 경제를 통합하고, 그것을 환경과 사회에 해로운 수출 지향 생산 체제로 전환
- 기업 규제의 완화 및 폐지, 그리고 무제한적인 국가 간 자본의 이동
- 기업 집중의 현저한 증가
- 보건, 사회, 환경 프로그램의 해체
- 민주적인 나라와 지역공동체의 전통 권력을 글로벌 기업과 관료

---

8. 장 지글러(유영미 역), 『왜 세계의 절반은 굶주리는가?』(갈라파고스, 2007), pp. 163-9.
9. 세계화 국제포럼(이주명 역), 『더 나은 세계는 가능하다: 세계화, 비판을 넘어 대안으로』(필맥, 2003), pp. 64-5.

들의 권력으로 대체

아래에서는 이러한 요인들 가운데 가장 주목할 만한 세 가지 문제점에 대해 좀 더 심층적으로 검토해 보고자 한다.

첫째, 빈부 격차가 심화되는 문제이다. 신자유주의가 사회적 문제를 보는 기본 시각은 생산성과 경쟁력 향상을 통한 성장이 모든 사회적 문제를 해결한다는 관점이다. 구조조정은 단기적으로는 높은 사회적 비용을 치르겠지만, 중장기적으로는 모두에게 도움이 되는 결과를 가져온다는 것이다. 즉, 구조조정을 통해 경쟁력을 회복하고 경제성장을 이룩한다면, 성장의 혜택이 모두에게 고루고루 돌아가 일자리가 늘어나고, 실업 문제도 해결되며, 임금수준도 상승하고, 결국은 빈곤의 문제도 해결된다는 것이다.

그러나 신자유주의가 전제하는 자유경쟁과 적자생존을 통한 능률 향상이라는 논리는 중대한 문제점을 내포하고 있다. '자유' 경쟁이라고 하지만 처음부터 '있는 사람'과 '없는 사람'의 조건이 현저히 다름에도 '자유롭게' 경쟁하라는 것은 마치 한쪽은 무장을 단단히 하고 다른 쪽은 맨손으로 싸우라는 것과 마찬가지이다. 이런 이유에서 신자유주의가 말하는 자유는 개인과 국가의 편차나 특수한 조건을 무시하며 인권·생존권·주권조차 초월(무시)하려는 개념으로서, 진정한 의미의 인간적 자유, 사회적 자유와는 거리가 있다는 비판을 받는 것이다.

또 신자유주의로 인한 지나친 경쟁주의가 약육강식의 냉혹한 질서를 낳고, 그 속에서 다수의 약자들이 소외되고 만다는 문제점도 지적된다. 다시 말해, 빈익빈 부익부 현상이 나타나고 소득 양극화가 심화된다는 것이다. 신자유주의 또는 세계화를 20:80의 질서라고 표현하는 이유가 여기에 있다. 20%의 혜택 받는 사람들을 위해 80%의 사람들을 소외시키고 희생시킨다는 이야기이다. 결국 신자유주의는 이미 경쟁력을 확보한 강자와 '있는 자'들을 위한 이데올로기라는 것이다.[10]

둘째, 공동 자산이 훼손되는 문제이다. 신자유주의적 세계화와 더불어 전통적으로 사고파는 일과 무관하다고 여겨져 온 삶의 영역들이 이제는 상업적 활동, 사적 소유, 세계무역을 위해 사용할 수 있는 것으로 간주된다. 이런 영역들은 아주 오랜 옛날부터 모든 사람과 공동체의 공동재산이거나 공동 유산이었고, 과거 수천 년 동안 모든 사람이 함께 나누기 위해 존재하는 것으로 여겨졌던 삶의 영역들이다. 이런 것들을 '공동 자산the Commons'이라고 한다. 공동 자산은 너그러운 자연이 우리에게 준 선물로서, 사람과 지구의 생존에 매우 중요하다.

그 가운데 가장 명백한 공동 자산은 우리가 숨 쉬는 공기와, 우리가 마시는 물이다. 그 밖에 삼림, 바다, 남극대륙, 우주 공간, 그리고 다양한 야생 생물, 이러한 생물들이 후손에게 물려주는 다양한 유전자, 인간의 축적된 지식과 지혜, 공동체를 지탱해 주는 각종 비공식 체제, 공동체가 곡식을 재배하기 위해 사용하는 종자, 대중이 모이는 광장, 언어, 문화 등도 공동 자산에 속한다. 원주민들에게는 그들이 수천 년 동안 같이 일해 온 공유 농지도 공동 자산이다.

공동 자산의 핵심적 특징은 모든 사람들에게 귀속된다는 점이라

---

10. 신자유주의 정책을 수용한 라틴아메리카의 경우에는 대체로 다음과 같은 문제점들이 나타났다. 첫째, 고용 없는 성장이다. 신자유주의가 본격적으로 전개된 90년대 초부터 경제는 성장함에도 실업률은 증가했다. 둘째, 다양한 소규모 생산 활동, 즉 개인이나 가족 단위 서비스 활동의 증가이다. 이는 저생산, 저임금, 불안정한 고용, 각종 사회보장 혜택의 부재 등을 갖는 도시 빈곤의 상징이다. 이런 비공식 부문의 확산은 소득 불평등 확대와 함께 노동시장의 이질화·양극화 현상을 두드러지게 하는 동시에 빈곤층의 확대로 이어졌다. 셋째, 임금의 하향 평준화와 고용 불안정이다. 넷째, 부의 불평등한 분배 심화이다. 82년부터 97년까지 라틴아메리카의 소득은 전체 인구 상위 20%와 하위 20%의 소득 배율이 15배에서 22.5배까지 올랐다(김기현, 「라틴아메리카 신자유주의의 경제사회적 결과」, 『라틴아메리카연구』 제12권 제1호, 1999).

할 수 있다. 공동 자산에 대해서는 누구도 개인적으로 배타적인 권리를 주장할 수 없다. 우리는 그것들을 공동으로 물려받았고, 따라서 그것들은 우리 모두의 공동 유산이다. "공동자산은 우리의 삶에 있어 국가나 시장보다 더 기초적인 것이다. 우리가 마시는 공기, 생물이 풍부하게 서식하는 해양, 공짜로 사용할 수 있는 깨끗한 물, 활력이 있는 생물 다양성 없이는 삶이란 상상할 수조차 없다. 이런 것들을 우리는 당연히 거기 있는 것으로 여긴다. 공동자산은 세대를 이어가며 계승되고, 모든 이들이 이용할 수 있는 상태로 항상 존재해 왔다는 특징을 갖는다."[11] 그런데 이제 와서 그것들에 대해 소유권을 주장하고 그것들을 마치 사고파는 대상인 것처럼 간주한다는 것은 '계산할 수 없는 것'이나 '계산해서는 안 되는 것'까지 모두 '계산할 수 있는 것'으로 환원해버리는 태도로서, 이는 시장 만능, 물질 만능 풍조를 조장할 뿐이다. 또 문화·교육·예술 등 고유한 가치를 지닌 영역들도 시장이라는 관점에서 접근하여 정책으로 옮기기 때문에 삶을 건조하게 만들며, 인류 문화를 황폐화시키고 만다.

   셋째, 자연환경이 파괴되는 문제이다. 지구의 자연환경이 점점 커져 가는 경제활동의 충격을 감당하기가 어려워지고 있다는 사실은 이제 분명해졌다. 도처에서 숲이 남벌되고, 농경지에서는 과도한 경작이 이루어지며, 목초지에서는 너무 많은 짐승들이 풀을 뜯어먹고 있다. 습지에서는 너무나 많은 물기가 빠져나가고, 지하수는 지나치게 개발되며, 바다에서는 마구잡이로 고기잡이가 행해지고, 거의 모든 지상 환경과 해상 환경은 화학약품과 방사능 유독 물질로 오염되어 있다. 설상가상으로 지구의 대기도 오존층을 파괴하는 기체들과 온실효과를 일으키는 기체들을 처리할 능력을 점점 잃어 가고 있다.

---

11. 세계화 국제포럼(이주명 역), 위의 책, pp. 155-6.

이런 상황에서 지구를 생명이 살 수 있는 곳으로 계속 유지하는 방법은 오직 하나뿐이다. 그것은 경제활동의 충격을 체계적으로 줄여나가는 것이다. 하지만 불행하게도 세계의 거의 모든 정부는 경제적 세계화를 통해 경제활동의 효과를 최대화시키는 것을 가장 중요한 목표로 삼고 있다. 무역의 증가는 경제개발을 가속화시키는 가장 효과적인 방법임이 이미 증명되었다. 우리는 경제개발을 성장과 동일시하며, 경제개발이 지금까지 우리가 직면해 왔던 모든 문제들을 체계적으로 해결해 줄 물질적·기술적 낙원을 지구상에 건설하는 수단을 제공해 주고 있다고 생각한다.

그러나 경제개발 자체는 원래 경제활동이 환경에 미치는 충격을 증가시키도록 되어 있다. 이 점은 지난 수십 년 동안 세계은행의 지도에 따라 외국 초국적 기업의 강력한 간섭을 허용함으로써 놀라운 경제성장을 이룩한 (우리나라를 포함한) 주요 신흥 공업국들의 끔찍한 환경 파괴를 통해 이미 입증된 바 있다.[12]

오늘날 세계무역기구(WTO)는 우루과이 라운드(UR)에서 합의한 전 세계적인 자유무역 체제를 지향하고 있다. 또 그렇게 함으로써 무역의 극대화라는 목적을 위해 환경과 사회, 그리고 도덕적 측면을 가차없이 무시해버리는 거대한 구조조정 프로그램에 전 세계를 효과적으로 종속시키고 있다. 이 같은 조치는 결국 심각한 환경 파괴를 불러올 것이다.[13]

---

12. 제리 맨더, 에드워드 골드스미스 편저(윤길순·김승욱 역), 『위대한 전환: 다시 세계화에서 지역화로』(동아일보사, 2001), pp. 106-7.
13. 위의 책, p. 119.

3. 우리의 대안은 무엇인가?

우리나라는 1990년대 중반부터 신자유주의와 세계화 세례를 받으면서 이런 흐름에 동참하여 무척 빠른 속도로 적응해 왔다. 심지어 신자유주의적 세계화의 주도 국가인 미국이나 영국보다 어떤 면에서 더 신자유주의적이고 더 세계화를 추구하고 있다는 평가를 받을 정도이다. '문민정부'가 다분히 의식적으로 신자유주의 정책을 추진한 뒤로, '국민의 정부'가 IMF(국제통화기금) 정국 타개를 위해 자의반 타의반으로 그 흐름을 이어받았고, '참여정부'도 처음에는 망설임을 보였으나 점차 신자유주의적 요소가 짙은 정책으로 흘러왔다. 참여정부 임기 말에 미국과의 FTA(자유무역협정) 협상을 타결한 것이 그 예이다. 하물며 '잃어버린 10년'을 되찾자며 등장한 '실용정부'의 정책은 더 말할 나위 없이 이러한 흐름을 강화시켜 나가는 추세이다. 문제는 어떻게 이러한 흐름 속에서 우리의 살 길을 찾을 것인가, 과연 신자유주의적 세계화의 단점을 최소화시키고 장점을 살릴 수 있는 길이 있는가 하는 것이다.

사회 생태주의와 여성주의 경제론

이제 우리가 고려해 볼 만한 대안으로서, 우선 우리 삶의 자세와 사회구조 상의 근본적인 패러다임 전환을 요구하는 주장, 즉 사회 생태주의에 입각한 혁신론을 살펴본 후, 이어서 그보다 소박한 여성주의적 경제론을 소개하고자 한다. 이 두 가지 대안은 지나치게 이상적이어서 현실적 설득력이 떨어진다는 비판을 받을지도 모른다. 하지만 윤리란 언제나 인간다운 삶을 향한 이상을 추구한다는 견지에서 보자면, 이상적 지표를 가지고 현실을 바라보는 관점을 지닌다는 것은 그것 없이 현실에 매몰되는 위험성과 비교할 때 매우 중요한 의미를 가진다. 먼저 첫 번째 문제의식에 입각한 대안을 살펴보자.

[IMF 사태를 경험한 이후] 사람들은 우리 사회의 국가 부도 사태나 외환 바닥 사태, 또는 국가경쟁력 약화를 경제 위기의 핵심으로 꼽고 있다. 그러나 우리는 위기의 핵심이, 세계의 자본이 범지구적으로 인간 공동체와 자연 생태계를 급속히 파괴하고 있는 현실 그 자체 속에 있다고 본다. 그리고 나아가 우리 스스로 내면적인 자율성에 기초하여 자립자족적이고 상부상조 하면서 서로 즐겁게 살지 못하고, 오히려 우리 자신의 내면세계로부터도 분리된 채, 자본과 시장 경쟁의 논리에 종속되어 힘겹게 살고 있는 것, 바로 이것이 오늘날 위기의 또 다른 핵심을 이루고 있다고 본다. 한 마디로 '삶의 위기,' 바로 이것이 우리가 진정으로 걱정해야 할 위기인 것이다. 이런 관점에서 보면 'IMF 시대'의 위기란, 이미 우리가 오래 전부터 경험하고 있는 삶의 위기가 더욱 첨예하고 세계적인 형태로 느껴진 것일 뿐 새삼스럽게 나타난 것이 아님을 알 수 있다.[14]

[이를 극복하기 위해서는] 크게 두 가지 측면에서 패러다임 전환이 일어나야 한다. 그 하나는 인간과 인간 사이에 더 이상 '경쟁과 분열'이 아니라 오히려 '연대와 협동'을 할 수 있는 경제 구조를 만드는 것이다. 다른 하나는 인간이 자연을 단지 개발과 이용의 대상으로만 바라보는 '오만과 남용'의 패러다임이 아니라, 인간이 자연의 일부로 태어나 그 품안에서 고맙게 살다가 조용히 그 속으로 돌아간다고 하는 '겸손과 외경'의 패러다임을 가져야 한다.[15]

---

14. 강수돌, 『작은 풍요』(이후, 1999), pp. 28-9.
15. 위의 책, pp. 258-9.

위 글의 필자는 이러한 패러다임 전환이 공상적이며 비현실적이라는 지적에 대해 "결코 아니다!"라고 주장하면서, 그러한 전환의 가능성을 엿볼 수 있는 구체적 사례들을 제시한다.[16] 이어서 그는 "새로운 패러다임 찾기는 현실적 가능성의 문제가 아니라 삶의 절박성의 문제다!"라고 주장한다. 미래에도 우리가 살아남기 위해서는 반드시 우리 삶의 방식에 '혁명'이 일어나지 않으면 안 된다는 것이다. 사안의 절박성을 생각할 때 지금 가능, 불가능을 따지고 있을 때가 아니며, 아무리 현실적 전망이 어두워 보인다 하더라도 이는 꼭 '저질러야 할 일'이라는 것이다. 아울러 '생각은 범지구적으로 하되, 실천은 바로 여기서부터'를 외친다.[17]

다음으로 검토해 볼 만한 대안은 '여성주의 경제학'이다. 이 담론은 현재의 주류 경제학이 환경 파괴적이고 공동체를 분열시키는 데 일조하고 있다고 보는 점에서 위에서 검토한 대안과 동일한 문제의식을 지니고 있는데, 차이가 있다면 우리 삶의 저변에 이미 존재하고 있는 '여성의 문화'를 좀 더 의식적으로 발전시켜야 함을 강조하고 있다는 점이다. 여성주의 경제학의 주요 논지는 다음과 같다.

지금 우리 삶을 지배하고 있는 '산업 경제'란 겨우 2, 3백 년 정도의 짧은 역사를 지닌 것으로서 인류가 살아온 전체 역사에 비하면 매우 일천한 경험에 지나지 않는 것이다. 그나마 자세히 보면 그 산업 경제의 밑바탕에는 예전부터 늘 있어 왔던 전통적인 경제가 근본 토대를 이루고 있다. 그중 대표적인 것이 주로 여성들이 집에서 해오던 노동, 즉 가족과 노약자를 돌보고, 텃밭을 가꾸고, 밥하고 빨래하고, 이웃과 교류하는 등의 일이다. 이런 일들은 사실상 자동차나 텔레비전이나 컴퓨터를 만들어 파는 일보다 더 근본적이고 필수적인 일임

---

16. 위의 책, p. 273 이하 참조.
17. 위의 책, p. 259/293.

에도 돈으로 보상받지 못하고 있다. 그런데 여성들이 맡고 있는 이러한 일들은 단순히 대가가 지불되지 않는 노동이라는 점 외에 굉장히 중요한 특성을 가진다. 그것은 철저히 이윤 추구에 몰입하는 산업 경제와 차별화되는 점으로서, 기본적으로 생명을 보살피고 인간관계를 평화롭게 유지시키는 데 관계하고 있다는 점이다. 이것이 바로 '보살핌의 경제'이다. 어쩌면 인류 사회와 지구의 장래는 우리가 이런 보살핌의 경제를 확대하고 산업 경제를 축소하는 데 얼마나 성공하느냐 여부에 달려 있을지도 모른다.

여성주의 경제학의 관점에서 볼 때, 그동안 주류 경제학자들이 주도해 온 경제라는 것은 철저히 실패한 경제이다. 왜냐하면 그러한 경제는 사회적 약자들을 보살피지 못했을 뿐만 아니라 인간 삶의 근본 토대인 생태계를 계속 파괴해 왔기 때문이다. 『오래된 미래』라는 책에 나오는 라다크 전통 사회에서는 "여성과 아이들과 노인들을 공경하는" 모습을 볼 수 있다. 이른바 산업사회, 문명사회에서 제일 천대받는 사회적 약자들이 여기서는 제일 존경받으며 살고 있다. 이런 인간다운 삶이 라다크에서 오랫동안 유지될 수 있었던 것은 그 사회가 근본적으로 '여성주의적 문화'에 기초해 있었기 때문이다. 사람들이 자신의 이해관계를 앞세우기보다 남들과 더불어 사는 윤리, 즉 보살핌의 윤리를 체득하여 실천해 왔기 때문이다. 이제는 우리도 '한살림 운동' 같은 여성주의적 감수성에 토대를 둔 운동을 통해 죽어가고 있는 농업도 살리고, 농업의 부활을 통해 마을 공동체들도 살리면서 서서히 인간다운 삶의 저변을 넓혀 가야 할 때가 되었다.[18]

---

18. 김종철, 『간디의 물레』(녹색평론사, 1999), pp. 152-5 참조. 이러한 관점은 최근(2011년 3월 3일 '생명 자본주의 포럼 창립 세미나') 이어령 교수가 제창한 '생명 자본주의' 개념을 통해서도 엿볼 수 있다. 생명 자본주의란 이 교수가 2009년 처음 제창한 개념으로서, 생명 시스템과 생태계 서비스를 자본으로 순환적·재생산적 경제활동이 이루어지는 경제 시스템을 말한다. 이 교수는 "생명자본주의는 삶의 수단을 성취하는 경제가 아니라 삶의 목적인 행

지금까지 살펴본 두 가지 대안은 모두 우리가 이제까지 길들여진 산업사회와 자본주의의 기본적 전제를 재검토함으로써 우리가 몸담고 있는 패러다임 자체를 바꾸어 나갈 것을 주문하고 있다. 이것은 매우 근본적인 문제 제기로서, 어쩌면 우리가 직면하고 있는 문명의 위기에 대한 유일한 해결책인지도 모른다. 물론 '설사 그것이 옳다고 하더라도 현대 문명에 이미 깊이 물들어버린 대다수의 사람들에게 지금부터 삶의 방식을 근본적으로 바꾸어야 한다는 메시지가 과연 얼마나 설득력이 있겠느냐'는 반론도 있을 수 있다. 하지만 이러한 문제의식을 '모 아니면 도' 식의 과격한 생각으로 몰아붙일 필요는 없다. '좌 아니면 우'로 편 가르기를 좋아하는 사람이 아니라면, 적어도 '경쟁만이 최고가 아니며 우리는 약자를 배려해야 한다'는 도덕적 명제가 단지 공허한 것만이 아니라 실제로 모두에게 '경제적 이익'이 된다는 점을 설득할 수도 있을 것이다. 독일의 경제가 지금 다른 데 비해 주목받는 이유가, 노동자들에게 유리한 고용조건 덕에 노동자들의 구매력이 유지되고 있기 때문이라는 점도 이를 뒷받침하고 있다.

행복 경제학

　끝으로 물질적 풍요와 경제성장이 결코 우리의 행복을 보장할 수 없다는 문제의식에서 출발한 행복 경제학Happiness Economics에 관해 살

복을 추구하는 것"이라며 "생명자본주의가 자리를 잡으려면 경쟁과 전쟁·수렵·살생하는 남성 원리가 지배하는 사회에서 어린 아이를 낳고 키우는 여성 원리가 지배하는 사회로 바뀌어야 한다"고 강조했다. 아울러 "생명자본주의의 기본은 살림살이로부터 시작하고, 생명을 키우는 애 보기가 근본"이라며 "의료·교육·문화·양육 등 생명을 키워내는 데 투자해 새로운 자본주의를 만들고, 역사를 움직여야 한다"고 덧붙였다(『중앙일보』, 2011년 3월 4일자).

펴보기로 하자. 행복 경제학은 성장 지상주의적인 자본주의에 대한 거부감에서 태어났다. 행복 경제학에 따르면, 경제성장이라는 목표를 달성하더라도 그 과정에서 나타난 부작용을 고려하지 않을 경우 그 사회는 결국 불행해질 수 있다.

잘 알다시피 행복이란 마음의 상태이다. 아무리 외형적으로 풍요로워 보여도 마음이 불만족스럽다면 그것은 행복한 것이 아니다. 일찍이 에피쿠로스학파는 욕구를 충족시킴으로써 행복을 얻는 데에는 한계가 있다는 것을 간파했다. 인간의 욕구가 끝이 없기 때문이다. 행복의 정도를 "욕구의 충족/욕구"라는 분수로 표현할 때, 분모인 욕구가 계속 커지는 한 행복은 멀어질 수밖에 없는 것이다. 그래서 이들은 현명하게도 분자를 늘리기보다 분모를 줄이는 것, 다시 말해서 욕심을 줄이는 것이 행복을 얻는 올바른 길이라고 사람들에게 조언했다.

하지만 자본주의 사회는 이와는 다른 길을 걸어왔다. 잘 알다시피 경제성장을 진행시키고 GNP를 끌어올리는 원동력은 '끝을 모르는 욕망'이다. 기업은 상품을 팔기 위해 광고와 매스컴의 힘을 빌리고 심지어 교육마저 이용하면서 소비자의 욕망을 부채질한다. 모든 나라는 GNP를 높이기 위해 기업이 사람들의 욕망을 부채질하는 것을 오히려 도와주고 있으며, 욕망은 날이 갈수록 그 부피를 늘려가고 있다. 결국 사회는 황폐해지고 사람들은 점점 불행해질 수밖에 없다.[19]

우리도 이제까지 이른바 개발도상국developing country에서 벗어나 선진국developed country에 진입하기 위해 정신없이 달려왔다. 국가정책의 최우선 목표를 경제성장률과 GNP를 끌어올리는 데 두었으며, 여기에 의문을 제기하는 사람은 별로 없었다. 그것이 우리에게 행복을 가

---

19. 쓰지 신이치(장석진 역), 『행복의 경제학』(서해문집, 2009), pp. 39-40.

져다주리라고 믿었기 때문이다. 하지만 1인당 국민소득이 2만 불에 이른 오늘날 우리가 느끼는 행복이 가난했던 지난 시절보다 반드시 더 큰 것은 아니라는 사실을 사람들은 깨닫기 시작했다. 뿐만 아니라 가난했던 시절에는 찾아보기 힘들었던 온갖 사회 문제가 생겨나고, 불안과 스트레스, 절망과 우울증으로 고통스러워하는 사람이 더 많아진 현실을 목도하고 있다. 이는 우리가 늘 따라잡으려 했던 일본도 마찬가지였다.

> 물질적으로 아무리 풍족해도 행복해지지는 않는다. 그것이 바로 내가 보아 온 일본인의 모습이었다. 반대로 지갑이 두꺼워지면 두꺼워질수록 사람들은 더 바빠지기만 하고, 이기적으로 변하고, 욕심쟁이가 되고, 차가워지며, 오만해지는 것처럼 보였다.[20]

일본의 생태 운동가 쓰지 신이치는 이러한 문제의식 때문에 이제 국가의 풍요를 재는 척도로서 GNP(Gross National Product, 국민총생산) 대신 GNH(Gross National Happiness, 국민총행복)를 제안한다. 그리고 GNH를 재는 기준으로서 1) 얼마나 많은 시간을 가족과 보내는가, 2) 얼마나 많은 여유 시간을 갖는가, 3) 얼마나 많은 시간을 친구나 이웃과 보내는가, 4) 얼마나 적은 돈으로 행복할 수 있는가, 5) 기계나 도구의 도움 없이도 얼마나 많은 노래를 부를 수 있는가, 6) 멋진 차, 훌륭한 레스토랑, 돈 없이도 행복한 데이트를 할 수 있는가, 7) 얼마나 자유로운가, 8) 일하면서 행복한가 등을 제시한다.

또 행복 경제학자들은 1인당 소득이 1만~2만 달러 정도를 넘어 기본적인 삶의 욕구가 충족된 이후에는 더 버는 것이 큰 의미가 없다

---

20. 위의 책, p. 41.

고 지적한다. 물론 밥을 굶을 정도로 돈이 없거나 깨끗한 식수를 공급받을 수 없을 정도로 가난한 나라에 산다면 더 많은 소득이 더 큰 행복을 가져오리라는 것은 당연하다. 하지만 기본적인 생활수준에 이른 이후에는 우선순위가 바뀌어야 한다는 것이다. 그래서 '보다 많이,' '보다 빨리'를 외치기보다 소비를 줄이고 속도를 줄여서 매사에 여유를 가지는 것이 중요하다는 것이다. "넉넉히 쉬는 시간, 즐거운 시간, 유쾌한 시간, 포근한 시간, 마음 편한 시간, 로맨틱한 시간, 창조적인 시간, 몰입하는 시간, 멍하게 있는 시간, 마음 놓고 자는 시간, 무위無爲의 시간, 가슴 설레는 시간, 황홀한 시간…. 생산성이라든가 경제성장이라든가 효율성이라든가 소득이라든가 GNP와 같은 말과는 무관한, 이러한 '시간의 소비'를 우리들 삶 속에 늘려나가는 것. 돈 부자가 아니라 시간 부자. 그것이 바로 '느린 삶slow life'이 말하는 풍요이다."[21]

경제라는 것이 인간다운 삶, 진정으로 행복한 삶을 위해 존재하는 것이라면, 이제 물질적 성장을 지향하는 경제가 한계를 드러낸 이 시점에서 우리는 경제의 의미를 다시 생각해 보지 않을 수 없게 되었다. '인간다운 삶, 진정으로 행복한 삶'이란 결국 우리가 '서로 나누고 서로 도우며 서로 사랑하는 삶'일 것이므로 경제는 바로 이러한 삶의 여건을 마련해 주는 데 기여하는 것이 되어야 할 것이다. 그것은 슈마허의 말처럼 '보다 적은 소비로 보다 큰 행복을 추구하는 것'이 되어야 할 것이며, 이윤이나 효율성을 추구하는 대신 사람들에게 봉사정신과 배려의 마음을 길러줌으로써 인간적인 가치, 나아가서 인간의 정신적이고 영적인 성장에 기여하는 것이 되지 않으면 안 될 것이다.

---

21. 위의 책, pp. 230-1.

──────── ◀ 생각해 볼 문제 ▶ ────────

1. 다음 글은 신자유주의 정책의 정당성을 적극 옹호하고 있다. 이 논지의 타당성에 관해 토론해 보자.

> 경제적 자유주의 또는 신자유주의는 결코 실패한 패러다임이 아니다. 금융위기도 시장의 탓이 아니다. 자유와 책임 그리고 작은 정부를 실현할 경우 금융위기 같은 것은 발생하지 않는다. 1930년대의 대공황도 실은 경제개입 탓이었다. 미국 경제를 대공황에서 구출한 것은 루스벨트 행정부의 뉴딜 New Deal을 통한 경제개입이 아니었다. 그것은 오히려 공황을 심화시키고 장기화시켰을 뿐이었다. 미국경제를 구출한 것은 전쟁특수도 아니었다. 루스벨트가 세상을 떠나고 그 뒤를 이은 트루먼 행정부의 조세삭감과 자유무역, 친 기업적 분위기였다.
>
> 금융위기의 원인이 정부의 개입임에도 적극적인 시장개입을 문제의 해법이라고 주장하는 것은 위기의 본질을 제대로 보지 못한 때문이다. 정부의 간섭은 실패하기 마련이다. 지식의 문제 때문이다. 시장개입은 경제를 더욱 불안정하게 만들고 지금의 고통을 더 큰 고통으로 키울 위험이 있음을 직시해야 한다.
>
> 우리의 지적 능력의 한계 때문에 우리는 시장의 자생적인 힘에 의존할 수밖에 없다. 한국경제가 가야 할 길도 경제적 자유주의이다. 시장에 맡기라는 것이다. 그렇다고 위기의 상황에서 정부가 손놓고 뒷짐 지고 있으라는 말이 아니다.
>
> 정부가 해야 할 일은 시장경제의 원리를 확립하는 일이다. 개인의 책임

> 과 경제활동을 방해하는 제도와 규제들을 걷어내고, 노동시장을 유연하게 하고 세금을 낮추어야 한다. 그러면 우리 경제는 지금의 위기를 슬기롭게 극복할 수 있음은 물론 안정적인 성장도 가능하다. 그래서 신자유주의가 정도正道다.[22]

2. 다음 글은 (특히 개발도상국들의 경우) 신자유주의의 흐름에 역행할 것을 주장하고 있다. 이 논지의 타당성에 관해 토론해 보자.

> **시장에 대항하라**
>
> 시장은 현재 상태를 강화하려는 경향이 농후하다. 자유 시장은 각국이 이미 잘 하고 있는 것에 충실할 것을 지시한다. 이는 단도직입적으로 말해 가난한 나라들에게 현재 하고 있는 생산성 낮은 활동을 계속하라는 이야기이다. 그러나 그런 생산성 낮은 활동을 하고 있는 것이 바로 이 나라들이 가난한 원인이다. 만일 가난에서 벗어나기를 원한다면 이 나라들은 시장에 대항하여 더 높은 소득을 올릴 수 있는 보다 어려운 일을 해야 한다. 가난에서 벗어나려면 그 외에 다른 방법이 없다.
>
> [⋯]
>
> 노키아는 벌목, 고무장화, 그리고 전선 사업에서 번 돈으로 17년에 걸쳐 전자 사업이 자리 잡을 수 있도록 지원했다. 삼성은 직물과 제당 사업에서 번 돈으로 10년이 넘도록 전자 사업에 투자했다. 이들이 만일 나쁜 사마리아인들이 개발도상국에게 권하는 것처럼 시장의 신호에 충실했더라면, 노키아는 아직도 나무나 베고 있고, 삼성은 여전히 수입된 사탕수수나 정제하

---

22. 민경국, 「경제적 자유주의의 옹호론 ― 신자유주의는 실패한 이념인가?」, 『철학과현실』 80호(철학문화연구소, 2009 봄), p. 76.

고 있을 것이다. 가난에서 벗어나고 싶은 나라들도 마찬가지로 시장에 대항하여 보다 어렵고 좀더 고부가가치를 올릴 수 있는 부문에 진입해야 한다.

[…]

[그러기 위해서는] 단기적으로 당연히 희생이 뒤따른다. 하지만 그 희생이 무서워 투자를 안 할 수는 없다. (…) 만일 관세 장벽이나 보조금 덕분에 국내 기업이 (더 좋은 기계를 구입하고, 조직 편제를 개선하고, 노동자들을 훈련시키는 등의 방법을 통해) 새로운 능력을 축적할 수 있다면, 그리고 이 과정에서 국제적인 경쟁력을 갖출 수 있다면, 소비 수준의 일시적인 감소는 충분히 정당화될 수 있다.

현재를 희생해서 미래를 개선하라는, 간단하지만 강력한 이 원칙 때문에 미국인들은 19세기에 자유 무역을 실시하지 않았다. 바로 이것 때문에 얼마 전까지도 핀란드 사람들은 외국인 투자를 허용하지 않았다. 바로 이것 때문에 한국 정부는 1960년대에 세계은행의 반대를 무릅쓰고 제철소를 건설했다. 바로 이것 때문에 스위스 사람들은 19세기 말이 되기 전까지는 특허를 인정하지 않았고, 미국 사람들은 외국인의 저작권을 인정하지 않았다. 그리고 따지고 보면 결국 바로 이것 때문에 나는 여섯 살 먹은 아들 진규를 공장에 보내 생계비를 벌어오게 하지 않고 학교에 보내는 것이다.[23]

3. 다음은 『오래된 미래』라는 책으로 잘 알려진 헬레나 노르베리 호지의 말이다. 여기서 말하는 '행복의 경제'가 과연 우리의 대안이 될 수 있을지에 대해 토론해 보자.

---

23. 장하준, 『나쁜 사마리아인들』(부키, 2007), pp. 318-21.

인간의 행복에 대해서는 수많은 연구들이 있습니다. 어느 연구든지 결국 가장 중요하다고 언급되는 것은 바로 '커뮤니티'입니다. 지역 커뮤니티에 자기 자신이 소속되어 있다는 인식이 바로 행복의 열쇠라는 것입니다. 거꾸로, 현대인들이 가진 마음의 병과 그에 따른 불행 ─ 그 속에는 알코올 중독, 마약 중독, 우울증 등이 포함되어 있습니다만 ─ 은 지역 커뮤니티의 붕괴가 한 가지 원인이 된다고 생각합니다. 그리고 또한 이러한 병을 치유하는 데 가장 효과적인 것이 바로 communal, 즉 사람들이 서로 도우며 살아가는 프로세스에 있다고 하는 사실이 입증되고 있습니다.

사람들이 건전하게 살기 위한 또 한 가지 중요한 열쇠는, 자연계와의 관계를 다시 회복하는 것입니다. 경제의 지역화는 경제를 공정한 것으로 만들어줄 뿐만 아니라 사람들에게 커뮤니티의 감각을 되찾아주고, 자연과의 관계 회복을 불러올 것입니다. 지역에 기반을 둔 경제만이 행복의 경제입니다. 그렇게 하기 위해서는 어쩌면 많은 시간이 걸릴지도 모릅니다. 하지만 여러분은 오늘, 바로 지금 이 순간부터 삶의 방향을 수정하고 실천에 옮길 수 있습니다. 스스로가 주변에 커뮤니티를 만드는 일을 시작하세요. 자기 자신과 비슷한 의지, 비슷한 목표를 가진 사람들과 만나고 모임을 만들어 보세요. 그리고 되도록이면 자연 속에서 시간을 보내고 자연과의 관계를 되찾아나가세요. 그렇게 한다면 여러분은 반드시 지금보다 훨씬 행복함을 느낄 수 있을 것입니다. 내가 보증하겠어요.[24]

---

24. 쓰지 신이치, 위의 책, pp. 194-5에서 재인용.

1 환경 윤리(1)

미국 환경 윤리 담론의 흐름

"인간은 미래를 예견하고 그 미래를 제어할 수 있는 능력을 상실했다. 그는 지구를 파괴함으로써 자신도 멸망할 것이다."

― 슈바이처

"나는 인간이라는 종種에 대해 비관적인 견해를 갖고 있다. 왜냐하면 너무 자기 자신의 이익에만 골몰하기 때문이다. 우리 인간은 한사코 자연을 정복하려고만 한다. 만일 인간이 이 지구에 순응하고, 회의적이고 오만한 눈길이 아니라 겸허하고 감사한 눈길로 이 지구를 바라본다면 우리의 생존 가능성은 한층 더 커질 것이다."

― E. B. 화이트[1]

오늘날 기후변화와 기상이변은 이제 일상화된 현실이 된 듯하다. 집중호우, 폭풍이나 폭설, 혹서나 혹한과 같은 극단적 기상 상태가

---

[1]. Rachel Carson(김은령 역), 『침묵의 봄』(에코리브르, 2002), 표지 글에서 재인용.

반복되고, 지구온난화의 추세는 의심의 여지 없이 뚜렷하다. 대기 온도의 상승은 물론, 해수 온도의 상승, 빙하의 급속한 소멸, 이로 인한 해수면의 상승이 지속되고 있다. 이러한 기상이변은 자연을 지속적으로 파괴하고 화석연료를 과다하게 사용해 온 오늘의 소비 자본주의 문명에 의해 야기된 것이 분명하다. 2007년에 발표된 '기후변화에 관한 정부간 협의체Intergovernmental Panel on Clamate Change' (IPCC) 의 4차 보고서도 지구온난화가 부인할 수 없는 추세이고, 그것이 인간 문명에 의해 야기된 것임을 분명히 하고 있다.[2]

이러한 환경 재앙은 기상이변에만 국한되지 않는다. 도시 확장과 개발에 따른 생물 종의 다양성 약화, 대규모 벌목에 따른 열대림 소실, 산성비와 사막화 확산, 오존층 소실 등도 모두 오늘날의 지구 생태계를 심각하게 위협하고 있다. 최근(2011년 3월) 일본의 대지진과 해일, 그리고 후쿠시마 원자력발전소 방사능 누출로 인한 대재앙은 인류의 미래에 대한 전망을 더욱 어둡게 하고 있다. 이 모든 위기의 근본 원인은 알다시피 근대 과학기술 문명의 발달 때문이다. 우리는 과학기술 문명 덕에 물질적 풍요를 누리게 되었지만, 그 대가로 이제는 환경 재앙에 직면하게 된 것이다.

사실 이성적 존재인 인간이 이렇게 속수무책으로 파멸의 길을 걸어간다는 것은 이해하기 힘든 일이다. 아마도 1970년대 이후 본격적인 환경 운동이 시작된 것은 이러한 자각의 결과일 것이다. 그런데 이러한 현대 문명의 위기, 환경 위기를 깨닫게 만든 계기는 모두 20세기 미국에서 이루어졌다. 원자폭탄과 수소폭탄의 출현이 그 대표적인 예일 것이다. 서구 과학기술 문명이 최고로, 또 최대로 성취된

---

2. IPCC는 지구온난화에 관한 가장 큰 전문가 집단으로서 1988년에 만들어진 이후 5~6년에 한 번씩 기후변화에 대한 보고서를 내고 있다. 2007년에 나온 4차 보고서는 180개국의 2,500여 명의 기후변화 관련 전문가들이 조사한 과학 자료를 정리한 것이다.

곳이 미국임을 생각할 때 어쩌면 이것은 당연한 일인지도 모른다. 따라서 우리가 이러한 문명 자체의 위기를 가장 정확히 이해하고 또 그것에 대해 가장 구체적인 해답을 모색하려면, 환경문제를 놓고 그간 미국에서 벌어진 담론과 논쟁들을 살펴보지 않을 수 없다.

그래서 이 장에서는 미국 환경 윤리 담론의 연원에서 시작하여 오늘날의 주요 쟁점들을 살펴보고자 한다. 그리고 이러한 담론의 배경을 이루는 미국의 정신적 유산 속에서 어떤 희망의 싹을 찾을 수 있을 것인지에 대해서도 생각해 보고자 한다.

1. 미국 환경 윤리 담론의 연원과 특징

현대 환경론자들이 환경문제에 접근하는 방식은 크게 두 가지로 나눌 수 있다. 기술 중심주의technocentrism와 생태 중심주의ecocentrism가 그것이다. '인간은 자연의 일부일 뿐이므로 인위적인 문명 활동 때문에 생기는 환경문제들은 반드시 인류에게 악영향을 미친다'고 보는 생태 중심주의는 인간과 환경의 윤리적 관계를 중시하는 입장이다. 반면 경제적 합리주의에 근거한 기술 중심주의는 객관적 분석을 바탕으로 환경문제에 접근하고, 인간의 복지를 위한 환경 관리의 효율성을 강조하는 입장이다. 이 두 사조는 모두 더 이상의 환경 악화를 막고 환경을 보호하자는 데에는 공통된 입장이지만, 구체적인 사안에서는 뚜렷하게 의견을 달리할 때가 많고, 사실상 그 철학적 배경도 다르다. 미국의 환경 담론 역시 이러한 대립 구도 속에서 전개되어 왔다고 볼 수 있는데, 이제 그 사상적 연원을 살펴보기로 한다.

(1) 자연 인식의 양면성: 종교적 관점과 경제적 관점

초기 정착민 시절의 식민지 미국인들에게 있어 미국의 자연은, 이른바 "울부짖는 황야Howling Wilderness"라는 표현에서 볼 수 있듯이, 일차적으로 공포와 야만의 공간이자 종교적 박해로부터의 피난처였다. 이들 청교도들에게 미국의 대자연은 한편으로 신의 의지가 구현되는 초월적 신앙의 대상이면서, 다른 한편으로는 삶을 영위해야 하는 직접적인 공간이었다. 즉, 종교적 대상인 동시에 하나의 현실이었던 것이다.

그런데 이 후자의 측면은 본국인 영국의 경제적 이해관계와 결부되어 급속한 개발로 이어지게 되었고, 특히 신세계 탐험가들의 황금에 대한 집착과 더불어 경제적 효용성의 측면에서 자연을 바라보는 경향이 증가하게 되었다. 하워드 존스Howard M. Jones의 다음과 같은 표현은 이 당시의 분위기를 잘 말해 준다.

> 황금에 대한 탐욕이 도덕과 분별력과 인도주의와 종교를 압도하였다. … 황금에 대한 실제적인 탐욕이 이상주의를 타락시키는 과정을 지켜보는 것은 마치 그리스 비극의 불가피한 진행을 지켜보는 것이나 다름없다.[3]

이처럼 초기 식민지 미국인들에게서 우리는 이미 자연에 대한 두 가지 태도를 확인할 수 있으니, 그 하나는 자연을 지식의 원천이며 현명하고 인자한 하느님이 인간을 깨우치기 위해 만들어 놓은 눈에 보이는 교훈으로 보는 것이고, 다른 하나는 자연을 일종의 사물로, 즉 양식과 부와 힘과 물질적·사회적 안녕의 원천으로 보는 것이다.

---

3. Howard Mumford Jones, *O Strange new world: American culture: the formative years* (New York: Viking Press, 1964), p. 41.

특히 후자에 있어서 자연은 인간의 행복과 이익을 위해 활용되어야 할 대상이 된다. 러셀 나이Russel B. Nye는 이 두 가지 태도를 다음과 같이 요약하고 있다.

> 자연은 효용use과 의미meaning의 양 측면을 가졌다. 그것은 개발되어야 exploited 하는 동시에 관조되어야contemplated 하는 것이었다. 그것은 도구tool이자 상징symbol이었다. 이러한 두 가지 태도가 자연에 대한 미국인들의 반응 양식을 늘 지배해왔다.[4]

> 자연은 미국인에게 있어 여전히 기능function이자 상징symbol이고, 사실fact이자 가치value이며, 도구tool이자 이념idea이다.[5]

(2) 자연의 재발견: 심미적 관점과 과학적 관점

미국의 독립과 더불어 미국인들의 자연관은 크게 변화되었다. 계몽주의와 이신론理神論의 영향으로 자연을 종교적 관점에서 바라보는 태도가 약화되는 대신 미국만이 가진 거대하고 장엄한 자연의 가치에 눈뜨게 되었다. 문명에 때 묻지 않은 야생성의 아름다움을 지니면서 번영과 풍요를 약속하는 무궁무진한 자연에 긍지를 느끼게 되었던 것이다.

한편, '이성의 시대'라는 18세기의 특징인 자연과학 및 기술의 발달은 미국에도 예외 없이 영향을 미쳤다. 과학이 발견한 자연법칙에 따라 더 효율적인 토지 개간이 이루어졌고, 삼림이 벌채되었으며,

---

4. 김용권, 「미국인의 자연관」, 『미국학논집』 13 (한국아메리카학회, 1981), p. 143에서 재인용하여 번역.
5. 위의 글, p. 158에서 재인용하여 번역.

광야에는 길이 뚫려 기차가 다니게 되었다. 과거 '울부짖는 황야'로 불렸던 자연은 프런티어의 확장과 더불어 서서히 '거대한 정원'으로 바뀌어 갔다.

이처럼 18세기의 미국인들이 자연을 바라보는 관점은 한편으로 광대무변한 파노라마 그 자체로서 '현기증 날 정도로' 숭고하고sublime, 아름답고beautiful, 그림 같고picturesque, 장대한magnificent 것이었으며, 다른 한편으로는 (주로 건국의 아버지들을 포함한 이신론자들에게 있어) 과학적이고 질서정연한 체계를 지닌 완전하고 조화로운 기계와 같은 것이었다. 그리고 뒤이어 등장한 과학자들은 자연 속에서 그 형태와 법칙과 예측 가능성을 찾게 되었으며, 자연의 각 분야를 세밀하게 관찰하고 기술해 나가는 가운데 자연이 인간과 신에 관한 지식의 원천임을 다시금 확인하였다. 자연에 대한 이러한 지적, 정신적 관심의 결합은 19세기에 이르러 예술과 철학과 사상을 한데 조화시킨 미국의 낭만주의를 낳게 된다.[6]

(3) 환경 윤리의 대두: 인간중심주의와 초월주의

19세기에 산업화와 더불어 미국의 자연은 이제 본격적으로 파괴되기 시작하였고,[7] 이에 대한 대응으로서 자연보호를 외치는 목소리와 함께 생태적 사유가 태동하게 되었다. 특히 마쉬George P. Marsh는 그의 저서 『인간과 자연Man and Nature』에서 자연 생태계를 훼손하는 인간 문명의 폐해를 설득력 있게 제시하였다.[8] 그의 주장은 후에 생태학

---

6. 위의 글, pp. 144-5.
7. 미국에서 서부 개척이 활발하게 진행되던 이 시대에는 전대미문의 환경 파괴가 자행되고 있었다. 대규모 벌목 사업이 성행하였고, 토지는 보호 대책 없이 남용되고 지력이 떨어지면 그냥 버려졌다. 동물의 수난은 한층 더 심했다. 1850년에 6천만 마리였던 들소가 1890년에는 600마리밖에 남지 않았다.

및 환경 보존론, 그리고 환경보호 운동의 선구로서 높이 평가되기도 하였지만, 환경 보존의 근거를 주로 경제적인 필요와 인간의 복지에 두고 있다는 점에서 인간중심주의적 한계를 지닌다고 지적되기도 하였다. 이런 점에서 생태주의적 자연관의 전범을 보여 준 에머슨Ralph W. Emerson과 소로우Henry D. Thoreau의 등장은 매우 큰 의미를 가진다.

에머슨은 낭만주의 자연관의 대표이자 이른바 '초월주의transcendentalism'[9]의 중심인물이다. 그는 자신의 저서 『자연론Nature』에서, 우주는 자연과 영靈으로 이루어져 있으며, 나와 남, 자연과 인공 이 모든 것이 궁극적으로 하나임을 주장했다. 그는 자신의 강렬한 종교적 체험을 근거로 신과의 영적 결합을 추구했으며, 모든 사람은 창조주의 목적이 담긴 자연의 계시를 통해서 자기 안에 있는 하느님을 만날 수 있다고 하였다.[10]

한편 소로우의 『월든Walden』에서 묘사된 '자연과 하나 되는' 삶은 문명의 온갖 허구와 가식으로부터 (자연의 일부인) 참된 자기를 찾아가는 길을 보여 준다. 다음 글에서 우리는 이러한 그의 통찰을 엿볼 수 있다.

---

8. George P. Marsh, *Man and Nature: Or, Physical Geography As Modified By Human Action* (Cambridge: Harvard UP, 1965) 참조.
9. '초월주의'란 칸트의 초월 철학transcendental philosophy에서 기원한 용어로서, 프랑스 계몽주의의 영향을 받은 일군의 미국 목사들이 당시 형식주의로 흐른 칼뱅주의의 교리(특히 삼위일체설)에 반대하고 일신주의unitarianism를 표방함으로써 비롯되었다. 이들은 인간 이성 능력에 대한 신뢰를 토대로 신학의 여러 문제를 해석하려 하였으며, 상식과 자연적 사실에 어긋나는 성서 구절들은 보편적 지식의 조명 아래 재해석되어야 한다고 주장하였다. 그 결과 종교적 진리의 근원으로서 자연의 중요성을 강조하였다. 이들이 제기했던 문제와 해답은 이후 미국의 종교적, 지적, 문화적 영역에 커다란 영향을 미쳤는데, 종교계에는 후기 일신주의와 자유사상의 강화로, 철학계에는 칸트 사상과 관념론의 심화로, 문단에는 낭만주의와 개인주의의 확대로 나타났다(이상오·정태진, 「미국 초월주의자들의 자연관」, 『논문집』 제5권 (원광대학교, 1983) 참조).
10. 위의 글 참조.

나는 갑자기 대자연 속에, 후드득후드득 떨어지는 빗속에, 또 집 주위의 모든 소리와 모든 경치 속에 너무나도 감미롭고 자애로운 우정이 존재하고 있음을 느꼈다. 그것은 나를 지탱해주는 공기 그 자체처럼 무한하고도 설명할 수 없는 우호적인 감정이었다. (…) 나는 사람들이 황량하고 쓸쓸하다고 하는 장소에서도 나와 친근한 어떤 것이 존재함을 분명히 느꼈다. 나에게 혈연적으로 가장 가깝거나 가장 인간적인 것이 반드시 어떤 인간이거나 어떤 마을 사람이지는 않다는 것을, 그리고 이제부터 어떤 장소도 나에게는 낯선 곳이 되지 않으리라는 것을 분명히 느꼈다.[11]

소로우의 이러한 통찰은 우리에게 환경 윤리의 최종적 과제 해결을 암시해 주고 있다. 왜냐하면 환경문제란 결국 우리 개개인의 생활 습관과 의식을 바꾸는 데에서 그 해결책을 찾을 수밖에 없기 때문이다. 더불어 그가 실천한 선구적인 친환경적 삶은 오늘날의 자급자족적 소규모 공동체 운동의 전범이 되고 있다.[12]

위 두 사람의 사상은 인간중심주의를 넘어선다는 점에서 이후의 환경 윤리 담론에 큰 영향을 미쳤으며, 그들이 보여 준 깊이 있는 정신적, 종교적, 심미적, 예술적 사색은 미국의 후세대에게 많은 영감을 불어넣었다. 또 이들의 높은 이상과 구체적인 실천, 그리고 성실한 기록은 다음 세대에 존 뮤어와 레오폴드의 등장을 가능케 한 모범이 되었다.

---

11. 헨리 데이빗 소로우(강승영 역), 『월든』(이레, 2007), p. 189.
12. 그는 직접 농사를 지으며 다음과 같은 사실을 확인하였다. "사람이 소박한 생활을 하며 자신이 직접 가꾼 농작물만을 먹되 필요한 만큼만 가꾸며, 또한 거두어들인 농작물을 충분치도 않은 양의 호사스러운 기호식품과 바꾸려들지 않는다면 단지 몇 라드[약 25㎡]의 땅만 일구어도 충분히 먹고 살 수 있다"(위의 책, p. 81).

(4) 자연 보존 운동의 대두: 도구적 가치와 본래적 가치

19세기 말 미국에서는 자연 자원과 산림 훼손이 심각해지면서 이를 막기 위해 국립공원이 지정되기 시작했는데, 이 과정에서 전개된 핀쇼Gifford Pinchot와 뮤어John Muir 간의 논쟁은 서로 상반되는 전형적인 자연관을 잘 보여 준다. 전자는 환경이나 자연이 인간의 목적을 위해 유용한 가치, 즉 '도구적 가치instrumental value'를 가진다고 보았던 반면, 후자는 자연이 인간의 목적과 관계없이 그 자체로 의미 있는, 즉 '본래적 가치intrinsic value'를 가진다고 보았다. 요세미티를 탐험하며 쓴 뮤어의 글에서 우리는 이러한 그의 자연관을 엿볼 수 있다.

자연의 아름다움이 갖는 위력은 얼마나 놀라운 것인가! 경외감에 젖어 바라보면서 그것을 위해서는 모든 것을 버릴 수 있을 것 같다는 생각이 들었다. 그 형태와 바위, 식물, 동물, 그리고 멋진 기후를 만들어 낸 힘이 무엇인지를 추적하는 것이 나에게는 끝없이 즐거운 일일 것이다. 인간의 사고를 초월하는 아름다움이 저 아래, 위, 어디에나 창조되어 있었고 영원히 창조되고 있었다. (…) 이제 우리는 산 속에 있고 산은 우리 안에 있어 우리의 땀구멍 하나, 세포 하나하나를 채워 열정을 불러일으키고 모든 신경을 전율케 했다. 살과 뼈로 된 우리 육신의 장막은 유리처럼 투명하게 우리 주변의 아름다움을 비춰 주었다. 마치 우리가 아름다움과 떼려야 뗄 수 없는 한 부분이 된 듯 공기와 나무, 개울과 바위와 더불어 햇빛을 받으며 전율했다. 이 모든 것들이 자연의 일부로서 늙지도 젊지도 않고, 아프지도 건강하지도 않으며 영원불멸한 듯 했다.[13]

---

13. 존 뮤어(김원중·이영현 역), 『나의 첫 여름』(사이언스북스, 2008), pp. 19-21.

위 두 사람의 입장은 다음과 같이 요약할 수 있다. 핀쇼에 따르면, 자연은 공공의 최대 이익을 위해 지배되고 관리되어야 하며, 이 경우의 보존은 "conservation"을 의미한다. 뮤어에 따르면, 자연은 신성한 것으로서 그 자체를 위해서 보호되고 보존되어야 하며, 이 경우의 보존은 "preservation"을 의미한다.[14]

20세기 전반기의 자연 보존 운동은 핀쇼의 주도 아래 이루어졌으므로 자연히 자연의 편익commodity 측면이 강조되었고, 과학적 관리scientific management를 통해서 지금까지의 자연 자원의 낭비와 훼손을 최소화함으로써 자연 자원의 능률적 사용을 목표로 삼았다. 반면, 20세기 중반기의 자연 보존 운동은 존 뮤어 계열의 사상을 계승한 듯하다. 우선 용어부터 "conservation" 대신에 "environment"(환경) 또는 "ecology"(생태)가 자주 등장한다. 전반기의 과학적 보존론자들이 믿었던 것과는 달리, 미국의 자원이 고갈되어 가고 있다는 것과 지구가 유한하다는 사실을 깨닫기 시작한 점도 이러한 흐름에 일조한 듯하다. 이러한 생태주의적 자각은 레오폴드의 대지 윤리로 이어졌다.

(5) 생태 중심주의의 대두: 대지 윤리

1949년 레오폴드Aldo Leopold의 『샌드 카운티 연감A Sand County Almanac』에서 주장된 대지 윤리land ethic는 미국인의 자연관과 환경 윤리 담론에 있어서 하나의 획을 긋는 개념이라 할 수 있다. 여기서의 핵심적인 통찰은 탈인간중심적 윤리인데, 말하자면 대지는 한낱 자원이 아니라 인간도 그 부분으로 포함되어 있는 '생명 공동체biotic community'

---

14. 이런 이유로 어떤 학자들은 전자(conservation)를 '보존保存'으로, 후자(preservation)를 '보전保全'으로 번역함으로써 양자를 구별하기도 한다(J. Passmore, *Man's Responsibility for Nature*(New York: Scribner's, 1974), p. 73; 진교훈, 『환경윤리』(민음사, 1998), pp. 47-8 참조).

라는 것이며, 그렇기 때문에 흙, 물, 식물, 동물, 인간까지 포괄하는 자연 전체가 윤리적 고려의 대상이 되어야 한다는 것이다. 이러한 생태 중심적인 관점에서 볼 때, 자연은 인간의 이해관계와는 상관없이 그 자체로 본래적인 가치를 지닐 뿐만 아니라 자신의 고유한 법칙에 따라 움직이는 독자적인 생명체이다. 따라서 우리는 자연을 함부로 대해서는 안 되며, 겸손한 마음과 더불어 존경과 사랑으로 대해야 하는 것이다.

레오폴드의 다음과 같은 언급은 마치 우리에게 하나의 탈인간중심적 윤리, 전체론적 윤리의 출현을 선포하는 것처럼 들린다.

> 대지윤리는 인류의 역할을 대지 공동체의 정복자에서 그것의 평범한 구성원이자 시민으로 변화시킨다. 대지윤리는 인류의 동료 구성원에 대한 존중, 그리고 공동체에 대한 존중을 필연적으로 요청한다. … 인간이 사실상 생명 공동체의 한 구성원에 지나지 않는다는 것은 역사를 생태학적으로 해석해보면 알 수 있다. 지금까지 인간의 활동으로서만 설명되어온 많은 역사적 사건들은 실제로는 사람과 땅의 생명적 상호작용이었다.[15]

> 바람직한 대지 이용을 오직 경제적 문제로만 생각하지 말라. 모든 물음을 경제적으로 무엇이 유리한가의 관점뿐만 아니라 윤리적, 심미적으로 무엇이 옳은가의 관점에서도 검토하라. 생명 공동체의 통합성과 안정성 그리고 아름다움의 보전에 이바지한다면 그것은 옳다. 그렇지 않다면 그것은 그르다.[16]

---

15. 알도 레오폴드(송명규 역), 『모래 군의 열두 달』(따님, 2006), p. 247.
16. 위의 책, p. 267.

(6) 미국의 환경 윤리 담론을 이끌어온 정신

이제까지 살펴보았듯이, 미국의 환경 윤리 담론은 상이한 두 가지 세계관 또는 자연관의 대립 및 절충 과정이라 할 수 있다. 하지만 환경 윤리의 미래, 즉 과제 해결이라는 관점에서 볼 때, 미국의 환경 윤리를 이끌어 온, 그리고 이끌어 갈 정신은 단연 종교적, 심미적 자연관에서 찾을 수밖에 없다. 왜냐하면 있는 그대로의 자연에 본래적 가치를 부여하지 않은 채 인간의 세속적 목적에 오염된 눈으로 자연을 바라보는 한, 자연 파괴는 피할 길이 없기 때문이다. 다시 말해서, 우리는 가언적 차원의 윤리가 아니라 정언적 차원의 윤리를 필요로 하는 것이다.

'이미 설정된 어떤 목적을 효율적으로 달성하기 위하여 요구되는 윤리'를 가언적hypothetical 차원의 윤리라 한다면, 이러한 수단적 가치의 차원을 넘어 '그 자체가 목적으로서 무조건적으로 요구되는 윤리'를 정언적categorical 차원의 윤리라 부를 수 있을 것이다. 그런데 환경 윤리에서 우리가 지향해야 할 윤리는 바로 정언적 차원의 윤리이다. 그것은 인간의 복지나 삶의 풍요와 같은 목적을 달성하기 위한 전략적 지침으로서의 윤리가 아니라, 다른 가치와 비교할 수 없는 절대적 가치와 관련된 윤리이다. 만일 윤리가 절대적 가치에 근거하지 않고 오로지 상대적 차원에서 논의된다면, 그것은 언제나 특정한 개인이나 특정한 집단의 이익, 혹은 비인도적인 목적을 위한 전략적 지침의 차원으로 떨어질 위험성을 안게 된다. 우리가 환경 윤리에서 자연의 본래적 가치를 인정하고 거기에 근거한 정언적 차원의 윤리를 지향해야 하는 것은 바로 이런 이유 때문이다.

미국 환경 윤리 담론의 뿌리를 우리는, 바로 이러한 윤리를 지향하면서 사색과 실천을 통해 다음 세대에까지 강력한 영향을 미친 소로

우, 뮤어, 레오폴드의 계보를 잇는 정신 속에서 찾아볼 수 있다. 사실 미국만큼 자본주의가 발달하고 과학기술을 통한 작위의 문명이 득세한 곳이 없음을 감안할 때, 그래도 오늘날까지 가장 활발한 환경 윤리 담론이 바로 미국에서 전개되어 왔고, 또 국립공원 제도와 같은 선구적인 환경 운동도 미국에서 시작되었다는 것은 그것을 가능케 한 어떤 이상주의적 정신을 전제하지 않고는 설명하기 힘들 것이다.[17] 이제 다음 절에서는 이러한 정신적 유산이 오늘날 어떻게 펼쳐지고 있는지를 알아보기 위해 레오폴드 이후의 현대 환경 윤리 담론을 살펴보고자 한다.

2. 현대 미국 환경 윤리 담론의 주요 이슈와 쟁점들

1절에서 20세기 중반까지의 미국 환경 윤리 담론을 시대 순으로 조망해 보았다면, 여기서는 현대 미국 환경 윤리 담론의 주요 이슈와 핵심 쟁점들을 비교함으로써 그 현주소를 확인해 보고자 한다.

---

[17] 한 조사 결과(1990년 갤럽 여론조사)에 의하면, 미국인의 90% 정도가 스스로를 환경주의자라고 생각하고 있다고 한다. 또 1999년 한국 대학생과 미국 대학생들의 환경 의식을 비교 조사한 한 연구에 의하면, 미국 학생들이 한국 학생들에 비해 10가지의 환경문제(대기 오염, 지구 온난화, 오존층 파괴, 쓰레기 처리, 생물 종 다양성, 산림 파괴, 외래종 유입, 살충제 오염, 토양 손실, 식수 오염) 모두를 더 심각하게 느끼고 있는 것으로 나타났으며, 환경문제 해결을 위한 참여 의사도 더 높은 것으로 나타났다. 또 다른 조사에서도 미국 학생들의 환경 의식은 다른 10개국 학생들의 환경 의식보다 높았다(이재영, 「한·미 대학생의 환경 인식 및 태도에 대한 비교 연구」, 『환경교육』 13권 1호(한국환경교육학회, 2000) 참조).

(1) 인간중심주의에서 탈인간중심주의로

현대 환경 윤리 논의의 흐름은 대체로 인간중심주의anthropocentrism에서 탈인간중심주의non-anthropocentrism로, 개체론individualism에서 전체론holism으로의 방향을 취하고 있다.

탈인간중심주의적 접근이 대두하게 된 것은, 오늘날의 환경 위기를 극복하는 데 인간중심주의적 접근으로는 근본적으로 한계가 있다고 보았기 때문이다.

인간중심주의란, 우주에서 차지하는 지위에 있어서 인간을 다른 존재들보다 우위에 두는 입장이다. 이 입장에서는 오직 인간의 이익이나 행·불행만을 도덕적인 고려의 대상으로 삼는다. 다른 종이나 개체는 도덕적 고려 대상이 아니다. 다시 말해서, 인간적 특성에 대해서만 어떤 내재적 가치를 인정하는 것이다. 만일 다른 종이나 개체를 고려한다면, 그것은 그 종이나 개체가 인간의 이익과 행복을 위해 도구적인 가치를 가지기 때문이다. 그러므로 인간 이외의 존재나 환경에 대한 인간의 책임은 단지 간접적이다.

인간중심주의적 입장에서 볼 때, 인간은 자연을 초월하는 도덕적 주체이기 때문에, 자연환경에 대한 도덕적 의무도 인간의 이익에 의해 결정된다. 말하자면, 인간의 궁극적 이익, 즉 그의 생존과 번영이 좋은 공기와 물과 음식에 의존하고 있고 생태계의 오염은 이를 위협하므로 도덕적으로 승인될 수 없다는 논리이다.

그런데 오늘날의 환경 위기가 초래된 원인을 분석한 많은 환경론자들은 환경에 대한 인간중심주의적 접근의 한계에 주목하기 시작하였다. 환경 위기의 원인에 대해서는 여러 가지 의견이 있을 수 있지만, 대체로 산업혁명의 결과로 나타난 과도한 인구 증가, 도시화, 산업화가 주된 요인이라는 것에 많은 이들은 공통된 인식을 보이고 있다. 특히 자본주의 경제체제가 현대사회의 일반적인 삶의 양식으로 정착되면서, 이로부터 오늘날과 같은 환경 위기가 초래되었다는 데에는 이론의 여지가 없다. 이러한 자본주의적 삶의 양식은 모든 것을 인간 삶의 물질적 풍요와 경제적 이익의 극대화를 위한 수단으로 여기는 사고방식, 즉 철저히 인간중심적, 물질주의적, 쾌락주의적, 피상적 사고방식을 조장할 뿐이기 때문에, 이러한 생활 방식과 사고방식으로는 근본적으로 오늘날의 환경 위기를 극복할 수 없다는 자각이 일어났던 것이다.

탈인간중심주의란, 인간중심주의와 달리, 인간이 우주에서 차지하는 지위에 관하여 어떤 우위도 인정하지 않는 입장이다. 탈인간중심주의적 관점에서 볼 때, 인간은 생태계 전체의 한 부분에 지나지 않는다. 따라서 인간이 아닌 다른 생명체를 도구적 가치의 관점에서 바라보는 태도를 지양하고 각 생명체의 고유한 가치를 인정한다. 예컨대 동물과 식물에게도 도덕적 지위를 부여한다. 이는 이제까지 인간에게만 적용해 오던 표준적인 도덕을 수정하여 그 적용 대상을 확대함을 의미한다. 그리고 특히 환경문제의 근본적 해결을 위해서 과학적이고 제도적인 해결과 병행하여 우리의 인간중심적인 가치관과 자연관이 변해야 함을 강조한다.[18]

(2) 개체론에서 전체론으로

탈인간중심주의는 다시 개체론과 전체론으로 구분된다. 개체론적 환경 윤리는 자연을 구성하는 개별 유기체인 동물이나 식물 또는 생명체에 도덕적 지위나 고유한 권리 또는 내재적인 가치를 인정하는

---

18. 조석영, 「심층 생태주의 환경 윤리학에서 인간과 자연간의 관계에 관한 연구」(박사학위논문, 서울대학교 대학원, 2005), pp. 19-22 참조.

입장이며, 전체론적 환경 윤리는 종이나 생명 공동체 그리고 공기, 물, 흙까지도 포괄하는 상위 체계 전체로서의 자연에 고유한 가치 또는 내재적 가치가 있다고 보는 입장이다.

개체론은 다시 감각 중심주의sentientism와 생명 중심주의biocentrism로 나누어질 수 있다.

감각 중심주의. 감각 중심주의는 '감각을 지닌sentient' 모든 존재를 도덕적으로 배려해야 한다는 입장이다. 이에 따르면, 인간뿐만 아니라 감각을 지닌 동물들도 내재적 가치를 지닌다. 감각 중심주의의 대표적인 형태는 '동물의 고통을 최소화시키자'는 주장으로 나타났다. 동물도 고통에 대한 감수성이 있으므로 가능한 한 동물들에게 고통을 주어서는 안 된다는 것이다. 이러한 입장의 선구로서는 영국의 공리주의, 쇼펜하우어Arthur Schopenhauer의 '동정심의 윤리,' 슈바이처Albert Schweitzer의 생명 존중 사상 등을 들 수 있는데, 이는 오늘날 동물 보호 이념을 확산시키는 데 기여하였다. "문제는 동물들이 이성을 가지고 있는가, 그들이 말을 할 수 있는가가 아니라, 그들이 고통을 느끼는가이다"[19]라는 벤담J. Bentham의 선구적 문제의식을 시작으로, 감각을 지닌 동물들을 고통에서 해방시키는 일은 공리주의의 과제 중 하나가 되었다.

현대에 와서 동물과 다른 생명체의 도덕적 지위에 관한 논의는 조엘 파인버그J. Feinberg에 의해 이루어졌고,[20] 피터 싱어Peter Singer도 '모

---
19. Jeremy Bentham, *An Introduction to the Principles of Morals and Legislation* (New York: Hafner Publishing Company, 1948), Chap. XVII, Part I, note.
20. Joel Feinberg, "The Right of Animal and Unborn Generations," W. Blackstone (ed.), *Philosophy and Environmental Crisis* (University of Georgia Press, 1974), pp. 43-68. 파인버그는 동물 개체들이 자기 고유의 이익을 갖기 때문에 권리를 소유할 수 있고, 따라서 우리는 동물들을 함부로 다루면 안 된다고 주장했다. 그러나 그의 논의는 동물에 국한하여 이루어졌다. 식물은 이익을 갖지 않기 때문에 권리를 갖지 못하며, 따라서 도덕적으로 고려하지 않

든 이익interests은 누구의 것이든 동등하게 고려되어야 한다'는 기본 전제로부터 '동물 해방'을 외쳤다.²¹

생명 중심주의. 생명 중심주의는 감각 중심주의보다 더욱 생태 중심적인 관점을 취한다. 이에 따르면, 고통이나 감각의 문제를 넘어서서 한 생명체가 감각을 갖고 있건 갖고 있지 않건 간에 그 생명체를 도덕적으로 배려해야 하며, 모든 살아 있는 생명은 그 자체로 고유한 가치를 가진다. 생명 중심주의 윤리의 전형을 보여 준 사람은 '생명에의 외경'을 외쳤던 슈바이처이다. 그는 "나는 살려고 애쓰는 생명체들 속에서 살려고 애쓰는 생명체"라는 사실을 자각하는 것이 중요하다고 말하면서, 윤리란 바로 여기서 출발하는 것이라고 하였다.²² 그에게 있어 생명은 단순히 '가치중립적인' 것이 아니며, 그 자체 선으로서 무조건 존중 받을 가치가 있는 것이었다.

슈바이처보다 더욱 체계적으로 생명 중심주의 윤리를 발전시킨 사람은 테일러Paul Taylor이다. 그에 따르면, 모든 생명체는 인간의 필요와 관계없이 고유한 가치를 지니고 있다. 그것은 각 생명체가 '목적론적 삶의 중심teleological center of life'이기 때문이다. '목적론적 삶의 중심'이란, 아무리 미물이라 할지라도 생명체는 자기의 생존을 유지하고, 성장하고, 종을 재생산하려는 목적을 추구하며, 이를 위해 끊임없이 변화하는 환경에 적응하려 애쓰는 존재라는 뜻이다. 여기서 생

아도 된다고 보았다.
21. 피터 싱어(김성한 역), 『동물해방』(인간사랑, 1999), 제1장 참조. 피터 싱어는 위의 벤담의 문장을 인용하면서, 쾌락과 고통을 경험할 수 있는 각 동물의 이익도 각 인간의 이익과 똑같이 고려되어야 한다고 주장하였다. 그는 현대 공리주의 중에서도 이른바 '선호 공리주의preference utilitarianism'에 속하는데, 벤담이 제시한 '쾌고 감수 능력'을 도덕적 배려의 기준으로 제시했다는 점에서 '감각 중심주의적 접근'의 입장에 속한다고 볼 수 있다.
22. Albert Schweitzer, *Aus meinem Leben und Denken* (Frankfurt a.m./Hamburg: Fischer, 1958), pp. 133-4.

명체가 지니는 생명의 가치는 일종의 '내재적inherent' 가치로서, 이는 인간에 의해 부여되는 가치가 아니라 스스로 지니는 가치이다. 테일러의 생명 중심적 관점은 다음과 같은 네 가지 핵심적 신념으로 구성되어 있다. 첫째, 인간은 다른 생명체와 똑같은 이유로 지구 공동체의 구성원이다. 둘째, 인간을 포함하여 모든 종은 상호 의존적 체계의 일부이다. 셋째, 모든 생명체는 자기 고유의 방식으로 자기 고유의 선을 추구한다. 넷째, 인간이 다른 생명체보다 본래적으로 더 우월한 것은 아니다.[23]

이렇게 윤리적 고려의 범위가 점차 확대되어 가는 탈인간중심주의적 담론의 추세는 이제 전체론으로 연결된다.

전체론. 전체론적 윤리holistic ethics는 인간은 개체가 아닌 개체들의 집합 혹은 관계에 대해 도덕적 책임을 지닌다고 보는 입장이다. 이 입장은 탈인간중심적이면서 동시에 도덕적 고려의 대상을 동식물이나 생명을 가진 개별 존재를 넘어 무생물, 종, 군집, 관계, 생태계 전체에로 확대하고 그것들에 대해 도덕적 지위를 부여하고자 한다.

전체론의 원조는 생태계 전체를 도덕적 고려의 대상으로 삼은 레오폴드이다. 그는 지구상에 존재하는 개별 생명체들은 상호 의존적인 부분들로 이루어진 생태계의 구성원이기 때문에 어느 한 부분을 제거하면 전체가 무너진다고 지적하면서, 이러한 관점에 따라 생명 공동체의 경계를 확장시켜 인간과 동식물뿐만 아니라 집합적으로 대지the land까지 포함시키는 대지 윤리를 주장하였다. 이러한 레오폴드의 입장은 오늘날 캘리코트Baird Callicott에게 계승되어 더욱 체계적인 이론으로 발전하였다.

---

23. Paul Taylor, *Respect for Nature* (Princeton, N. J.: Princeton University Press, 1986), Chap. 3 참조.

오늘날 미국의 환경 윤리학계에서 가장 주목받는 학자 중 하나인 캘리코트는 소로우, 뮤어, 레오폴드의 맥을 잇는 인물이라 할 수 있지만, 전통적인 전체론의 입장을 고수했던 그의 초기 사상에 대해서는 비판적 견해도 없지 않았다. 대표적인 것이 레건Tom Regan의 비판인데, 그 요지는 캘리코트의 입장이 '환경 파시즘environmental fascism' 또는 '생태 파시즘eco-fascism'을 함의한다는 것이다. 즉, 캘리코트의 전체론적 입장에 따르면 환경 파괴의 원흉은 다름 아닌 인간이 되므로, 결국 그의 입장은 생태계 보호를 위한 '대량적인 인간 사냥'을 함의하는 게 아니냐는 비판이다.[24]

캘리코트의 후기 입장, 즉 수정된 전체론에 대해서는 뒤에 다시 논하기로 한다.

심층 생태주의. 탈인간중심적 접근으로서 중요한 또 하나의 흐름은 심층 생태주의deep ecology이다. '생태주의'라는 표현을 만들었을 뿐만 아니라, 환경 윤리를 하나의 학적 담론으로 이끈 인물은 노르웨이의 네스Arne Naess이다. 그의 핵심적 주장은 '생명 평등주의'와 '큰 자아실현'이다. '생태계에 존재하는 모든 것들은 자기를 실현할 평등한 권리를 가진다'는 생명 평등주의의 실천은 큰 자아실현이라는 윤리적 강령을 통해 가능하다는 것이 그 요지이다.[25] 이는 '모든 생명은 근본적으로 하나다'라는 깨달음의 표현이며, 동양의 노장사상과 불교 사상, 그리고 인도 사상에서 영향을 받았다. 심층 생태주의가 환경 윤리 담론에서 가지는 힘은, 우리가 오늘날의 환경 위기를 극복하기 위해서는 개인적·사회적 관행을 바꾸는 정도로는 부족하고

---

24. Tom Regan, *The Case for Animal Rights* (Berkeley: University of California Press, 1983), pp. 261-2.
25. Arne Naess, "The Shallow and Deep, Long-range Ecology Movement: A Summary," *Inquiry* 16 (1973), pp. 95-100.

우리의 세계관이 근본적으로 바뀌어야 한다는 철학적 통찰에 근거하고 있다는 점이다.

　인간중심주의의 부활. 위에서 살펴본 바와 같이, 생태 중심주의적, 전체론적 접근에 대해서는 환경 파시즘이라는 등의 비판이 제기되었으며, 이를 계기로 인간중심주의에 대한 새로운 해석이 등장했다. 인간중심주의 진영을 대표하는 인물은 노턴Brian Norton이다. 그는 환경 윤리가 반드시 탈인간중심주의적 성격을 가질 필요는 없다고 지적하면서, 일단 인간중심주의를 '강한strong' 인간중심주의와 '약한weak' 인간중심주의로 구분한 다음, 전자를 비판하고 후자의 입장을 옹호한다. 그는 강한 인간중심주의로는 환경 보전의 과제를 해결할 수 없다고 본다. 왜냐하면 거기서는 자연이 인간의 선호를 만족시켜 주는 한에서만 가치를 가지므로 인간의 필요에 따라 언제든 개발될 가능성이 있기 때문이다. 반면, 약한 인간중심주의는 '감정적 선호felt preference'가 아닌 '심사숙고된 선호considered preference'에 의해 이성적으로 채택된 세계관에 입각해 있다. 또 이 세계관은 이성적 숙고를 거친 미학적·도덕적 이상들을 포함하고 있어서, 이에 따라 사는 사람은 자연을 착취하는 삶이 아니라 자연과 조화되는 삶을 추구하게 된다. 이는 자연 보전이라는 목표를 달성하는 데 있어 결과적으로 탈인간중심주의와 별로 차이가 없다. 따라서 우리는 굳이 부담스러운 탈인간중심적 가치론을 수용할 필요가 없는 것이다. 이처럼 노턴은 일종의 '실용주의적pragmatic' 논변을 전개하였다.[26]
　다음 글은 탈인간중심주의를 겨냥한 인간중심주의 진영의 반박 논지를 잘 말해 준다.

---
26. Brian Norton, "Environmental Ethics and Weak Anthropocentrism," in: A. Light & H. Rolston III (ed.), *Environmental Ethics: An Anthology* (Blackwell, 2003), pp. 163-5.

생태주의적 전체론은 인간 주체성의 문제를 묵살하고 있다. 이 점에서 전체론의 입장은 윤리적 차원에서는 지탱될 수가 없다. 이 입장은 생태계를 왜 지켜야 하는지에 대해서는 잘 설명해주고 있지만, 그것을 누가 지키느냐의 문제에는 침묵할 수밖에 없고, 설령 대답을 한다 하더라도 비논리적인 대답만 할 수 있을 뿐이다. 생태계를 지키는 책임은 메뚜기라든지 에이즈 바이러스가 아닌 인간이 짊어질 수밖에 없고, 인간의 주체성을 전제로 하지 않을 수 없다. 따라서 인간이 메뚜기나 에이즈 바이러스와는 다른 존재 범주(의식하고 책임을 질 수 있는 주체로서의 존재)에 속한다는 것을 전제로 하지 않으면 안 된다. 그런데도 생태주의적 전체론은 모든 살아 있는 존재가 같은 존재 범주에 속한다고 전제한다. 그렇지 않으면 전체 존재가 개개의 존재에 우선한다는 기본 입장을 정당화할 수 없기 때문이다.

 그리하여 생태적 전체론의 중심에는 본질적인 모순이 존재할 수밖에 없다. 그것은 비도덕적인 동시에 비논리적이다. 인간을 비 주체의 수준으로 격하(심지어 제거)시킬 것을 내포하므로 비도덕적이며, 인간 스스로 자신의 지위를 격하시킴과 동시에 책임을 져야 한다는 것을 내포하기 때문에 비논리적이다. … 다시 말해서 인간은 아무 것도 해서는 안 된다는 결론이다…. 그게 아니라면 주체로서 상황을 개선하기 위해 책임감 있게 행동해야 한다![27]

그렇다면 우리는, 환경 윤리에서 인간중심주의를 취할 때의 인간이란 환경 보존을 위해 책임 있게 행동하는 것이 다른 어떤 존재가 아닌 바로 '인간'에게 요구된다는 점에서 인간중심주의라는 표현을 사용하는 것이라고 이해하는 편이 적절할지도 모른다. 이런 맥락에서 볼 때, 생태 중심주의가 주장하는 것 또한, 인간만이 아니라 모든

---

27. 오귀스탱 베르크(김주경 역), 『대지에서 인간으로 산다는 것』(미다스북, 2001), pp. 78-9.

동물에 대해서도 윤리적 배려를 해야 한다는 것일 뿐, 인간과 동물을 똑같이 대우해야 한다는 것은 아닐 것이다. 즉, 인간 이외의 모든 생명에 대해서도 가능한 한 그들을 존중하고 배려하자는 취지로 이해하는 편이 적절하다는 것이다.

탈인간중심주의의 재반론. 한편 캘리코트는 위와 같은 노턴의 순화된 인간중심주의 논변에 대해 다시 반론을 전개한다. 자연의 본래적 가치를 인정하는 것이 자연 보존 그 자체를 위해서도 매우 중요하다는 것이다. 그는 인간중심주의에만 근거한 자연보호 정책은 아무래도 그 힘과 범위에 있어서 한계를 가질 수밖에 없다고 주장하면서 본래적 가치를 인정하는 것의 실천적 효력을 역설한다. 그리고 자연의 본래적 가치를 인권 개념에 비유한다. 인권의 개념이 원래 실재하는 것이 아니라 단지 근대 철학자들에 의해 창조된 허구적 개념임에도 불구하고, 또 그것이 천부적인 것인지 신으로부터 주어진 것인지 사회계약의 산물인지에 관한 논란이 아직도 분분함에도 불구하고, 현실 역사 속에서 실제로 힘을 발휘해 왔다는 것이다. 마찬가지로 어떤 속성이 자연의 본래적 가치를 정당화하거나 정초하는지, 어떤 자연물이 본래적 가치를 소유하고 어떤 자연물은 그렇지 않은지, 그리고 본래적 가치가 객관적으로 존재하는 속성인지 아니면 주관적으로 부여되지만 도구적 가치에 반대되는 것으로 소극적으로 정의되는 속성인지에 대한 논의들이 아직도 분분함에도 불구하고, 현실적으로 상당한 실용주의적 효과를 나타내고 있다는 것이다.[28] 그의 주장은 다음과 같이 이어진다.

---

28. Baird Callicott, "The Pragmatic Power and Promise of Theoretical Environmental Ethics: Forging a New Discourse" in: *Environmental Values* 11 (Cambridge: The White Horse Press, 2002), pp. 3-25.

1948년 유엔에 의해 채택된 세계인권선언이 정부의 사회정책과 실천에 커다란 영향을 미쳤듯이, 미래를 위해 유엔총회에서 채택된 자연의 본래적 가치에 대한 보편 선언인 '지구헌장Earth Charter' 역시 정부의 환경정책과 실천에 커다란 영향을 줄 수 있다는 점을 부인하지 못할 것이다.[29]

우리가 1절의 끝 부분에서 정언적 차원의 윤리가 가지는 의미를 검토할 때 이미 보았듯이, 본래적 가치 평가와 비본래적 가치 평가를 구분하는 일은 윤리적 담론에서 매우 중요한 의미를 가진다. 그렇기 때문에 우리가 본래적 가치라는 개념을 포기할 경우, 우리는 도덕적 삶에서 많은 것을 잃게 된다. 만일 우리가 본래적 가치를 지닌 것은 아무것도 없다는 것에 동의하게 된다면, 이러한 종류의 본래적 가치 평가는 어떤 것도 정당화될 수 없다. 그래서 자연의 본래적 가치를 주장하는 환경 윤리학자들은 우리가 인간 세계에서 대상들을 대하는 것과 똑같이 인간 이외의 자연 세계의 대상들에 대해서도 본래적인 가치 평가의 태도를 취할 수 있고 또 취해야 한다고 주장한다. 다시 말해서, 때로는 자연 세계의 대상에 대해 그것을 경외, 존중, 존경, 사랑의 적절한 대상으로 생각할 수 있어야 하고 또 그렇게 생각해야 한다는 것이다. "우리가 오늘날 직면하고 있는 환경 문제들은 근본적으로 과학적인 문제가 아니다. 환경 위기는 인간 마음의 위기다"라는 말은 이들 환경 윤리학자의 입장을 단적으로 표현해 준다.[30]

한편, 캘리코트는 1980년대 후반부터 기존 전체론의 약점을 극복하기 위해 진화론과 사회생물학에 기초하여 수정된 전체론을 전개하는 동시에, 흄의 전통을 이어받아 윤리에 있어서 느낌, 태도, 성

---
29. 위의 글, p. 16.
30. 김완구, 「환경의 본래적 가치에 대한 비판과 옹호 논의」, 『환경철학』 제6집(한국환경철학회, 2007), pp. 155-6.

향, 애정이라 부르는 인간의 도덕감moral sentiment을 중시하게 된다. 이처럼 수정된 전체론에 따르면, 생명 공동체는 더 이상 도덕의 중심이 아니며, 생명 공동체의 통합성, 안정성, 아름다움만이 선의 기준도 아니다. 마치 동심원을 그려나가듯이 인간 공동체가 가장 중심에 놓여 있고, 그 다음에 인간과 가축이나 재배식물들로 구성된 '보금자리 공동체nested community'인 혼합 공동체가 있으며, 그 너머에 생명 공동체(야생 생태계와 종 공동체)가 존재하는 것이다. 이는 말하자면 친소 관계에 따른 일종의 우선순위를 인정하는 셈이다.[31]

이어서 그는 ("생명 공동체의 통합성, 안정성, 아름다움을 보전하라"와 같은) 윤리의 일차적 원리들이 서로 충돌할 경우 원리들 사이의 우선성을 인정하는 이차적 원리를 제시한다. 첫 번째 이차적 원리는 자신과 친숙한 공동체에 대한 의무가 그렇지 않은 공동체에 대한 의무에 선행한다는 것이고, 두 번째 이차적 원리는 강한 이익 관심에 의해 생기는 의무가 약한 이익 관심에 의해 생기는 의무에 선행한다는 것이다. 예컨대 자기 자식에 대한 의무가 다른 아이들에 대한 의무에 선행한다는 것이다.[32]

요약하자면, 캘리코트는 기본적으로 전체론의 입장을 지키되, 무차별적으로 생명 공동체의 보전을 추구하는 것이 아니라 인간의 권리와 자연의 다른 존재들의 이익 관심을 고려하는 수정된 전체론을 전개했다고 할 수 있다.[33]

---

31. Baird Callicott, *In Defence of the Land Ethic: Essays in Environmental Philosophy* (Albany: State University of New York Press, 1989), pp. 58-9.
32. Baird Callicott, *Beyond the Land Ethic: Moral Essays in Environmental Philosophy* (New York: State University of New York, 1999), pp. 72-3.
33. 노희정, 「생태계의 본래적 가치와 환경 파시즘」, 『환경철학』 제2집(한국환경철학회, 2003), pp. 39-62 참조.

3. 미국 환경 윤리의 과제

　이제까지 우리는 1절에서 미국 환경 윤리 담론의 전반적 흐름을 두 가지 대립적 관점(자연관), 즉 경제적 관점과 종교적 관점, 과학적 관점과 심미적 관점, 인간중심주의와 초월주의, 도구적 가치와 본래적 가치 사이의 착종과 조화라는 틀을 통해 조명해 보았다. 여기서 알 수 있었던 것은 겉보기에 평행선을 달리는 것 같은 대립적 담론의 흐름 속에서도 현대 미국 환경 윤리 논의에 추동력을 부여하는 강력한 이상주의적 전통이 있으며, 우리는 이를 소로우, 뮤어, 레오폴드의 계보를 잇는 정신 속에서 찾아볼 수 있다는 점이다. 그리고 이러한 전통은 20세기 중후반 레이첼 카슨 등의 저술 활동을 통해 대중적 호소력을 갖게 됨으로써 본격적인 환경 운동으로 전개될 수 있었다.[34] 이처럼 자연의 조화와 신비에 대해 경외감을 느낄 줄 아는 감수성, 그리고 자연 그 자체에 본래적이고 무조건적인 가치를 부여하는 정언적 환경 윤리의 존재야말로 우리에게 아직도 희망이 남아 있음을 보여 주는 메시지라 할 것이다.

　이어서 2절에서는 레오폴드의 탈인간중심적, 전체론적 환경 윤리가 등장한 이후의 미국 환경 윤리 담론의 추세를 살펴보았다. 처음에 탈인간중심주의는 개체론인 감각 중심주의와 생명 중심주의를 거쳐 전체론으로 진행하였고, 이어서 전체론의 문제점을 비판하는 가운데 수정된 형태의 인간중심주의가 대두하였으며, 이에 대해 다시 수정된 전체론이 등장하는 과정을 살펴보았다. 그리고 이러한 일련의 논쟁 과정을 통해 초기의 거친 인간중심주의와 탈인간중심주의 및 전

---

[34]. 레이첼 카슨의 저술 활동과 관련된 내용은 다음 장(제8장) 1절 참조.

체론의 논지가 점차 순화되고 절충되어 가는 것을 확인할 수 있었다.

끝으로 한 가지 생각해 볼 점은 환경 윤리의 미래에 대한 전망이다. 우리가 이제까지 미국의 환경 윤리 담론을 살펴본 이유는 다른 여느 분야와 마찬가지로 환경 분야에서도 미국의 행보가 앞으로의 우리 전체 운명에 커다란 영향을 미칠 것이라 생각되기 때문이다. 미우나 고우나 현재 가장 큰 힘과 영향력을 가진 나라가 바로 미국이기 때문이다. 최근의 (2010년) 영화 〈아바타 Avatar〉에서 볼 수 있듯이, 아무리 자연과의 영적 조화를 지향하는 수준 높은 이상주의라 할지라도 현실적으로 가장 힘센 주체를 움직이지 못한다면, 결국 우리에게 미래는 없는 것인지도 모른다. 이것이 우리가 미국에 관심을 갖지 않을 수 없는 이유이다.[35]

---

[35]. 그렇다면 실제 미국인들의 환경 윤리 의식은 어떤 수준에 놓여 있을까? 아래에서 필자가 환경에 대한 관심을 가지고 미국 현지를 둘러보는 가운데 확인한 몇 가지 사실 및 느낌들을 간단히 소개하고자 한다.

환경에 대한 미국 대중들의 의식은 매우 복합적이다. 미국인들의 자연관, 즉 환경의식의 독특함은 우선 그 자연의 광대함에서 오는 듯하다. 레비 B.-H. Levy와 같은 유럽인이 보기에 미국인들은 "자연을 다스리지도, 소유하지도, 길들이지도 않으며, 단지 뒤로 물러나게 할 뿐이다"(Bernard-Henry Levy(김병욱 역), 『아메리칸 버티고』(황금부엉이, 2006), pp. 283-6). 일례로 캘리포니아에 사는 상당수의 사람들은 밤이면 코요테나 늑대 소리를 들으며 산다. 또 수시로 남부 해안에 상륙하는 허리케인이나 중부 내륙을 휩쓰는 토네이도로 인한 엄청난 재난은 늘 되풀이되는 뉴스거리이다. 그런데도 세계에서 가장 훌륭한 재난 예방 체계와 경보 시스템을 갖추고 있는 미국의 정치인이나 일반 시민들은 이러한 사태에 대해 이상하게도 수동적인 태도를 보인다.

레비의 분석처럼, 미국에는 자기보호 성향이나 안전 지향의 문화보다 훨씬 더 강력한, 위험을 감수하는 문화가 있는 것인지도 모른다. 즉, 프런티어와 더불어 전진하는, 그리하여 모든 거처가 임시 주거지일 수밖에 없는 개척자 정신의 유산이 있는 듯하다. 또 모든 미국인들의 사고방식 속에는 누구나 기꺼이 '어머니 자연'이라 부르는, 자연에 대한 거의 종교적 숭배에 가까운 감정이 존재하는 것처럼 보인다. 그래서 그들은, 그들의 그 유명한 진취적 기상에도 불구하고 자연과의 관계에서만큼은 모종의 원칙과 절도를 지키려는 것 같다.

사실 미국의 일반 대중에게 있어서 급진적인 종말론적 환경 재앙에 대한 경고 등은 구체적으로 다가오지 않는 듯하다. 소로우나 레오폴드의 깨달음의 영향도 제한적이다. 앞서 살펴본 생태주의나 전체론이 미치는 영향력도 그다지 느껴지지 않는다. 더 정확히 말하면, 학계의 담론이 미치는 영향은 사람들이 거주하는 자연환경의 특성에 따라 그 호응도가 달

레이첼 카슨이 자기네 미국인들의 각성을 촉구하는 다음 글을 끝으로 미국 환경 윤리 담론에 대한 소개를 마무리하고자 한다.

사태를 낙관적으로 보는 것이 마음 편하기 때문에 우리는 대체로 우리나라가 계속해서 풍요로울 거라고 믿고 싶어 한다. 모든 평범한 미국인들이 꿈꾸는 바이다. 하지만 잘못된 꿈이요 위험한 꿈이다. 오직 자원 낭비, 과도한 개발과 파괴로부터 자연을 보존하는 일을 소홀히 하지 않을 때에만 우리나라는 더 강하고 더 자유로워질 것이다.[36]

라진다고 볼 수 있다. 사람들은 대체로 환경문제를 인간과 자연 사이의 대립 관계에서 생기는 것으로 보며, 그 해법 또한 자연을 위한 인간의 양보로 귀결되는 경향이 있다. 구체적으로는 국립공원을 설치하고 야생동물 보호구역을 지정하는 야생지 보전에 초점을 맞춘다.
  하지만 이러한 해법이 공감을 얻는 곳은 미국 서부, 캐나다, 뉴질랜드, 호주, 스칸디나비아 정도이다. 이들 지역은 아직 개발되지 않은 야생지를 갖고 있고, 또 그것을 남겨둘 수 있을 정도로 인구가 희박하기 때문이다. 미국 동부만 해도 이러한 주장은 호응을 얻기 어렵다. 비현실적이기 때문이다(Walter A. Rosenbaum, *Environmental Politics and Policy* (Washington, D.C.: CQ Press, 2008), pp. 325-7). 필자가 미국 현지를 둘러보며 받은 인상은, 미국인들은 대체로 야생 자연과의 대결을 통한 모험을 즐기되 그것에 함부로 손을 대면 안 된다는 공감대를 형성하고 있는 듯하다.
36. 린다 리어(김홍옥 역), 『레이첼 카슨 평전: 시인의 마음으로 자연의 경이를 증언한 과학자』(샨티, 2004), p. 704.

---------------- ◀ 생각해 볼 문제 ▶ ----------------

1. 다음 글은 아메리카 인디언 연설문 중 가장 유명하며 가장 많은 논란이 된 시애틀 추장의 연설문 중 일부이다. 그의 문제 제기와 예언은 오늘날 우리에게 어떤 교훈을 주고 있는가?

> 위대하고 훌륭한 백인 추장은 우리의 땅을 사고 싶다고 제의했다. (…) 우리는 우리의 땅을 사겠다는 당신들의 제안에 대해 심사숙고할 것이다. 하지만 나의 부족은 물을 것이다. 백인 추장이 사고자 하는 것이 무엇인가를. 그것은 우리로서는 무척 이해하기 힘든 일이다. 우리가 어떻게 공기를 사고팔 수 있단 말인가? 대지의 따뜻함을 어떻게 사고판단 말인가? 우리로선 상상하기조차 어려운 일이다. 부드러운 공기와 재잘거리는 시냇물을 우리가 어떻게 소유할 수 있으며, 또한 소유하지도 않은 것을 어떻게 사고팔 수 있단 말인가?
>
> [...]
>
> 우리는 대지의 일부분이며, 대지는 우리의 일부분이다. 들꽃은 우리의 누이이고, 순록과 말과 독수리는 우리의 형제다. 강의 물결과 초원에 핀 꽃들의 수액, 조랑말의 땀과 인간의 땀은 모두 하나다. 모두가 같은 부족, 우리의 부족이다.
>
> 따라서 워싱턴 대추장이 우리 땅을 사겠다고 한 제의는 우리에게 더없이 중요한 일이다. 우리에게 그것은 우리의 누이와 형제와 우리 자신을 팔아넘기는 일과 다름없기 때문이다. 우리는 그 대추장이 우리의 삶의 방식을 전혀 이해하지 못하고 있음을 안다. 그에게는 우리의 땅조각이 다른 땅조

> 각들과 다를 바 없는 것으로 보일 것이다. 그는 자신에게 필요한 땅을 손에 넣기 위해 한밤중에 찾아온 낯선 자다. 대지는 그의 형제가 아니라 적이며, 그는 대지를 정복한 다음 그곳으로 이주한다. 그는 대지에 대해서는 아무 것도 상관하지 않는다. 어머니인 대지와 맏형인 하늘을 물건처럼 취급한다. 결국 그의 욕심은 대지를 다 먹어치워 사막으로 만들고야 말 것이다.
>
> [⋯]
>
>   세상의 모든 것은 하나로 연결되어 있다. 대지에게 일어나는 일은 대지의 아들들에게도 일어난다. 사람이 삶의 거미줄을 짜 나아가는 것이 아니다. 사람 역시 한 올의 거미줄에 불과하다. 따라서 그가 거미줄에 가하는 행동은 반드시 그 자신에게 되돌아오게 마련이다.
>
> [⋯]
>
>   당신들의 부족이 쓰러질 날이 지금으로선 아득히 먼 훗날의 일처럼 여겨질지 모르지만, 그날은 반드시 온다. 신의 보호를 받고 있는 백인들이라 해도 인간의 공통된 운명에서 예외일 수는 없다. 그런 점에서 우리 모두는 한 형제인지도 모른다. 그것을 곧 알게 되리라.[37]

2. 다음 글은 대대로 자연 친화적인 삶을 살아왔던 호주의 어느 원시 부족(일명 '참사람 부족')이 더 이상 아이를 낳지 않기로 결정(스스로 멸종을 선택)한 후 미국의 어느 의사에게 전한 말이다. 이들이 우리에게 전하고자 한 메시지는 무엇인가?

---

37. 시애틀 추장, 「어떻게 공기를 사고판단 말인가」, 류시화, 『나는 왜 너가 아니고 나인가』 (김영사, 2003), pp. 15-22.

우리는 영원한 존재입니다. 이 우주에는 우리 뒤를 이어서 올 영혼들이 육신을 얻어 태어날 장소가 많이 있습니다. 우리는 최초로 지구상에 나타난 존재들의 직계 자손입니다. 시간이 시작된 이래, 우리는 우리의 생존을 위협하는 온갖 시험을 통과했으며, 원래의 가치 체계와 법을 흔들림 없이 지켜 왔습니다. 지금까지 지구를 하나로 묶어 준 것은 우리의 집단의식이었습니다. 이제 우리는 떠나도 좋다는 허락을 받았습니다. 세상 사람들은 달라졌고, 땅의 영혼을 배반했습니다. 우리는 하늘에 있는 그 영혼을 만나러 갈 것입니다.

당신은 우리가 떠난다는 사실을 당신과 같은 바깥세상의 사람들에게 전해줄 메신저로 선택되었습니다. 어머니와 같은 이 대지를 당신들에게 맡기고 우리는 떠날 것입니다. 아무쪼록 당신들의 삶의 방식이 물과 동물과 공기, 그리고 당신들 자신에게 어떤 영향을 주고 있는지 깨닫기를 바랍니다. 이 세계를 파괴하지 않고 당신들 문제에 대한 해결책을 찾아내기 바랍니다. 물론 당신들 중에는 자신의 참된 자아를 이제 막 되찾으려고 하는 이들도 있습니다. 충분히 관심을 기울인다면 지구의 파괴를 돌이킬 시간은 남아 있습니다. 하지만 우리는 당신들을 도울 수가 없습니다.

우리의 시대는 끝났습니다. 비 내리는 것이 이미 달라졌고, 더위는 날로 심해지고 있으며, 동물과 식물의 번식이 줄어드는 것을 우리는 오랫동안 지켜보았습니다. 더 이상 영혼에게 인간의 모습을 주어 이곳에서 살게 할 수는 없습니다. 왜냐하면 이 사막에는 곧 물도 식량도 남아 있지 않을 것이기 때문입니다.[38]

---

38. 말로 모간(류시화 역), 『그곳에선 나 혼자만 이상한 사람이었다』(정신세계사, 2001), pp. 202-3. 이 책의 저자가 호주의 원주민과 함께 했다는 이 여행 자체가 진실이냐 거짓이냐에 관해서 미국, 호주, 유럽 등에서 의문이 제기된 바 있다. 하지만 여기서는 이 책을 통해 전하려는 메시지가 의미가 있다고 보아 소개한다.

8 환경 윤리(2)

레이첼 카슨과 불교 환경 윤리의 교훈

> 모든 생물은 단일한 공통 조상으로부터 비롯되었기 때문에 인류가 태어났을 때 생물군 전체가 '생각' 하기 시작했다고 말하는 것이 좋을 듯하다. 다른 나머지 생명이 몸이라면 인간은 마음이다. 따라서 윤리적인 관점에서 바라본 자연계에서의 우리의 위치는 피조물에 대해서 생각하고, 살아 있는 지구를 보호하는 것이다.
>
> — 에드워드 윌슨Edward O. Wilson[1]

    오늘날 환경 위기 문제는 새삼 강조할 필요도 없는 인류 최대의 윤리적 과제가 되었다. 모든 인류의 생존 문제가 걸려 있기 때문이다. 하지만 일각에서 외치는 위기의 절박성과는 달리 실제 우리 삶의 자세는 크게 변하지 않았다. 공장 굴뚝에서는 매연이 뿜어져 나오고 오폐수는 무단 방류되고 있으며, 거리는 여전히 자가용으로 넘치고 에어컨의 수요는 더욱 증가하고 있다. 다시 말해서, 환경 위기에 대한

---

[1]. 에드워드 윌슨(전방욱 역), 『생명의 미래』(사이언스 북스, 2005), p. 209.

우리의 인식은 단지 생각의 차원에 머물러 있을 뿐, 구체적인 행위로 연결되지 않는 것이다. 우리의 이러한 안일한 삶의 자세는 언제까지 계속될까? 아마도 오염된 공기와 물 때문에 숨쉬기가 힘들어지고 마실 물이 고갈되는 지경에 이를 때까지 계속될 것이다. 그리고 이때에 이르러 비로소 삶의 자세를 바꾼들 이미 상황은 돌이킬 수 없을 것이며, 인류는 비극적인 최후를 맞게 될 것이다. 환경 위기의 관점에서 바라보면, 이것이 우리의 암울한 미래이다.

그래서 현대 생태주의자들 중에는 인류를 '암적 존재'로 규정하는 사람들도 있다. 지구의 입장에서 보면, 자신의 분수를 모르고 무한 증식을 거듭함으로써 결국 자신이 의존하고 있는 숙주(지구) 전체를 파괴하는 길로 나아가는 인류의 모습이 꼭 암과 같다는 것이다. 물론 이러한 관점에 대해서는 '환경 파시즘 environmental fascism'[2]이라는 비판이 있지만, 오늘날처럼 속수무책으로 환경이 파괴되고 그로 인해 환경 재앙이 빈발하고 있는 상황에서는 참으로 인류와 지구의 운명에 대한 종말론적 견해가 단지 허구만은 아닐 것 같다는 생각도 든다. 과연 인류는 자신들이 야기한 환경 파괴와 지구 생태계의 상처를 치유하고 살아남을 수 있을 것인가?[3]

이제 아래에서는 환경 위기 극복을 위해 우리에게 어떤 자각이 필

---

2. 환경 또는 생태계 보전을 위해서는 생태 파괴의 원흉인 인류가 없어져야 한다는 과격한 주장을 비판하기 위해 등장한 용어.
3. 이러한 문제의식에서 최근에는 '인류세人類世'(Anthropocene)라는 명칭도 등장했다. 인류세란 2001년 네덜란드의 화학자 파울 크뤼천Paul Crutzen이 처음 제안한 용어로서, 인류가 지구 기후와 생태계를 변화시키면서 만들어진 새로운 지질시대, 즉 신생대의 마지막 시기인 '홀로세'의 뒤를 잇는 시대를 의미한다. 2011년 10월에 열리는 미국 지질학회 학술대회는 주제를 아예 '시생대始生代에서 인류세까지'로 설정하기도 했다. 이 용어의 창시자인 크뤼천은, 인류의 화석연료 사용으로 인한 지구온난화, 질소비료 사용으로 인한 바다의 오염, 원자폭탄과 원전 사고로 인한 방사능 오염, 그리고 숲과 습지의 파괴로 인한 대멸종이 후세에 인류세를 특징짓는 화석으로 남을 것이라고 경고했다(『중앙일보』, 2011년 8월 24일자 참조).

요하고 어떤 대안이 가능한지를 살펴보되, 특히 실천 문제와 관련하여 두 가지 접근법에 초점을 맞추어 논의를 전개하고자 한다. 하나는 레이첼 카슨이 보여 준 방법으로서, 환경 과학의 대중화이다. 우리는 카슨의 사례를 통해 과학적 지식이 대중적 공감을 얻어 하나의 실천 운동으로 전개될 수 있는 가능성을 발견할 수 있다. 다른 하나는 보다 근본적인 접근으로서 불교적 생태 의식에 눈뜨는 것이다. 우리는 이를 통해 모든 존재가 서로 연결되어 있고 모든 생명이 하나라는 것을 깨우침으로써, 스스로의 가치관과 생활양식을 바꾸어 나가도록 노력해야 할 것이다. 참으로 이러한 개개인 차원에서의 가치관과 생활방식의 변혁만이 우리의 유일한 희망일 것이다.

1. 레이첼 카슨과 영적 성숙의 과제

죽음의 문명

미국에서 환경 위기에 대한 경각심은 1945년 원자폭탄이 출현한 것과 1962년 레이첼 카슨Rachel Carson이 『침묵의 봄 Silent Spring』에서 살충제의 폐해를 고발한 것을 계기로 극적으로 높아졌다. 이 두 가지 사건은 성장 신화, 과학 만능 신화에 대한 비판을 촉발했고, 미래에 대한 긍정과 낙관 속에 살고 있던 미국인들에게 큰 충격을 안겨 주었다.[4]

---

[4] 당시 환경 위기의 심각성을 거론하면서 원자폭탄과 DDT의 위험을 연결시켜 연상하게 된 것은 상당한 이유가 있었다. 『타임』지는 1945년 8월 27일자 과학 칼럼에, 7월 16일 뉴멕시코 주 알라모고도에서 행한 최초의 원폭 실험 사진들과 '곤충 폭탄'인 DDT 관련 글을 나란히 특집으로 실은 바 있는데, 이는 DDT와 원자폭탄이 — 둘 다 적의 위험을 즉각적이고 완벽하게 퇴치해 준다는 점에서 — 유사한 측면을 가진다는 점 때문이다. 카슨 또한 60

마치 9.11 이후의 미국이 미국인들 스스로의 고백처럼 더 이상 그 이전의 미국과 같을 수 없듯이, 1945년 뉴멕시코의 사막에서 세계 최초의 원자폭탄 실험이 이루어진 이후의 세상은 더 이상 그 이전과 같을 수 없는 세상이 되고 말았다. 인류 역사상 처음으로 지구상에 존재하는 대부분의 생명을 파괴할 수 있는 것으로 보이는 기술적인 힘이 등장한 것이다. 문제는 과연 인간들이 이러한 무시무시한 힘을 통제할 수 있는 능력을 가지고 있느냐 하는 것이다. 이제 '지식은 힘이다'라고 말하면서 자연에 대한 지식을 가능한 한 많이 얻음으로써 자연을 정복하고자 했던 프랜시스 베이컨 F. Bacon의 꿈이 이루어지는 순간이 다가온 셈이다. 자연의 숨겨진 비밀 코드까지 알아내어 과거에는 상상조차 할 수 없었던 막대한 에너지를 활용할 수 있게 되었기 때문이다. 하지만 역설적이게도 이러한 꿈의 실현은 우리 자신을 포함한 모든 것의 종말을 함축하게 되었으니, 이제 우리는 자연을 지배하려던 인간의 시도 자체, 아니 그러한 시도를 가능케 한 문명 그 자체에 의문을 제기할 수밖에 없게 되었다. 원자폭탄은 과학의 도덕적 정당성, 더욱 빨라지는 기술발전의 속도, 끝없이 물질적 풍요를 추구하는 계몽 이후 우리들의 삶의 자세에 근본적인 의문을 제기하도록 하였다.

원자폭탄이 과학기술을 다루는 인간의 능력에 대한 물음을 제기하되 그 순간적인 가시적 파괴력의 측면에 눈을 돌리게 하였다면, 카슨의 책 『침묵의 봄』에 의해 제기된 DDT 등의 유기 농약 사용 문제는 누적적이고 지속적으로 생명체를 파괴하는 화학 제재들의 위험성에

년대 초반에 DDT가 지닌 치명적인 위협에 관해 글을 쓰는 가운데 당시 쿠바 미사일 위기 등으로 널리 알려지게 된 방사능 오염과 살충제로 인한 오염 사이에 유사성이 있음을 깨닫게 되었던 듯하다. 그래서 이 두 전시戰時 과학의 산물은 그 발견과 파괴력, 그리고 논쟁에 있어서 늘 함께 거론되곤 하였다(린다 리어(김홍옥 역), 『레이첼 카슨 평전: 시인의 마음으로 자연의 경이를 증언한 과학자』(샨티, 2004), p. 587).

대해 우리의 주의를 환기시켰다. 카슨은 저술 활동을 통해 새로이 발견된 자연의 취약점을 가르쳐 주었으며, 지구를 오염시키고 있는 모든 새로운 범주의 독성 물질들에 대해 경고함으로써 환경문제에 대한 범세계적인 경각심을 불러일으켰다.[5] 이제 우리는 단번에 멸망하든가, 아니면 서서히 멸망하든가의 두 가지 시나리오에 직면해 있다는 자각을 하지 않을 수 없게 되었다. 카슨의 다음과 같은 언급은 우리가 직면한 위기의 절박성과 거기에 무감각한 우리 자신에 대한 절망을 동시에 느끼게 해준다.

> 핵전쟁으로 인한 인류의 절멸 가능성과 더불어, 우리 시대의 중요한 문제로 등장한 것이 바로 심각한 해악을 불러일으키는 물질들로 인한 환경오염이다. 이 물질들은 식물과 동물의 세포조직에 축적되는데, 심할 경우 세포를 뚫고 침입해 유전물질을 변형시키기도 한다.
> 미래 세계의 건설자를 자처하는 사람들은 언젠가 인위적으로 인간 형질도 변형시킬 수 있다고 생각한다. 그러나 우리의 부주의 때문에 방사능을 비롯한 여러 가지 화학물질들이 유전자 돌연변이 등의 위험을 초래할 수도

---

[5] DDT는 2차 세계대전 기간 중 군대에서 곤충이나 이가 일으키는 질병을 퇴치할 목적으로 사용되었다. 방충제로서 DDT의 효능은 전쟁 말기에 확실히 입증되었다. 하지만 인간에게 이것을 사용할 경우의 안전성에 대해서는 검토된 바가 거의 없었다. 그런데 듀폰 같은 화공약품 회사들은 DDT를 비축하고 있었고, 미 농무부는 이 약품의 만성적인 독성에 관한 명확한 검증 절차도 없이 1945년 8월 31일 육군의 동의 아래 민간에게도 시판을 허용했다. 당시 미국의 대중 언론은 이 새로운 '기적의' 화학약품이 '곤충과의 전쟁'에서 발휘하는 효능을 칭찬하느라 여념이 없었으며, 단지 일부 과학자들만이 DDT를 농업에 바로 적용할 경우 장기적으로 어떤 영향을 미칠지 충분히 밝혀지지 않았다며 우려를 표명했다(201). 특히 문제가 되는 점은, DDT와 같은 화학약품을 대기 중에 광범위하게 살포할 경우 곤충이나 해충을 효과적으로 구제할 수는 있겠지만 자칫 그들을 한꺼번에 절멸시킬 가능성도 있다는 것이다. 따라서 이러한 새로운 화학물질은 농업계의 원자폭탄 같은 것으로서 마지막 단계에서나 그 사용을 고려하는 편이 온당했다. 그런데도 사람들은 원자폭탄의 방사능만큼이나 이들 화학무기의 장기적인 영향력에 대해 거의 아는 바가 없었던 것이 문제였다(위의 책, p. 481).

있다. 살충제 선택처럼 사소해 보이는 일이 인간의 미래를 결정하게 되다니 정말 믿기 어려운 일이 아닐 수 없다.

무엇 때문에 우리가 이런 위험을 무릅써야 하는가? 아마 미래의 역사학자들은 우리의 왜곡된 균형감각에 놀랄 것이다. 지성을 갖춘 인간들이 원치 않는 몇 종류의 곤충을 없애기 위해 자연환경 전부를 오염시키고 자기들 자신까지 질병과 죽음으로 몰고 가는 길을 선택한 이유를 궁금해 할 것이다. 하지만 그것이 바로 우리가 저지른 일이다. 더구나 우리가 그 이유를 살피고 있는 지금 이 순간에도 이런 일은 계속되고 있다.[6]

위의 두 가지 계기를 통해 우리는 우리가 그간 '죽음의 문명'을 가꾸어 왔다는 것을 알게 되었다. 지금까지 우리가 당연한 듯 추구해 왔던 과학기술의 발전은 결코 축복이 아니며, 오히려 재앙의 원천일 수 있다는 것을 알게 되었다. 그래서 이제는 더 이상 죽음의 문명이 아니라 삶의 문명을, 개체의 이기적 삶이 아니라 전체의 공존적 삶을, 이분법적인 인간중심적 세계관이 아니라 전일적인holistic 탈인간중심적 세계관을 모색해야 할 시점에 이르게 되었다.

하지만 잘 알다시피 환경문제가 난제인 이유는 그것이 단지 앎이나 이론 차원에서 해결될 수 있는 문제가 아니라는 데 있다. 다시 말해서, 각자의 구체적인 행위와 실천으로 연결되지 않는 한, 이 문명의 위기는 근본적으로 극복되기 어려우리라는 점 때문이다.

이런 측면에서 볼 때, 미국의 대중들에게 일상 속 환경 위기의 실상을 설득력 있게 전한 카슨의 저술 활동이 가지는 의의는 참으로 지대한 것이었다. 왜냐하면 당대 베스트셀러가 된 그녀의 책들을 통해 환경문제의 심각성이 광범위하게 인식되었고, 이는 환경 관련 기업

---

6. Rachel Carson(김은령 역), 『침묵의 봄』(에코리브르, 2002), pp. 39-40.

활동 및 국가정책의 변화는 물론, 무엇보다도 대중적 환경 운동을 촉발하는 계기로 작용했기 때문이다.[7] 카슨의 책이 이 같은 영향력을 가질 수 있었던 이유는 무엇일까?

카슨의 호소력: 과학과 문학의 만남

카슨의 글이 미국의 일반 독자층에게 커다란 반향을 불러일으킨 것은 무엇보다도 과학적 근거와 함께 문학적 호소력을 지녔기 때문이었다.

카슨은 어렸을 적부터 작가를 꿈꾸었고, 대학에서도 초기에는 문학을 전공하고자 하였다. 그런데 생물학을 가르쳤던 스킨커 Mary Scott Skinker 선생을 만난 이후, 생물학은 "생명의 신비와 의미를 파헤치려는 그녀의 '눈부신 비전'을 더욱 확고하게 해주었다."[8] 당시(1920년대) 교육과정은 과학과 문학이 엄격하게 구분되어 있었기 때문에 한동안 과학자의 길과 작가가 길 가운데에서 망설이던 그녀는 결국 전자를 선택했다. 이후 라디오 프로그램과 몇몇 일간지에 체서피크 만의 해양 생물에 관한 글을 연재하기 시작하면서 "해양학은 그녀에게

---

7. 다음 글은 카슨의 저서 『침묵의 봄』이 미국 사회에 끼친 영향력의 정도를 잘 말해 준다. "『침묵의 봄』은 생태학이란 말을 일상적인 용어로, 살충제란 말을 나쁜 단어로 자리잡게 만든 녹색 선언이다. 수백만 명이 읽은 이 책은 두 세대에 걸쳐 환경운동가들에게 지대한 영향을 끼쳤다. … [이제까지] 그렇게 큰 영향을 발휘한 책은 손가락에 꼽을 정도에 불과한데, 『침묵의 봄』은 환경문제에 관한 최초의(그리고 지금까지도 유일한) '선언'으로 인정받고 있다. … [의례적인] 일부 '선언'과 달리 『침묵의 봄』은 강렬하고도 즉각적인 반응을 불러일으켰다. 냉전이 격화되던 시대인데도 존 F. 케네디 대통령의 관심을 끌어 곧 정부 차원의 조사가 이루어졌다. 법정 소송과 대중의 항의 시위가 이어졌으며, 이로 말미암아 환경보호국이 신설되고 유해 살충제 사용이 금지되는 등의 성과를 이루어냈다. 이 책은 1970년대 초에 전 세계적인 환경운동을 탄생시키는 산파 역할을 했다"(Alex MacGillivray(이충호 역), 『세계를 뒤흔든 침묵의 봄』(그린비, 2004), pp. 7-9).
8. 린다 리어, 위의 책, p. 77.

상상력을 불어넣었고, 지력을 맘껏 펼칠 수 있는 풍요롭고 신비로운 지평을 열어주었다."[9]

이러한 과학적 글쓰기가 성공을 거두기 위해서는 창조적 상상력, 정확한 현장 관찰, 바다와 해양 생물에 관한 과학적 지식이 두루 필요했다. 그리고 무엇보다도 대중들의 흥미와 감수성을 자극할 수 있는 문학적 재능이 요구되었다. 카슨에게는 이 두 가지가 모두 준비되어 있었다. 월간지에 실린 그녀의 첫 작품 「해저Undersea」는 그 성공의 서막이었다. 이는 한편으로 그녀가 인기 작가로 데뷔했음을 의미하는 일이었고, 다른 한편으로는 과학적으로 정확하면서도 시적 통찰과 상상력이 가득한 그녀만의 독특한 목소리를 내기 시작한 일이기도 했다. 그녀는 자연의 끝없는 순환, 리듬, 관계망 등을 분명하게 포착했으며, 비로소 자신이 쓰고 싶어 하는 게 무엇인지 확실하게 깨달을 수 있었다. 뿐만 아니라 자연의 유일성에 대한 비전을 함께 나눌 매체들에 어떤 것들이 있는지도 알게 되었다.[10] 이제 과학의 대중화를 향해 힘찬 발걸음을 내딛은 것이다. 다음 '내셔널 북 어워드' 수상 연설문을 통해 우리는 과학 저술의 가치에 대한 그녀의 신념을 확인할 수 있다.

> 많은 사람들이 과학저서가 이렇게 열화와 같은 반응을 얻어낼 수 있다는 데 놀라움을 나타냈습니다. 하지만 '과학'이 자신만의 방에 갇혀 있고 일상생활과 무관하다는 통념이야말로 바로 제가 도전해보고 싶은 점입니다. 우리는 과학의 시대에 살고 있습니다. 그런데 과학적 지식을 실험실에 고립된 채 살아가는 성직자 같은 소수만이 향유하는 특권으로 치부하고 있습니다. 이것은 사실이 아닙니다. 사실일 수 없습니다. 과학적 자료들은 삶의 자료

---

9. 위의 책, p. 140.
10. 위의 책, pp. 151-2.

그 자체입니다. 과학은 실제적인 삶의 일부입니다. 과학은 우리가 경험하는 모든 것의 내용이자 이유이자 방법입니다. 인간을 둘러싼 환경과 그것을 물리적으로 정신적으로 주조해 준 힘에 대한 이해 없이는 결코 인간을 제대로 이해할 수 없습니다.

[…]

과학의 목적은 진실을 발견하고 조명하는 것입니다. 이것은 생물학, 역사학, 소설 할 것 없이 모든 저술의 목적이기도 합니다. 저는 유아독존식의 과학저서란 있을 수 없다고 생각합니다.[11]

카슨에게 있어서 '과학적 정확성'과 '시적 아름다움'은 결코 모순되는 특징이 아니었다. 시적 기법을 구사하는 것이 과학적 주장의 정확성을 훼손하지는 않았던 것이다. 이와 같은 과학적 글쓰기를 통한 카슨의 성공은 우리에게 중요한 시사점을 던져준다. 즉, 오늘날의 범세계적인 환경 위기를 극복하기 위해서는 환경 과학이 되었든 환경 철학이 되었든 모름지기 대중들에게 쉽게 다가갈 수 있어야 한다는 것이고, 그럼으로써 단순한 이론을 넘어 실천으로 이어져야 한다는 것이다. 또 이를 위해서는 상아탑과 실생활 간의 소통, 그리고 과학과 문학 간의 화해가 요청된다는 것이다. 카슨은 이런 점에서 하나의 선구적 모델을 보여 주었다고 할 수 있다.

카슨의 절망과 희망

초기에 카슨은 주로 바다 환경과 해양 생물에 관한 글을 썼다. 하지만 그녀의 관심이 거기에 국한된 것은 아니었다. 그녀는 야생동물

---

11. 위의 책, p. 350.

서식지의 파괴에 대해서도 관심을 기울였으며, 이에 관한 의견을 다음과 같이 피력한 바 있다.

> 사람들은 이제 야생동물의 감소가 인간의 운명과 직결되어 있다는 움직일 수 없는 사실을 서서히 깨닫고 있다. 지난 300년 동안 우리는 늪을 메마르게 하고, 목재를 베어내고, 초원을 쟁기질로 갈아엎는 등 '자연의 조화'를 깨뜨리는 데 여념이 없었다. 그 결과 야생동물은 차츰 사라지고 있다. 그런데 그들의 터전은 곧 우리의 터전이기도 하다.[12]

여기서 우리는, 모든 생명들이 상호 의존하고 있는 생태계의 조화를 깨뜨려서는 안 되며, 인간의 미래 운명도 여기에 달려 있다는 그녀의 문제의식을 엿볼 수 있다. 지구상에서 "생명체가 삶을 영위하기 시작한 이래 물리적 환경과 그 환경 속에 살아가는 생명체들은 서로 밀접하게 의존해 왔는데, 인류가 진화의 관점에서 깊이 관련되어 있는 수천 종의 생명체들을 통제할 수 있는 힘을 갖게 된 것이 화근이 되었으니, 인간에 의한 환경오염은 현재 세대와 아직 태어나지 않은 미래 세대에게 도덕적 책무라는 문제를 제기하며, 이제 인간은 다른 생명체들과의 혈족 관계를 인정해야 할 때가 되었다"[13]는 것이다. 하지만 카슨이 목도하고 있는 현실은 그다지 희망적이지 않았다. 다음 글은 자멸의 길로 가고 있는 우리의 인위적 문명에 대한 어두운 전망을 담고 있다.

> 인류는 자신이 창조한 인위의 세계 속으로 너무 깊이 들어와 버렸습니다. 인류는 대지와 바다와 생명체들을 떠나 철과 콘크리트로 이루어진 도시 속

---

12. 위의 책, pp. 159-60.
13. 위의 책, p. 725.

에 스스로 고립되었습니다. 자신의 힘에 도취된 나머지 자신과 세계를 파괴하는 실험 속으로 점점 더 깊이 빠져 들어가고 있는 것 같습니다.
　이 문제에 대해서는 어떤 치료법도 없습니다. 저 또한 만병통치약을 제공할 수 없습니다.[14]

인간은 오랫동안 자연의 정복을 자신해 왔고 이제 그 호언장담을 실현시킬 수 있는 힘도 가지게 되었지만, 애석하게도 그 힘이 지혜롭게 조절되지 않고 무책임하게 발휘되고 있는 점이 문제라는 것이다. 그리고 그것은 인간의 어리석은 자만심 때문이니, 말하자면 자신이 자연의 일부라는 인식이 너무나도 결여되어 있고 또 그 정복의 대가가 결국 인간 자신의 파괴라는 점을 제대로 깨닫지 못하기 때문이라는 것이다. 그래서 카슨은 이 모든 것이 끝내 우리를 비극으로 몰아넣고 말 것이라고 경고한다.[15]
　그렇다면 우리가 이러한 위기를 극복할 수 있는 길은 무엇인가? 카슨이 내놓는 대안은 우리의 마음가짐 및 삶의 자세의 전환이다. 이제 우리는 자연을 이기려고 하기보다 그 질서에 순응할 줄 알아야 하며, 거기서 아름다움과 경외감과 신비를 느낄 줄 알아야 한다는 것이다. 그리고 이를 위해서는 우리에게 영적 성숙이 요청된다는 점을 강조한다.

우리를 둘러싼 우주의 존재와 경이로움에 주의를 기울일수록 파괴적인 성향을 멀리하게 된다고 저는 믿습니다. 경이로움과 겸손함이야말로 건전한 감정이고, 그들은 파괴적인 욕망 옆에 존재하지 않습니다.[16]

---

14. 린다 리어 편(김선영 역), 『잃어버린 숲: 레이첼 카슨 유고집』(그물코, 2004), pp. 136-7(카슨의 다른 저술과의 혼동을 피하기 위해 이 책은 이하 "유고집"으로 표기함).
15. 린다 리어, 위의 책, p. 637.

오늘 이 자리에서, 저는 자연의 아름다움이 개인과 사회의 영적인 발전에 필수적인 역할을 한다고 말씀드렸지만, 이 때문에 감상주의자라는 평을 받게 될까 두려워하지는 않습니다. 우리가 이 아름다움을 파괴할 때, 그리고 사람의 인위물이 지구의 자연물을 대체할 때에는 언제나 우리 인류의 영적 성장이 늦추어지는 때라고 믿습니다.

인간의 영혼이 지구와 지구의 아름다움을 사랑하는 것은 아주 깊고도 필연적인 뿌리를 가지고 있습니다. 우리 인간은 생명의 전체 흐름의 한 부분입니다. 우리는 한 백만 년 정도 인간으로서 살아왔을 것입니다. 그러나 움직이고, 자신과 자신을 둘러싼 환경을 이해하고, 또 암석이나 생명이 없는 진흙 — 수억 년 전에 생명 탄생의 근원이었던 — 과는 너무나 다른, 하나의 생명에서 다른 생명으로 옮겨가는 그 자체는 완전한 신비입니다. … 우리의 기원은 지구입니다. 그래서 우리 내부에는 우리 인간성의 일부인, 자연 세계에 대한 감응 능력이 깊이 자리하고 있습니다.[17]

카슨이 과학적 진실을 문학적 방법을 통해 전달하려 한 것은 지금 우리에게 절실히 요청되는 영적 성숙이라는 과제가 과학적 방법만으로는 달성되기 힘들다고 보았기 때문이다. 그리고 그녀는 이러한 방면의 선구자들을 잘 알고 있었고, 스스로를 이들의 계승자로 인식하고 있었다.

이 자연과학 분야를 글로 표현하는 모든 작가들은 자연문학이라는 분야에서 일생 동안 불멸성과 연결되어 어떤 경외감이나 심지어는 비현실적인 감각까지도 지녀야 합니다. … 그것은 일찍이 문학 속에서 시작된 전통입니다. 유럽에서는 리처드 제프리스Richard Jeffries와 허드슨W. H. Hudson의 작품 속

---

16. 유고집, p. 137.
17. 유고집, p. 219-20.

에서 이 전통이 화려하게 꽃 피었고, 미국에서는 소로우Henry D. Thoreau와 존 버로스John Burroughs의 작품이 우리를 둘러싼 세계를 바라보는 묵상적 관찰자를 가장 진실되게 표현했습니다. 저는 위의 네 분을 위대한 스승이라고 생각합니다. 나중에 태어난 우리 같은 사람들은 그분들 중 어느 한 분에라도 버금갈 수 있다면 더 없는 영광일 것입니다.[18]

이처럼 겸손하게 표현하긴 했지만, 카슨은 이들의 정신을 진정으로 이어받으려면 우리가 그들을 모방만 할 것이 아니라 그들이 그러했던 것처럼 사고와 지식의 새로운 영역에서 선구자가 되어야 한다고 보았다. 그들의 하루하루와 같은 우리 자신의 나날들을 영위하면서 새로운 문학 형태를 창조해 나가야 한다는 것이다. 이렇게 보면, 현대 과학의 지식을 대중적 감수성을 동반하는 언어로 펼쳐낸 그녀야말로 사실상 이러한 일을 해낸 선구자로 인정받아야 하지 않을까? 이제 그녀는 우리의 유일한 희망, 절실하지만 힘겨운 과제, 즉 인류의 자각에 대해 이야기한다.

우리는 아직도 정복의 관점에서 크게 벗어나지 못하고 있습니다. 또한 아직껏 우리 자신을 거대한 엄청난 우주의 아주 작은 부분에 불과한 존재로 여길 만큼 충분히 성숙하지도 못했습니다. 이제 우리 세대는 자연과 손을 맞잡아야 합니다. 인류는 과거에 한 번도 그래 본 적이 없지만, 이제 자연이 아니라 바로 우리 자신을 정복하는 성숙한 면모를 보여주어야 합니다.[19]

이러한 지적처럼, 환경 위기 극복의 희망은 우리 외부 세계에 대한 이해에서가 아니라, 오직 우리 내면세계에 대한 이해, 즉 우리의 영

---
18. 유고집, p. 136.
19. 린다 리어, 위의 책, p. 704.

적 성숙에서 찾아져야 할 것으로 보인다. 다시 말해서, 환경 위기의 본질은 '환경' 그 자체에 있다기보다 우리 '마음'에 있는 것이므로, 이제 우리의 최종적 과제는 이기적인 탐욕과 이분법적 사고로부터 벗어나 자연과 화해하고 '잃어버린 나'를 되찾는 일일 것이다. 다음 절에서는 이러한 과제를 위해 불교 윤리가 전해 주는 가르침에 주목해 보고자 한다.

2. 불교 환경 윤리의 교훈

환경 윤리의 맹점: 실천의 문제

오늘날 이상 기후, 지구온난화, 오존층 파괴, 토양이나 수질 및 대기 오염, 지진과 해일 등 생태학적 위기를 알리는 징후들은 날이 갈수록 심해지고 있다. 이에 따라 환경 위기에 보다 적극적으로 대응하자는 국제적 노력도 가시화되고 있다. 하지만 유감스럽게도 모두가 느끼고 있다시피 생태학적 위기는 점점 심해지고 있는 것이 우리의 현실이다. 그 이유는 무엇일까?

그 이유 중 하나는 그 위기의 인식이 단지 앎이나 이론 차원에 그치고 구체적 행위로 이어지지 않는다는 데 있다. 즉, 우리가 이론적으로 생태학적 위기의 심각성이나 반생태적 행위의 비윤리성을 인식한다고 해도 그것이 개인의 행동에 직접적 구속력을 갖지는 못한다는 것이다. 이는 개별적 행위의 생태학적 결과, 특히 그로 인한 피해가 대부분 직접적으로 행위 당사자에게 돌아가기보다 불특정 다수에게 확장됨으로써 특별한 죄책감이 일어나지 않기 때문이다. 예를 들어, 불법적인 산업 폐기물 방출이나 녹지 훼손 등 나의 반생태적 행위는 나 개인에게는 즉각적으로 경제적 이익을 보장해 주지만, 그 환경 파괴의 효과는 자연계의 상호 의존성을 따라 멀리 퍼져나가 만인의 몫으로 돌아간다. 이러한 나의 행위는 만물의 상호 연관성을 모르는 무지 때문일까? 아니다. 이는 만물의 상호 연관성을 모르기 때문이 아니라 오히려 정확하게 알고 있기 때문이다. 자기 행위가 자기 자신에게 가져오는 (직접적인) 이익과 (단지 간접적인) 손해를 정확히 저울질하기에 가능한 행위인 것이다. 이런 점을 감안할 때, 우리는 환경 윤리 이론만을 통해서는 사람들이 생태학적 각성에 이르기 힘들다는 것을 짐작할 수 있다. 세상 만물의 상호 연관성을 안다는 것은 그 그물망 속에 놓인 나의 행위의 중요성을 깨닫거나 책임감을 느끼게 하기보다 오히려 개인의 무력감만을 느끼게 할 공산이 크다. 온 나라의 경제가 고도성장과 기술 개발을 지향하고 모든 사람이 경쟁적으로 자기 이익을 추구하고 있는 와중에 나 같은 일개인이 수돗물과 전기를 절약하고 자가용을 타지 않는다고 해서 무엇이 얼마나 달라지겠는가?[20]

  이로써 우리는, 아무리 만물의 상호 의존성을 강조하는 전체론이나 탈인간중심주의적 자연관을 내세운다 할지라도 그것이 현상세계의 질서를 서술하고 설명하는 경험과학의 수준에 머물러 있는 한, 우리가 직면한 환경 위기 극복을 위한 근본적 통찰을 제공해 줄 수 없다는 것을 알 수 있다. 그러므로 위기 극복의 희망은 카슨의 지적처럼 우리 외부 세계에 대한 이해에서가 아니라 오직 우리 내면세계에 대한 이해, 즉 우리의 영적 성숙에서 찾아야 할 것으로 보인다. 이제 아래에서 불교 환경 윤리가 가르쳐주는 교훈에 주목해 보자.

---

20. 한자경, 『불교철학과 현대윤리의 만남』(예문서원, 2008), pp. 195-6.

환경 윤리의 궁극적 과제: 자기로부터의 혁명

잘 알다시피 불교의 중요한 진리 중 하나는 연기緣起이다. 이 세상 만물은 독자적으로 존립하는 것이 아니라, 다른 무수한 존재들과의 끊임없는 상호작용의 산물이라는 깨우침이다. 이렇게 모든 것이 상호 연관되어 있다는 사실을 깊이 인식하게 되면 우리는 자기 자신이나 자신이 속해 있는 집단·지역만이 중요하다고 생각하여 거기에 집착하는 마음을 버리게 된다. 또 지금 눈앞에 보이는 것만이 전부라고 생각하는 물질 중심, 현재 중심의 사고에서 벗어나 정신적 가치를 중시하고 과거·현재·미래를 아우르는 넓은 차원의 관점으로 나아갈 수 있다. 이제 아래에서 이렇게 연기를 이해하는 관점에서 바라본 환경 윤리의 과제를 몇 가지로 나누어 살펴보고자 한다.

첫째, 잘못된 이분법적 사고에서 벗어나야 한다. 환경 윤리의 담론 중에 이른바 '환경 파시즘'이라는 것이 있다. 인간이라는 존재 자체가 환경 파괴의 원흉이므로 인간이 지구상에서 없어져야 한다는 것이다. 하지만 이는 잘못된 관점이다. 예를 들어, 1,000평 정도의 땅에 아무것도 없이 풀을 자라게 하는 경우와 그 풀밭에 소를 한 마리 키울 경우, 둘 중 어느 경우에 풀이 더 잘 자랄까? 물론 소가 적당히 있는 경우이다. 이는 제7장에서 살펴본 레오폴드의 '대지 윤리'에서도 이미 시사된 바 있다. 산과 들에서 늑대를 없애는 것이 생태계를 살리는 길이 아니라 오히려 그것을 파괴하는 것임을 깨달았던 것이다.

> 나는 늑대가 적어진다는 것은 곧 사슴이 많아진다는 것을 의미하기 때문에, 늑대가 없는 곳은 사냥꾼의 천국이 될 것이라고 믿었다. 그러나 [총 맞은 늑대의] 눈에서 불꽃이 꺼져가는 것을 본 뒤, 나는 늑대도 산도 그런 생각에 찬동하지 않는다는 것을 깨달았다.[21]

늑대가 쓰러뜨린 사슴은 2, 3년이면 다시 채워질 수 있지만, 지나치게 많은 사슴이 휩쓸어버린 산기슭은 20년, 30년이 지나도 제 모습을 되찾기 어렵다.[22]

마찬가지로 인간도 환경을 파괴하기만 하는 것은 아니다. 자연계에 인간이 있는 편이 훨씬 자연을 풍요롭게 할 수 있다. 자연의 재생 능력을 벗어날 정도로 인간의 작위가 지나치지만 않는다면, 다시 말해서 자연의 전체적 조화를 깨뜨릴 정도가 아니라면 문제될 것이 없는 것이다.

인간이 더 우월하다든가, 동물과 평등하다든가 하는 논쟁도 초점이 빗나가기는 마찬가지다. 불교의 관점에서 볼 때, 실제 세계는 존재와 비존재로 나누어지지 않는다. 수증기는 눈에 보이지 않지만, 기온이 낮아지면 물로 변해 눈에 보이게 된다. 우리 기준으로 관측되면 '있다'고 말하고, 관측되지 않으면 '없다'고 말할 뿐이다. '있다' 혹은 '없다'는 것은 우리에게 관측되느냐 안 되느냐의 차이에서 나온 관념일 뿐, 실제 세계는 이 '있다' '없다'의 유·무의 관념으로 규정될 수 있는 것이 아니다. 마찬가지로 인간과 인간 아닌 존재의 구분도 불분명하다. 인간의 조상을 거슬러 올라가면 유인원에서 포유류, 파충류, 양서류, 어류, 더 나아가 단세포동물에 이르고, 궁극에는 물질로 간다. 한쪽 끝은 물질이고 우주 창조의 시작이며, 다른 쪽 끝은 생물이고 인간이다. 물질에서 생명의 차원으로 발전했다가, 다시 영혼이나 정신의 차원으로 나아간 것이다. 모든 것이 이렇게 연관되어 있으므로, 우리는 고정된 상에 대한 집착과 관념을 벗어나 전체 연관을 보아야 한다. 인간이 동물과 평등하냐 아니냐와 같은 물음

---
21. 알도 레오폴드(송명규 역), 『모래 군의 열두 달』(따님, 2006), p. 166.
22. 위의 책, p. 169.

이 난센스nonsense인 것은 나눌 수 없는 것을 나누어 놓고 수평적으로 비교하면서 우열의 판단을 묻는 것이기 때문이다. 인간 중심성이나 생물 평등성이나 모두 잘못된 이분법에 근거한 관념의 다른 형태일 뿐이다. 이는 모두 근본적으로 사물을 잘못된 관점에서 바라보는 데에서 시작된 일이다.[23]

이러한 이분법적 사고는 인간과 자연을 분리하는 데에서도 찾아볼 수 있다. 그 결과, 자연의 고통이 인간과는 전혀 무관한 것이라고 생각함으로써 자연을 함부로 다루게 되고, 이는 결국 인간에게 고통으로 되돌아오게 되는 것이다.

그동안의 사회적인 문제들은 빈부의 차이, 계급 간의 갈등, 인종과 민족 간의 갈등 등이 주를 이루었다. 강자가 자신의 이익을 추구하는 과정에서 약자를 유린하는 것이 문제였다. 결국 인간과 인간 사이의 갈등이었다. 그런데 강자와 약자 사이의 이러한 갈등이 이제는 새로운 차원으로 전개되고 있다. 그것은 인간과 자연 사이의 갈등이다. 약자인 자연은 인간과 같은 방식으로 저항하지는 않지만, 일정한 한계를 넘어서면 걷잡을 수 없는 재앙으로 인간에게 보복한다. 새로운 약자인 자연을 위해 생명 평등을 지향하는 윤리는 말 못하는 그들의 말에 귀를 기울이고, 저항하지 못하는 그들의 입장을 대신하여 저항하는 것이다.[24]

사람들은 가까운 가족이나 이웃의 고통을 느낄 수 있고, 조금 더 감수성이 발달한 사람이라면 인종과 민족 사이의 어려움도 공감할 수 있을 것이다. 여기서 한 걸음 더 나아가, 만일 사람이 더욱 섬세하고 심오한 감수성을 지니게 된다면, 그는 모든 생명의 고통까지 느낄 수 있을 것이다. 우리가 지향해야 할 윤리는 이러한 자비심의 윤리일

---

23. 법륜, 『불교와 환경』(정토출판, 2006), pp. 102-5.
24. 위의 책, pp. 92-3.

것이다.

둘째, 소비를 줄여야 한다. 오늘날 세계에서는 인구의 20%밖에 안 되는 선진국 사람들이 전 세계 자원의 80% 이상을 사용하고 있다. 이것은 잘사는 나라가 가난한 나라 사람들이 써야 할 자원을 빼앗아서 독식하고 있는 셈이다. 사실상 잘사는 나라의 물질적 풍요는 가난한 나라 사람들의 가난 덕에 가능한 것임에도, 그러한 물질적 풍요를 가난한 나라 사람들에게 돌려주기보다 오히려 더욱 수탈하고 있는 것이 현실이다.

가난한 나라는 환경문제 같은 데 신경 쓸 여력이 없다. 굶어죽는 문제의 해결이 우선 급하기 때문이다. 그러므로 선진국들은 우선 가난한 나라의 절대 빈곤을 없애기 위해 적극적으로 도와야 한다. 그리고 이는 사실상 환경문제의 일환이기도 하다. 사람이 수백만 명 굶어죽는 것보다 더한 환경 파괴가 없기 때문이다. 실제로, 굶주리는 사람들은 먹을 것을 찾기 위해 온 산과 들을 뒤지기 때문에 나무와 풀이 남아나는 것이 없으며 황폐할 대로 황폐해지고 있다.

그 다음, 선진국들이 환경문제가 정말 심각하다고 느낀다면, 자신들의 소비 수준을 줄이고 제3세계의 환경친화적 개발을 도와주어야 한다. 잘사는 나라 사람들이 소비를 줄이고 가난한 나라의 환경친화적 개발을 돕는 것, 이것이 지구적 관점의 환경 윤리의 우선적 과제이다. 이를 위해서는 기존의 소비 지향적 가치관의 변화와 의식 혁명이 요구되며, 개개인의 자각에 기초한 어떤 범세계적인 문화 운동이 일어나지 않으면 안 될 것 같다. 그리고 이것은 지금 바로 나부터, 우리 주변에서부터 시작하지 않으면 안 될 것이다.

셋째, 이기적 탐욕에서 벗어나 인간 본연의 정신을 되찾아야 한다. 오늘날 우리가 직면한 대부분의 문제는 인간 정신이 지닌 특성에서 기인한다. 그 특성 중 하나는 자기가 사는 데 별 지장이 없는데도 다른 생명을 죽이고 괴롭히는 면이요, 다른 하나는 자기희생을 무릅쓰면서도 다른 생명을 살리려고 하는 면이다. 일반 생물의 행동 양식은 자기 생존에 지장이 없으면 굳이 다른 생명을 해치지 않는다. 대신 자기가 사는 데 지장이 있으면 절대 양보하지 않는다.

위의 인간 특성 중 전자는 온갖 사회 갈등과 자연 파괴의 원인이 된다. 반면 후자는 다른 사람이나 생명을 위해 자신의 손해와 고통까지 감수하면서 세상과 자연을 살리는 근원이 된다. 우리는 전자의 탐욕이나 이기심을 동물적 특성이라 불러왔다. 하지만 엄밀히 말하면, 이것은 동물적 특성이 아니다. 동물은 일단 배가 부르면 더 이상 먹을 것을 탐내지 않는다. 그러므로 자신이 생존하기 위해 다른 생명을 죽이는 것은 동물적 행위라고 볼 수 있겠지만, 생존의 필요보다 더 많은 것을 얻기 위해 다른 생명을 범하는 것은 동물적 행위가 아니다. 그것은 인간만이 하는 행위이다. 뿐만 아니라 인간은 자기와 생각이 다르다는 이유로, 혹은 정의, 평화, 종교의 이름으로 다른 인간을 죽이기도 한다. 그렇다면 이것이 인간의 본성인가?

서구 근대사상을 토대로 한 가치 체계는 이러한 인간의 이기적 탐욕을 인간의 본성이라 말해 왔다. 그래서 인간은 욕망을 추구하는 동물이라는 생각이 자본주의를 만든 기반이 되었다. 이러한 탐욕과 이기심이야말로 사회 발전의 원동력인 것처럼 여겨졌다. 그러나 이것은 자본주의를 합리화하는 과정에서 인간에게 고착화된 의식일 뿐이다. 자본주의는 욕망이 인간의 본성인 것처럼 호도해 왔으며, 인간이 지닌 또 하나의 특성인 선의지와 이타적 의지를 고양시키고 발전시키기보다 개인의 욕구 충족을 부추기면서 그런 방식으로 행동하도록 요구해 왔다. 결국, 이것은 인간 사회의 모든 갈등의 원천이 되었고, 나아가서 인간과 자연을 파괴하는 근원이 되었다. 이제 우리는 인간 본연의 정신이 제대로 발현되도록 하기 위해 이제까지의 잘못된 의식을 바꾸는 노력을 해야 한다. 인간이 본래 갖고 있었던 본성을 회복하고 잘못 훈습된 행위 양식을 걷어내야 한다.[25]

이를 위해서는 우선 정신적 가치관과 생활 방식을 변화시키는 개인적 차원의 심신 수련이 요청된다. 그리고 이것이 확산되어 사회구조적인 변화가 일어날 때 근원적인 문제 해결을 기대할 수 있다. 잘못된 사고와 가치관을 바꾸지 않은 채 운동 차원의 저항과 반대만으로는 근본적인 해결이 불가능하다. 어떤 사람은 개인적 차원의 변화는 가능하지만 사회 전체가 그렇게 되기는 어려운 일이라고 말한다. 그러나 이는 가능·불가능을 따질 문제라기보다 반드시 이루어 내야 할 과제라 할 것이다. 개인의 삶의 방식을 변화시켜 가면서 동시에 자각한 사람들이 뭉쳐 제도를 고쳐 나가면 된다. 한 사람 한 사람이 깨우쳐서 전 인구의 1%가 자각하고, 또 이들이 사는 방식이 달라지면 다른 사람에게 영향을 미치면서 이것이 점차 확산되어 나갈 것이다.[26] 다음 글은 우리로 하여금 이러한 실천의 길에 나설 것을 촉구하고 있다.

내가 가능하다면 다른 사람들도 가능하다. 내가 할 수 없다고 판단하거나 가능하지 않다고 생각하기 때문에 다른 사람도 설득되지 않는 것이다. 깊이 생각해 보고 내가 그렇게 사는 것이 진정으로 행복하다고 느낄 때, 재산이 많아 행복한 것이 아니라 어렵지만 뜻있는 일을 하면서 그 속에서 다른 사람보다 훨씬 행복감을 느낀다면 다른 사람의 삶이 부럽지 않다. 이렇게 사는 것이 나만 가능하면 모두에게 가능한 것이다.

내가 정말 좋다고 생각하며 즐거워한다면 당연히 많은 사람에게 흡인력이 생기고 이를 통해 마침내 제도와 문화를 바꿀 수 있다. 지금은 우리가 아

---

25. 위의 책, pp. 96-9.
26. 위의 책, pp. 128-9.

무리 고함쳐 봐야 메아리밖에 안 들리지만, 모범적이고 실천적으로 살아간 우리 삶의 역사적 기록과 대안이 있으면 그때는 한순간에 많은 사람들이 사고의 전환을 이루고 사회제도와 문화도 새로운 문명으로 넘어올 수 있다.

비록 지금 당장 다 되는 것은 아닐지라도 이렇게 모델과 대안을 만들고 연구하는 과정에서 많은 사람들이 힘을 얻게 되고, 그것이 마침 막다른 골목의 긴박한 사회적 조건과 만나면 전체 사회는 변할 수 있다.

[…]

스스로 선택한 길에 후회 없고 좀 부족하고 힘들어도 보다 많은 사람이 다 같이 잘 산다면 그야말로 서로 살려주는 행복한 삶이 아니겠는가?[27]

이제까지 우리는 환경 윤리의 절박한 과제를 두 가지 측면에서 검토해 보았다. 하나는 환경 위기의 실상을 소수의 전문가나 식자층만이 아닌 일반 대중이 함께 깨닫고 해결책을 모색해야 한다는 것으로서, 이를 위해 그에 크게 기여한 레이첼 카슨의 노력을 살펴보았다. 그녀의 시도를 통해 우리는 환경 윤리가 상아탑을 벗어나 대중에게 다가가는 하나의 모델을 볼 수 있었으며, 환경 윤리의 궁극적 과제는 인간 개개인의 영적 성숙과 의식 혁명에 놓여 있음을 알 수 있었다. 다른 하나는 환경 윤리가 어떻게 단지 이론의 차원에 머물러 있지 않고 실천의 차원으로 전개될 수 있을 것인지에 대한 고민, 다시 말해서 어떻게 이것이 개인적 차원의 깨달음에서 시작하여 세상을 변화시키는 실천으로까지 나아갈 수 있는지를 불교 환경 윤리의 가르침을 통해 살펴보았다. 그리고 환경 윤리의 궁극적 과제의 실현은 결국 '자기로부터의 혁명'에서 시작될 수밖에 없음을 알 수 있었다.

---

27. 위의 책, pp. 138-9.

◀ 생각해 볼 문제 ▶

1. 다음은 『토지』의 작가 박경리 선생이 마지막으로 남긴 글이다. 작가가 '생명-능동-아름다움'과 '물질-피동-무서움'을 대비시켜 논하면서 우리에게 전하고자 하는 메시지는 무엇인가?

> 비단 인간 생명뿐 아니라 꽃이라든가 짐승이라든가, 살아 있는 모든 것들의 생명은 다 아름답습니다. 생명이 아름다운 이유는 그것이 능동적이기 때문입니다. 능동적인 것이 곧 생명 아니겠습니까. 세상은 물질로 가득 차 있습니다. 그런데 이들은 모두 피동적입니다. 피동적인 것은 물질의 속성이요, 능동적인 것은 생명의 속성입니다.
>   나는 요즘 피동적인 것에 대한 두려움을 느낍니다. 아무리 작은 박테리아라도 생명을 가지고 태어나서 꼭 그만큼의 수명을 누리다가 죽습니다. 반면에 피동적인 물질은 죽지도 살지도 않습니다. 이 죽지도 살지도 않는 마성적인 힘에 대해서 생각해 봅니다. 인간이 도저히 대항할 수 없는 이 마성적인 힘이야말로 얼마나 무섭습니까? 대량살상 무기라든지 지구 온난화처럼 인간에게 해악을 끼치는 직접적인 힘은 두말할 필요가 없겠지요. 나는 이 피동적인 물질 자체가 가진 영원함에 두려움을 느낍니다. 사람들은 이것을 건드리지만 않으면, 또는 잘 다스리기만 하면 된다고 말합니다. 그러나 의지도 없고 아무것도 없는 무 자체, 이 무로서의 물질 자체는 역으로 어떤 일도 할 수 있다는 가능성을 보여주는 것 아니겠습니까.
> [⋯]
>   정신적 가치 대신에 물질이 힘을 발휘하는 세상을 살아가는 일은 어렵습

> 니다. 자기 자신이 자기를 위해 살아가는 세상이 되어야 합니다. 자기를 위한다는 것은 좋은 음식을 먹고 좋은 옷을 입는다는 뜻이 아니라 자존심을 지키는 것을 의미합니다. 자존심은 자기 자신을 스스로 귀하게 받드는 것을 말합니다. 부끄러운 일을 하지 않는 것입니다. 사회주의나 자본주의나 모두 물질에 들린 삶을 살아가는 체계입니다. 스스로 멈출 줄 모르는 물질적 메커니즘에 사로잡힌 세계입니다. (…) 요즘의 내가 자연스럽고 자유스러운 양식에 더 이끌리고, 물질적이고 인위적인 것의 위험한 힘을 더욱 경계하게 되는 것은 나이를 많이 먹었기 때문인 것 같습니다.[28]

2. 다음 글은 우리로 하여금 신비스러운 자연의 조화를 느끼게 해준다. 이 글이 우리에게 던져주는 메시지는 무엇인가?

> **하나의 생명**
>
> 일찍이 해월海月 최시형 선생은 천지만물이 한울님을 모시고 있지 않은 것이 없고, 따라서 생물이 살기 위해 다른 생물을 먹는 행위는 한울이 한울을 가지고 자기를 먹여 살리는 일이라고 말하였다.
>
> 이 말에 담겨있는 것은 약육강식의 잔인한 폭력성에 관한 언급이 아니라, 겉으로는 그렇게 보일지 모르지만, 실은 모든 생명이 다른 생명에 대하여 공양의 관계, 즉 희생과 헌신, 사랑의 관계로 맺어져 있다는 것이 이 우주의 근본 짜임새라는 생각인 것이다. 여기서 강조되어 있는 것은 그러니까 내가 먹어치우는 이 물건과 이 생물이 그 속에 한울님을 모시고 있는 거룩한 존재라는 사실을 항상 기억해야 한다는 것이다.

---

28. 박경리, 「물질의 위험한 힘」 — 故 박경리 선생 마지막 산문(『동아일보』, 2008년 5월 24일자).

> 　로자 룩셈부르크가 감옥에 있을 때 읽은 책 가운데 조류의 이동에 관한 관찰이 담겨있는 이야기가 있었다. 유럽에서 철새가 이동할 계절이 되면, 새들은 스칸디나비아나 북유럽으로부터 지중해를 건너 나일 강까지 긴 여행을 해야 한다. 이 여행은 너무나 멀고 힘든 길이어서 독수리나 매와 같은 몸집이 큰 맹금류도 목적지에 도착하면 며칠 동안은 거의 빈사상태로 되어 강변 모래밭에 엎드린 채 일어서질 못한다고 한다. 큰 새들이 이런 형편인데, 노래 부르는 작은 새들, 예를 들어 방울새니 나이팅게일이니 하는 것들은 어떻게 그런 여행을 할 수 있을까? 철새가 이동하는 계절이면 기적 같은 일이 일어난다고 한다. 즉 평소에는 먹고 먹히는 관계에 있는 맹금과 작은 새들 사이에 이때가 되면 하늘에서 휴전이 성립한다는 것이다. 그리하여 작은 새들은 큰 새들의 등에 업혀서 멀고 먼 하늘을 날아가는 것이다.
>
> 　이 아름다운 이야기가 시사하는 것은 자연의 세계는 사람의 인위적인 지식이나 기술로 개입하기에는 어림도 없는 정교하고 신비스러운 상호의존의 인연관계로 구성되어 있다는 사실인 것이다. 모든 것은 하나의 생명으로 통일되어 있음이 분명하다.[29]

3. 최근 원자력발전소의 대규모 방사능 누출 사고로 원자력발전은 다시금 세계적인 논란거리가 되고 있다. 다음 글을 읽고 차세대 에너지원으로서 원자력에 대한 각자의 견해를 발표해 보자.

> **늦지 않을까?**
> 몇 년 전인가 매우 근심스런 얼굴을 한 어느 학생으로부터 이런 질문을 받

---

29. 김종철, 『간디의 물레』(녹색평론사, 1999), pp. 37-8.

은 적이 있습니다. "원자력발전 반대 운동은 없어질까요? 듣고, 절로 쓴웃음이 났습니다. 사라질 리가 없습니다. 왜냐하면 원자력발전이 있는 한 언젠가는 다시 방사능이 새는 사고가 일어나기 마련이기 때문입니다.

[…]

　실제로, 방사능은 지금까지 몇 번이나 샜고, 고장이 나지 않는 기계란 있을 수 없다는 지극히 당연한 사실을 생각해 보면 앞으로도 샌다는 것을 알 수 있습니다. 그러므로 원자력발전 반대 운동은 계속되느냐 아니냐의 문제가 아니라, 늦지 않겠느냐 어떠냐의 문제인 것입니다. 커다란 사고가 일어난 뒤 또 다시 반대 운동을 집중적으로 할 것이냐, 아니면 반대 운동이 성공을 거둬 사고를 미연에 방지할(원자력발전소를 없앨) 수 있을 것이냐의 문제인 것입니다.

　환경문제도 같다고 생각합니다. 환경보호운동이나 자연보호운동은 그간 옷차림처럼 유행한다거나 진부해진다거나 침체된다거나 부활한다거나 해 왔습니다. 그러나 그것이 계속될 것이냐 아니냐고 묻는다면 당연히 계속된다고 답할 수밖에 없습니다. 환경 위기는 지금도 진행 중이고, 계속 악화되어가고 있기 때문입니다. 아무리 무관심한 사람이라도, 아무리 그것이 자신의 라이프스타일과 맞지 않더라도, 그 일로부터 눈을 돌릴 수 없는 때가 반드시 옵니다. 문제는 그때면 너무 늦지 않겠느냐는 것입니다. 환경보호 사상이 마침내 모든 이의 상식이 될 즈음에 과연 얼마나 자연이 남아 있을지가 문제인 것입니다.[30]

---

30. 더글라스 러미스(김종철 · 최성현 역), 『경제성장이 안되면 우리는 풍요롭지 못할 것인가』(녹색평론사, 1999), pp. 156-7.

9 생명 윤리(1)

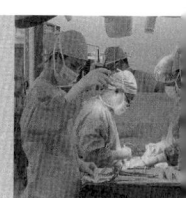

안락사, 연명 치료 중단, 뇌사

"내가 안락사를 반대하는 가장 큰 이유는 인간의 자유에 대한 관점 때문이다. 이른바 죽음의 '자유로운 선택,' 즉 우리가 원하는 순간과 조건 아래 자신의 죽음을 선택한다는 것은 인간의 자유를 증가시키는 게 아니라 오히려 감소시킬 것이다."[1]

"[모든 의료 행위의] 우선적인 과제는 임종 환자에 대한 사랑과 관심과 연대성이며, 환자 자신이 하나의 대상이 아니라, 가장 귀중한 동료라는 것을 전해주는 태도와 행동이다. 모든 의료 행위는 환자로 하여금 자신의 자유와 신실함의 정점에 도달하도록 돕기 위해 행해져야 한다."[2]

'생명 윤리'라는 말은 1970년 미국의 종양학자 포터Van Rensselaer Potter가 처음 사용했다. 그는 생명 윤리를 "생물학 지식과 인간의 가

---

1. Bernhard Häring, *Medical Ethics*, p. 149. 권혁남, 「생명윤리의 관점에서 본 연명치료중단에 관한 연구」, 『생명윤리』 제10권 제2호(한국생명윤리학회, 2009. 12), p. 37에서 재인용.
2. Bernhard Häring, *Free and Faithful in Christ*, 3: 82. 위의 글 p. 44에서 재인용.

치 체계에 관한 지식을 결합하는 새 학문 분야"라고 정의했다. 한편, 1971년 라익Warren T. Reich은 생명 윤리를 "의학 및 생명과학의 윤리적 차원에 관한 연구"라고 정의하면서 생명윤리백과사전The Encyclopedia of Bioethics의 편찬에 착수한 바 있다. 박이문에 의하면, 생명 윤리학은 일종의 응용 윤리학으로서 우리가 다같이 인정하고 있는 윤리적 원칙을 생명의 영역에서 생기는 특수한 상황에 어떻게 적용해야 하는가의 기술적 문제를 검토하는 분야이다. 따라서 그것은 의학과 첨단 생물학의 발달로 가능해진 여러 가지 문제들의 윤리적 정당성과 그 한계를 다룬다.[3]

생명 윤리학은 1990년대 들어 갑자기 인기 학문으로 떠올랐다. 새롭게 등장하는 문제들의 심각성으로 인해 이 분야에 대한 학문적 수요가 증가했기 때문이다. 처음에는 인공 심장, 장기이식, 낙태, 안락사, 인공수정, 시험관아기 등의 문제가 거론되더니, 이제는 유전공학, 유전자치료, 유전자조작 식품, 인간 게놈 계획, 인간 복제 등의 문제가 매스컴을 통해 선정적으로 보도되기에 이르렀다. 그러므로 이제는 일반 대중도 이러한 문제들과 관련된 기술적·윤리적 차원의 이해 내지는 판단 능력을 필요로 하는 시대가 되었다. 하지만 오늘날 우리는 이러한 문제들이 함축하고 있는 의미를 충분히 이해하고 있지 못할 뿐만 아니라, 또 그로 인해 초래될 위기에 대처할 수 있는 준비도 제대로 갖추고 있지 못한 것처럼 보인다. 사실상 개인의 차원은 물론 사회적·국가적 차원에서도 아직까지 생명 윤리 분야에서 제기되는 문제들을 어떻게 판단하고 해결하는 것이 바람직한 것인지에 대한 포괄적인 기준이 마련되어 있지 않다고 할 수 있다. 생명 윤리학이 아직은 그 요구되는 정도만큼의 역할을 다하지 못하

---

3. 송상용,「생명공학의 도전과 윤리적 대응」, 제14회 한국철학자대회보『생명공학시대의 철학적 성찰』(2001. 10. 26), p. 4.

고 있는 것이다.[4]

 이 장에서는 아쉬운 대로 생명 윤리 분야에서 가장 논란거리가 되었던 이슈들 중 안락사, 연명 치료 중단, 뇌사에 얽힌 쟁점들에 관해 알아보기로 한다.

1. 안락사는 허용될 수 있는가?

 안락사euthanasia라는 말은 어원상 그리스어 eu와 thanatos의 합성어로서 '좋은 죽음' 또는 '편안한 죽음'이라는 의미를 가지고 있다. 오늘날에는 '치유될 수 없는 질병으로 죽음을 앞둔 사람의 고통을 덜어주기 위해 그를 죽음에 이르게 하는 것'을 뜻하게 되었다. 통상적으로 안락사는 '회복 가능성이 없는 말기 환자가 죽음 이외에는 고통을 이겨낼 방법이 없는 경우'를 전제로 하고 있다. 하지만 아무리 (환자를 고통에서 해방시켜 준다는) 좋은 뜻을 내세운다 해도 어쨌든 사람을 빨리 죽게 도와주는 일이 과연 인간적이며 도덕적으로 허용될 수 있느냐의 문제는 아직도 논란거리로 남아 있다.

 안락사에 반대하는 사람들이 우려하는 바는, 어떤 이유로든 인간 생명의 존엄성 원칙에 예외를 두기 시작할 경우, 장차 그것이 남용될 수 있다는 것이다. 일반적으로 안락사를 찬성하는 사람들은 인간 생명이 지닌 본래적 가치에 주목하기보다 현실적 필요(가족의 경제적 부담 완화 등)나 사회적 공익(의료비 증가, 노인 인구 급증, 세금 부담에 대한 대책 등)을 위한 도구적 가치를 더 중시하는 경향이 있는데, 이는 자

---

4. 박은정,『생명 공학 시대의 법과 윤리』(이대출판부, 2000), p. 84 이하.

칫 안락사라는 이름으로 의학적 살인을 조장할 수도 있다는 것이다. 이들은, 환자를 고통에서 해방시키고 가족과 사회의 부담을 덜어준다는 이유로 인간 생명을 종식시키는 일이 허용된다면, 이러한 미명 아래 수많은 생명이 사라질지도 모른다고 우려한다.

안락사라는 말의 의미를 둘러싼 혼란을 피하기 위해 편의상 몇 가지 유형으로 나누어 살펴보기로 하자.

자발적 안락사와 비자발적 안락사

안락사는 당사자의 의사 표현 여부에 따라 자발적 안락사와 비자발적 안락사로 나누어 볼 수 있다. **자발적**voluntary 안락사란 당사자의 자발적 의사에 따라 수행되는 안락사를 말한다. 이때 당사자는 판단 능력이 있는competent 사람이어야 하고, 극심한 고통을 동반하는 치료 불가능한 상태에 놓여 있어야 하며, 사전 의료 지시advanced directives와 같은 본인의 분명한 의사가 확인되어야 한다. 하지만 안락사 자체를 반대하는 견해에 따르면, 이러한 조건들이 갖추어졌다 해도 문제는 여전히 남는다.

첫째, 스스로 자신의 삶을 포기(자살)하겠다는 결정을 과연 분별 있는 판단으로 볼 수 있느냐의 문제이다. 칸트는, 고통스런 감각에서 벗어나기 위해 존엄한 인격체인 자신의 생명을 끊겠다는 판단은 예지적 자아가 현상적 자아에게 굴복한 것으로서 결코 보편화할 수 없는 판단이라고 보았다. 또 인간을 신의 피조물로 보는 신앙인들의 견해에 따르면, 인간 생명의 주인은 신이지 인간 자신이 아니다. 다시 말해서, 인간은 신으로부터 자신의 생명을 돌볼 책임을 맡았을 뿐 그것의 처분권까지 위임받은 것은 아니라는 것이다. 따라서 자의적으로 자신의 생명을 끊는 행위는 일종의 월권으로서 신의 뜻을 거스르는 죄에 해당된다. 뿐만 아니라 자살은 자신을 낳고 성장시킨 공동체에 대한 일종의 배신일 수 있다. 한 사람의 생명은 겉보기에는 자신의 소유물인 것 같아도 사실은 그렇지 않을지도 모른다. 모든 생명은 우선 부모의 사랑과 기대를 안고 세상에 태어난다. 그리고 주위의 많은 이들의 보살핌과 희생 덕에 살아간다. 그런데 이 모든 사랑의 빚을 무시하고 '내 생명이므로 내 마음대로 처리하겠다' 는 것은 일종의 오만이요 배은망덕일 수 있는 것이다.

둘째, 참을 수 없는 고통으로부터의 해방이라는 이유가 죽음까지 정당화할 수 있느냐의 문제이다. 예컨대 말기 암은 현대 의학으로 치유가 불가능하고 고통도 극심하다고 알려져 있다. 원래 통증은 생명체가 위기 상황으로부터 자신을 구하기 위해 발하는 경고 신호이다. 보통은 통증 덕분에 위험을 사전에 예방함으로써 자신의 생명을 보전할 수 있다. 그런데 치유가 불가능한 질병으로 통증이 점점 심해질 경우에는 좌절감 속에서 빨리 이 모든 것을 끝내고 싶다는 생각을 갖게 될 수 있다. 하지만 오늘날에는 통증 완화 요법이 많이 발달했고, 호스피스를 통해 심신의 평화를 되찾는 경우도 많이 있다. 뿐만 아니라 이러한 극한 상황이 역설적으로 이제껏 우리가 깨닫지 못했던 진리를 깨닫게 해주는 계기가 될지 누가 알겠는가? 다음 글은 이러한 경우를 잘 보여 준다.

완전히 제멋대로 생활하던 한 젊은 여성이 어느 날 뜻하지 않게 강제수용소로 보내졌다. 거기서 그녀는 병이 들어 날로 쇠약해져 갔다. 죽기 며칠 전에 그녀는 다음과 같이 말했다. "나에게 이런 고통을 준 운명에게 지금에 와서 나는 감사하고 있습니다. 예전의 부르주아적인 생활에서 나는 분명히 방탕한 사람이었습니다. 나는 여류 작가인 척 거드름 피우며 성실과는 거리가 먼 사람이었습니다."

점점 다가오는 죽음을 그녀는 확실하게 의식하고 있었다. 그녀가 누워있던 병동의 침대에서는 창을 통하여 때마침 꽃이 핀 가스타니안 나무를 볼 수 있었다. 그리고 그녀의 머리맡에서 두 개의 양초 같은 꽃이 달린 가지 하나가 보였다.

"이 나무는 나의 고독에 있어서 유일한 친구입니다."라고 그녀가 말했다. "이 나무와 나는 이야기를 나눈답니다."

도대체 그녀는 환각에 시달리고 있는 것일까, 혹은 의식장애 상태인 것일까? 그녀는 '나무가 대답해준다'고 말하는 것이다. 그러나 그녀는 의식장애 상태는 아니었다.

그렇다면 이 기묘한 '대화'는 무엇이었을까? 꽃이 핀 나무가 죽어가는 여성을 향해서 무엇을 '말했다'는 것일까?

"나무는 말했습니다… 나는 여기에 있다… 나는 여기에 있다… 나는 생명이다. 영원한 생명이다…." (시모야마 토쿠지 역)

이 젊은 여성은 병들어 죽음을 눈앞에 두고 예전에 지녔던 모든 화려함을 잃어버린 채인 데다가 도와줄 아무 사람도, 방법도 없었다는 점에서 노인이나 마찬가지인 상태로 보아도 좋을 것이다.

그러나 그녀는 한 그루의 가스타니안 나뭇가지에서 인생의 의미를 깨달았던 것이다. 그날을 위해서 그녀는 살아 있어서 좋았던 것이다. 그러나 이러한 방식으로 자신의 인생의 의미를 발견하리라고는 그녀 자신도 생각하지 못했을 것이다.

안락사를 거부하는 이유에는 오직 하나 이 점이 있을 뿐이다. 최후까지 살아보지 않으면 알 수 없는 것이다. 최후의 한 순간에 그 사람이 살아온 의미에 대한 해답이 나올지도 모른다. 그 가능성을 도중에 빼앗아버릴 권리는 누구에게도 없는 것이다.[5]

셋째, 당사자의 진의를 확인하는 일의 어려움이다. 물론 사전 의료 지시서를 포함하여 녹음이나 증언 등을 통해 당사자의 의사를 확인할 수는 있다. 그러나 평상시에 마음먹었던 의사와 막상 본인이 위급 상황에 처했을 때의 의사는 달라질 수 있다. 말하자면, 마음이 바뀔 수 있다는 것이다. 또 본인은 어떻게든 더 살고 싶을지라도 막대한 의료비를 부담해야 하는 가족의 입장을 생각하여 '빠른 죽음'을 원할 수도 있다. 흔히 '늙으면 죽어야 해!'라는 노인들의 말은 진심이 아니라고 하지 않는가.

비자발적non-voluntary 안락사는 당사자가 삶과 죽음 사이의 선택을 이해할 능력이 없을 경우의 안락사를 일컫는다. 대개 신생아나 중증의 심신 장애인, 혹은 전에는 판단 능력이 있었으나 지금은 상실한 사람들(예컨대 노인성 치매나 식물인간 상태에 빠진 사람들)로서, 이전에 '지금과 같은 상태라면 어떻게 하겠다'는 의사 표시를 하지 않은 경우가 여기에 해당된다. 그러나 비자발적 안락사에 대해서도 심각한 반론이 존재한다.

우선, 어떤 삶에 대해 과연 제3자가 '살 만한 가치가 없다'든가 '내재적 가치를 가지지 않는다'라고 감히 판단할 수 있겠느냐는 것이다. 흔히 선천적 장애인이라든가 식물인간 판정을 받은 사람들이 이 경우의 예로 거론되는데, 시한부 인생이라든가 비참한 삶의 질을 이유로 어떤 삶이 무가치하다고 단정할 수 있을까? 우리는 과거에 우생학이나 공리주의를 내세워 인간의 기본권을 침해했던 사례들을 알고 있지 않은가?

또한 남의 도움으로만 유지되는 삶은 이미 존엄성을 상실한 삶으로서 본인에게나 다른 사람에게 부담만을 준다는 점을 안락사의 이

---

5. 소노 아야코(오경순 역), 『나는 이렇게 나이 들고 싶다』(리수, 2004), pp. 258-9.

유로 거론하기도 하는데, 이는 오직 피상적인 견해일 뿐이다. 인간은 오히려 어려운 사람을 돌보고 돌봄을 받는 과정 속에서 삶의 참된 의미를 깨닫고 상호 성숙할 수도 있는 것이기 때문이다.

반자발적 involuntary 안락사는 판단 능력을 가진 당사자의 동의 없이 시행되는 안락사를 가리키며, 강제적 안락사라고도 한다. 간혹 자신에게 닥쳐올 가혹한 운명을 잘 모르고 있는 당사자의 미래 고통을 덜어주기 위해 안락사가 필요하다고 주장하는 사람도 있다. 하지만 이러한 온정적 간섭주의 paternalism도 생명권이 걸린 문제에서는 용납될 수 없다는 것이 우리의 상식이다. 이는 사실상 일종의 살인 행위에 불과하므로 여기서는 다루지 않기로 한다.

적극적 안락사와 소극적 안락사

자발적 안락사와 비자발적 안락사의 구분이 당사자의 의사에 따른 구분이라면, 적극적 안락사와 소극적 안락사는 안락사를 시행하는 자의 태도에 따른 구분이다.

적극적 active 안락사는 시행자가 처음부터 환자의 생명을 단축시킬 의도로 적극적으로 시행하는 안락사를 말한다. 독극물을 투여함으로써 환자를 죽음에 이르게 하는 경우가 이에 해당된다. 환자의 자발적 의사를 확인한 후 단지 이를 도와주기만 한다는 이른바 '의사 조력 자살 physician-assisted suicide'도 여기에 속하는데, 이미 미국의 판례에서 드러났듯이, 이는 살인으로 규정될 뿐만 아니라 치료자로서의 의사의 본분에도 어긋나는 비윤리적 행위로 여겨진다. 따라서 우리나라를 포함한 대부분의 나라에서 적극적 안락사는 불법으로 간주되고 있다.[6]

적극적 안락사가 환자를 의도적으로 죽음에 이르게 하는 것인데 반해, 소극적_passive_ 안락사는 죽음을 앞둔 환자의 질병 진행을 저지하거나 지연시킬 수 있는데도 그 치료를 유보함으로써 '죽도록 내버려 두는 것_allowing to die_'을 가리킨다. 환자의 상태가 절망적인데도 투약을 하지 않거나 생명 유지 장치를 사용하지 않는 것 등이 그 예이다. 말하자면, 질병을 방치함으로써 자연적인 결과에 이르도록 내버려 두는 것이다.

  그런데 적극적 안락사와 소극적 안락사의 경계가 불분명한 경우들이 있다. 가령 의식이 없는 중환자에게 인공호흡기를 부착하고 수액 주사로 영양을 공급하고 있을 경우, 이를 제거하는 것은 둘 중 어디에 속하는지 애매하다. 생명 유지 장치를 제거함으로써 환자를 죽음에 이르도록 한다는 관점에서 보면 적극적 안락사로 보이는 반면, 무의미한 연명 치료를 중단함으로써 자연스런 죽음을 맞도록 한다는 관점에서 보면 소극적 안락사로 볼 수 있는 것이다. 이 경우는 최근 '존엄사'라는 관점에서 사회적 논란이 된 바 있어, 다음 절에서 '연명 치료 중단'이라는 주제를 통해 좀 더 자세히 살펴보기로 한다.

  안락사 혹은 존엄사라는 개념은 '편안한,' '품위 있는,' '존엄한'이라는 긍정적인 수식어가 붙기는 해도 어쨌든 '죽음'을 의도한다는 점에서 그 자체로 비판의 대상이 되기도 한다. 가령 본인의 의사에 따라 처음부터 인공호흡기를 사용하지 않는 경우와 의사의 지시에 따라 인공호흡기를 사용하다가 중간에 이를 제거하는 경우는 다른 차원의 문제일 수 있다. 전자는 당사자가 자연사를 선택한 것으로서

---

6. 안락사 허용 여부는 국가에 따라 조금씩 차이가 있다. 네덜란드는 1993년에 이어 2000년 11월에 세계 최초로 안락사 법안을 통과시켰다. 벨기에, 스위스, 콜롬비아는 사회 전반적으로 시한부 환자에 한해 안락사를 용인하는 분위기이다. 프랑스에서는 2004년 하원에서 환자가 치료 중단을 요청할 수 있는 '인생의 마지막에 대한 법안'을 통과시켰다. 미국과 호주에서는 1990년대 중반에 몇 개 주에서 안락사를 합법화했다가 다시 폐지하는 등 논란이 끊이지 않고 있다. 우리나라의 경우, 2009년 '무의미한 연명 치료 중단'을 엄격한 조선 하에서 허용하고 있다(『경향닷컴』, 2011년 2월 8일자 참조).

윤리적으로 문제가 없지만, 후자는 죽음을 의도하는 행위라는 점에서 윤리적으로 문제가 되기 때문이다. 따라서 비판적 견해에 따르면, 죽음을 의도하는 행위인 안락사는 근본적으로 용인될 수 없는 것이다.

하지만 안락사를 반대한다고 해서 이것이 곧 강제 치료를 찬성하는 것은 아니다. 예컨대 삶의 마지막 단계에서 우리는 인위적인 생명 유지 장치를 사용하기보다 평화로운 죽음을 원할 수도 있는 것이다. 다음 글은 이러한 경우를 설득력 있게 보여 준다.

암으로 죽은 어떤 사람의 시에 이런 구절이 있습니다.

시인은 아닙니다. 그는 일본의 유명한 내과의사입니다. 천 명 가까운 사람의 임종을 지켜보았다고 합니다. 그 경험을 통해 그 의사는 나름대로 생의 마지막을 어떻게 보낼 것인가에 대한 자기만의 결론을 내렸습니다.

나는 병원에서 내 생을 마감하고 싶지 않다.
그 이유는 내 죽음이 아무렇지도 않게
한낱 업무로서 다루어지기 때문이다.
내 가족에게는 다시 없이 소중한 일인데도.

병원에서 사람이 죽을 때 무슨 사무 보듯 처리되고 있습니다. 하나의 생명이, 한 생애가 막을 내리는데 그 엄숙한 순간에 하나의 물체로 다루어진다는 것입니다. 자기는 그런 구조에 들어가고 싶지 않다는 것입니다.

이것은 노년에만 해당되는 일이 아닙니다. 과연 우리가 죽음을 어떻게 맞이해야 할 것인가, 평소에 생각해 두어야 합니다. 아무 의식도 없는데 호흡을 연장시키기 위해서 기술적인 처치를 하는 것은 누구한테나 형벌입니다. 물론 최선을 다해서 소생시키면 좋습니다. 그러나 살 만큼 살고 인생의

4악장까지 마쳐서 조용히 쉬고 싶어 하는 사람에게, 계속 주사를 놓고 인공호흡을 시키는 것은 당사자한테는 큰 고통입니다. 주사나 산소호흡 같은 것은 죽어가는 사람에게 이물질을 주입하는 것입니다. 그 사람의 남은 목숨이나 마음에 조금도 도움이 되지 않는 일입니다.

[…]

그 의사는 자기는 병원에서 죽고 싶지 않다고 말하고 있습니다. 그런 것을 너무나 많이 겪었기 때문에, 가족과 친구들이 지켜보는 가운데서 자연스럽게 떠나고 싶다는 것입니다. 살 만큼 산 사람은 자연스럽게 잿불이 사그라지듯 돌아가시도록 도와주어야 합니다.[7]

의무론적 관점에서 볼 때, '안락사'라는 개념은 그 자체로 문제가 있다. 안락함, 편안함, 고통 회피라는 '현상적' 이유[安樂]를 들어 존엄한 인간 생명을 보존해야 하는 '예지적' 의무를 포기함[死]을 함축하기 때문이다. 그러나 이러한 현상적 이유[安樂]를 내세우는 것이 아니라 인간의 존엄尊嚴을 유지하기 위해 죽음을 선택한다는 존엄사는 어떻게 보아야 하는가?

2. 무의미한 연명 치료 중단은 윤리적으로 정당한가?

'존엄사'의 개념에 대한 논란

얼마 전 우리 사회는 이른바 '존엄사'에 관한 논쟁으로 뜨거웠던

---

7. 법정, 『한 사람은 모두를, 모두는 한 사람을』(문학의 숲, 2009), pp. 292-4.

적이 있다. 국민의 상당수가 존엄사 도입에 찬성하고 있다는 주장이 있는가 하면, 다른 한편에서는 이에 반대하는 우려의 목소리도 들린다. 이러한 논란은 지난 2009년 5월의 대법원 판결에서 비롯한 것으로 보인다. 논란의 빌미가 되었던 사건 개요를 살펴보면 다음과 같다.

2009년 6월 국내 최초로 대법원에서 '무의미한 연명치료를 중단하라'는 판결을 받은 김할머니(78세)가 인공호흡기를 뗀 지 201일 만인 2010년 1월 연세대 세브란스병원에서 별세했다.

김 할머니는 2008년 2월 이 병원에서 폐암 조직 검사를 받다가 예상치 못한 과다 출혈로 뇌 손상을 입어 식물인간(PVS) 상태에 빠졌다. 이후 보호자 측은 '기계장치로 수명을 연장하지 말라'는 것이 할머니의 평소 뜻이었다며 같은 해 5월 인공호흡기를 제거해달라는 소송을 냈고, 약 1년 만에 '인공호흡기를 떼라'는 대법원의 최종 판결을 받아 2009년 6월 23일 호흡기를 제거했다. 당시 대법원은 '회복이 불가능한 사망 단계 환자의 경우 환자의 의사결정권을 존중, 연명치료를 중단하는 것이 인간으로서의 존엄과 가치 및 행복추구권을 보호하는 것으로서 사회 상규에 부합한다'고 판결 이유를 밝힌 바 있다.

그런데 김 할머니가 예상과 달리 스스로 숨을 쉬면서 생명을 이어가자, 법의학계에서는 '존엄사' 개념을 둘러싸고 혼선이 빚어졌다. 김 할머니 이전에는 통상 임종 단계로 들어선 환자가 인공호흡기나 심폐소생술 등 연명치료를 받지 않고 자연스러운 죽음을 맞게 한다는 뜻으로 존엄사라는 말을 썼다. 그러나 김 할머니 이후 '직접적인 죽음과 연관되지 않은 결정에도 존엄사라는 용어를 쓸 경우 자칫 존엄사가 남용되는 듯한 오해를 불러일으킬 수 있다'는 지적이 나왔다. [사실상 죽음을 초래하지 않은 사안에 대해 죽음(死)이라는 말을 쓰는 것이므로] 이에 일부 학자들은, "앞으로는 존엄사라는 말 대신 '말기 환자에 대한 무의미한 연명 치료 중단'이라는 객관적 용어를 쓰는

것이 바람직하다"고 주장했다.[8]

우선 '존엄사'라는 개념과 관련한 혼란을 피하기 위해 이 용어를 사용하는 것이 과연 타당한지에 대해 검토해 볼 필요가 있다. 일반적으로 존엄사란 '소생할 가망 없이 장기간 식물인간 상태로 있는 환자에 대해 생명 유지 장치 등에 의한 연명을 중지하고 인간으로서의 존엄을 유지하면서 죽음에 이르게 하는 일'을 의미한다고 알려져 있다. 또 일부 사람들은 존엄사를 일종의 '소극적 안락사'의 의미로 사용하기도 한다. 실제로 미국의 오리건 주에서는 소극적 안락사를 존엄사dying with dignity라고 부르기도 하고 존엄적 안락사euthanasia with dignity라고 부르기도 하는 등 안락사와 존엄사의 구분은 그리 명확하지 않다.[9]

그래서 존엄사라는 용어 사용 자체를 문제 삼는 사람들은, 존엄사라는 용어가 환자로 하여금 고통 없이 존엄과 품위를 유지하는 가운데 죽음을 맞게 한다는 긍정적 인상을 주기도 하지만, 실제로는 안락사를 지지하는 사람들이 이를 합리화하기 위해 사용하는 용어이기 때문에 이 용어의 사용은 바람직하지 않다고 주장한다. 또 '존엄한' 생명을 단축시키려는 행위에 대해서 '존엄'이라는 표현을 쓰는 것 자체도 모순이라고 지적한다.

이들에 따르면, 진정으로 품위 있는 죽음이란 회생 불가능한 인간 생명을 인위적으로 단축시켜 죽음에 이르게 하는 안락사가 아니라, 인간다운 삶을 살 수 있도록 최선의 의학적 치료를 다했음에도 돌이킬 수 없는 죽음이 임박했을 때 의학적으로 무의미한 연명 치료를 중단함으로써 자연스럽게 맞이하게 되는 죽음이다. 이때 치료를 해도

---

8. 『조선닷컴』, 2010년 1월 10일자 참조.
9. 진교훈, 「존엄사 법제화의 문제점」(천주교 청주교구 사제연수회 자료, 2009. 4. 21) 참조.

더 이상 생명을 연장할 수 없기에 무의미한 연명 치료를 중단한다 하더라도 이는 생명을 단축시키는 일이 아니다. 환자에 대한 기본적인 간호 행위와 영양 및 수분의 공급과 같은 '정상적인 수단'의 의료 행위는 결코 중단하면 안 되지만, 환자에 대한 단순한 연명 장치로서 인공호흡기나 심폐소생술과 같은 '예외적인 수단'의 사용은 중단할 수 있다. 그러나 이는 단지 '허용'하는 것이지, '권장'하는 것은 아니다. 물론 치료의 중단을 '강요'하는 것은 더더욱 안 된다.[10]

앞에서도 언급했듯이, '존엄사'라는 표현에는 묘한 데가 있다. 존엄한 인간 생명을 포기하는 이유로서 다시 인간의 존엄성을 내세우기 때문이다. '존엄하다'는 말은 원래 비할 수 없이 절대적인 가치를 지닌다는 뜻이다. 그렇다면 절대적인 가치를 지니는 인간 생명을 포기하게 만들 만한 또 다른 절대적인 가치라도 있다는 말인가? 이런 관점에서 볼 때, 존엄사란 안락사를 합리화하려는 의도가 담긴 기만적인 표현일 뿐이라는 지적도 타당해 보인다.

2009년 대법원의 판결이 '존엄사'라는 표현을 일체 사용하지 않고 있는 것은 우리가 이제까지 검토한 존엄사 개념의 문제점을 반영하고 있는 것으로 보인다. 실제로 대법원의 판결문에는 존엄사라는 표현 대신 '무의미한 연명 치료 장치 제거'라는 용어가 반복적으로 사용되고 있다. 이제 아래에서 무의미한 연명 치료를 중단할 때 유념해야 할 점들에 대해 살펴보기로 하자.

연명 치료 중단의 조건

무의미한 연명 치료 중단은 사실상 거의 모든 나라에서 용인되고

---

10. 구인회, 「안락사, 존엄사 그리고 죽음의 의미」, 『가톨릭생명윤리연구소』 No.6(가톨릭대학교, 2010) 참조.

있으며, 우리나라 대부분의 병원에서도 시행되고 있다고 볼 수 있다. 따라서 논의의 초점은 그것에 대한 찬·반이나 허용 여부에 있다기보다 시행 시 유의해야 할 점에 있다고 여겨진다.

대법원의 판결문에서 연명 치료 중단 조치의 조건들로 제시된 것은, 우선 환자가 참으로 회복 불가능한 사망 단계에 접어들었는지에 대한 확인과 더 이상의 연명 치료가 의학적으로 무의미하다는 판단이고, 다음으로 환자 자신의 치료 중단 의사 확인이다.

환자가 회복 불가능한 사망 단계에 접어들었으며 그 환자에 대한 치료가 의학적으로 무의미한지 아닌지에 대한 판단은 원칙적으로 담당 전문의의 소관이다. 만일 전문의가 의료윤리에 위배되지 않는다는 확신을 가지고 어떤 치료가 무의미하다고 판단했다면, 그 전문의의 의견은 존중되어야 할 것이다. 그러나 이는 죽음과 관련된 중대한 사안일 뿐만 아니라 상황 판단에 있어 의사들 간에 견해차가 있을 수 있으므로, 반드시 병원윤리위원회에서 심의하고 결정하는 것이 바람직하다. 또 이러한 결정을 위해 어떤 통일된 지침을 마련하는 것도 필요해 보인다. 2009년 7월 서울대학교병원에서 발표한 '무의미한 연명 치료의 중단에 대한 진료 권고안'[11]이라든지, 같은 해 9월 한

---

11. 2009년 7월 3일 서울대병원 의료윤리위원회(위원장 오병희 부원장)가 발표한 '무의미한 연명 치료의 중단에 대한 진료 권고안' 의 주요 내용은 다음과 같다.
1) 생명을 단축시키려는 의도를 갖는 안락사, 환자의 자살을 유도하는 의사조력자살은 어떤 상황에서도 허용되지 않는다.
2) 환자가 편안하게 임종을 맞이할 수 있도록 호스피스 및 완화의료의 필요성에 대해 환자 및 보호자에게 설명한다.
3) 환자가 사전의료지시서 작성을 통해 연명치료 중단을 요청했을지라도 의료진이 환자의 질환상태와 의사결정능력 등을 고려해 4가지 상황으로 구분, 각 상황에 맞는 의사결정을 한다. i) 사전의료지시서에 근거해 진료현장에서 결정이 가능한 상황, ii) 환자의 추정적 의사를 판단해 진료현장에서 결정이 가능한 상황, iii) 병원 의료윤리위원회의 의학적 판단에 따라야 하는 경우, iv) 법원의 결정에 따라야 하는 경우 등. 특히 환자의 평소 가치관이나 신념 등에 비춰볼 때 자기결정권이 있으면 연명치료 중단을 선택했을 것으로 판단될 때는 환자의 의사를 추정하여 환자의 대리인이 사전의료지시서에 서명할 수 있

국보건의료연구원에서 발표한 '무의미한 연명 치료 중단의 제도화를 위한 12개 항의 기본 원칙'은 이러한 문제의식의 산물로 보인다.

대법원 판결문에 따르면, "이미 죽음의 과정이 시작되었다고 볼 수 있는 회복 불가능한 사망의 단계에 이른 후에는, 의학적으로 무의미한 신체 침해 행위에 해당하는 연명 치료를 환자에게 강요하는 것이 오히려 인간의 존엄과 가치를 해하게 되므로, 이와 같은 예외적인 상황에서 죽음을 맞이하려는 환자의 의사결정을 존중하여 환자의 인간으로서의 존엄과 가치 및 행복추구권을 보호하는 것이 사회 상규에 부합되고 헌법정신에도 어긋나지 아니 한다"고 하면서, 결론적으로 "자기결정권을 행사하는 것으로 인정되는 경우에는 특별한 사정이 없는 한 연명치료의 중단이 허용될 수 있다"고 하였다.

다음으로 환자 자신의 치료 중단 의사 확인과 관련하여, 판결문은 "환자가 회복 불가능한 사망 단계에 이르렀을 경우에 대비하여 미리 의료인에게 자신의 연명 치료 거부 내지 중단 의사를 밝힌 경우(이하 '사전의료지시'라고 한다)에는 비록 진료 중단 시점에서 자기결정권을 행사한 것은 아니지만 사전의료지시를 한 후 환자의 의사가 바뀌었다고 볼 만한 특별한 사정이 없는 한 사전의료지시에 의하여 자기결정권을 행사한 것으로 인정할 수 있다"고 하였다.[12]

여기서 우리는, 대법원이 밝힌 것은 연명 치료 중단의 조건들이지 생명의 인위적인 단축을 허용한 것이 아니라는 점을 다시금 분명히 할 필요가 있다.

또 이번 판결에서 우리가 주목할 점으로, 연명 치료 중단에 관하여

다. 또한, 인공호흡기 등의 특수연명치료에 의존하는 지속적 식물상태이면서 환자의 의사추정이 힘들고 의학적 판단이 어려운 경우에는 반드시 병원 의료윤리위원회의 의학적 판단을 받는다(『메디팜스투데이』, 2009년 7월 7일자 참조).

12. 구영모, 「연명치료 중단을 통한 삶의 종료」, 『철학과 현실』 82호(철학문화연구소, 2009 가을) 참조.

생명권과 자기 결정권이 충돌할 때 어느 기본권이 우선하는지의 문제와, 환자의 의사를 어떻게 확인하고 어느 정도로 추정할 수 있는지의 문제를 들 수 있는데, 치료를 계속할지 여부에 대한 결정권이 의사로부터 환자로 넘어가게 되었다는 점에서 의미를 찾을 수 있다. 그러나 판결의 소수 의견에 나와 있듯이, 환자의 자기 결정이 왜곡될 수 있다는 우려에도 주목해야 한다. 예컨대 '사전 의료 지시서'가 환자의 자유의사로 작성되었다면 별 문제가 없겠으나 어떤 압력에 의해 영향을 받았을 수도 있으므로 그것을 확인하는 절차도 필요해 보인다. 이를 위해서는 사전 의료 지시서의 진의를 병원윤리위원회에서 검토하는 것이 바람직하며, 유럽생명윤리협약에서처럼 환자에게 반드시 사전 의료 지시서를 수정·보완할 기회를 주어야 할 것이다.[13]

앞서 언급했다시피, 무의미한 연명 치료 중단은 사실상 대부분의 병원에서 이미 시행되고 있을 뿐만 아니라 윤리적으로도 별 문제가 없어 보인다. 다만 환자에게 더 이상의 연명 치료가 무의미하다는 의학적 판단과 환자의 진의를 확인하고 추정하는 과정은 언제나 극도로 신중하게 이루어져야 한다는 점을 거듭 강조해 두고 싶다.

3. 뇌사는 인간의 완전한 죽음인가?

예부터 인간은 호흡이 멈추고 심장이 더 이상 뛰지 않으면 그것이 바로 죽음이라고 믿어 왔다. 그러나 현대 의학이 발달하여 다 죽어 가고 있는 사람의 생명도 인공호흡기 등의 장치에 의해 연장될 수 있

---

13. 진교훈, 「무의미한 연명치료중단은 윤리적으로 정당한가」(『세계일보』, 2007년 12월 3일자 〈시론〉) 참조.

게 되면서부터 뇌사腦死 문제가 등장하게 되었다. 기존의 죽음 판정 기준에 대해 일부 의사들이 문제를 제기했기 때문이다. 그들은 뇌사가 곧 인간 생명의 끝이며 죽음이라고 주장한다. 뇌에 혈액, 즉 산소가 공급되지 않으면 뇌가 죽게 되는데, 일단 죽은 뇌는 소생이 불가능하기 때문에, 심장 정지나 호흡 정지보다는 뇌사가 죽음의 기준이 되어야 한다는 것이다.

뇌의 기능과 관련시켜 죽음을 판정하려는 중요한 동기는 잘 알려져 있다시피 죽은 사람, 또는 소생이 불가능하다고 여겨지는 사람으로부터 '살아 있는 장기vital organs'를 떼어내어 이를 필요로 하는 다른 환자에게 이식하는 것을 합법적으로 인정받으려는 것이다. 이것은, 장기를 기증받는다면 생명을 더 연장할 수 있는 사람의 경우, 중요한 관심사가 되지 않을 수 없다. 또한 최선을 다해 환자를 도우려는 의사들의 관심사이기도 하다.

이러한 이유로 사회 일각에서 '죽음은 호흡과 맥박의 정지'라는 현행법을 개정해야 한다는 움직임이 일어나게 되었고, 일부 국가에서는 뇌사를 인간의 사망으로 인정하는 조치를 취하기도 하였다. 일례로 일본 국회는 1997년 6월 17일 뇌사를 인정하는 법안을 통과시킨 바 있다. 그러나 당초 제출되었던 법안이 뇌사를 일률적으로 사망으로 간주하는 것이었던 데 반해, 최종 통과된 법안의 내용은 장기 제공자에게만 뇌사를 사망으로 인정하는 것으로 크게 수정되었다. 즉, '사전에 장기 제공자의 의사를 명확히 확인한 경우에만' 뇌사를 사망으로 인정한다는 것이다.[14] 왜 이와 같은 단서가 붙게 되었을까? 아래에서 뇌사와 죽음의 판정에 얽힌 문제 및 인간의 장기이식에 뒤

---

14. 우리나라의 경우도 이와 다르지 않다. 우리나라의 현행법인 '장기 등 이식에 관한 법률'에 의하면, 장기 기증을 원치 않는 경우 뇌사자는 죽은 것이 아니므로 스스로 심장이 멈출 때까지 심폐소생장치를 제거할 수 없다(구인회, 「장기 이식의 윤리적 문제」, 구영모 편, 『생명의료윤리』(동녘, 2004), p. 137).

따를 수 있는 윤리적 문제들에 대해 검토해 보기로 하자.

뇌사 상태의 뜻과 뇌사 인정의 필요성

뇌사는 뇌가 질병이나 외상에 의해 그 조직이 파괴되어 기능이 완전히 상실되고 그것이 결코 회복될 가능성이 없는 뇌 기능의 완전 정지 상태를 의미한다. 다시 말해서, 대뇌, 소뇌, 간뇌의 모든 기능이 상실되어 인공호흡기를 부착한 상태에서만 폐와 심장의 운동(즉, 호흡, 맥박, 혈압, 체온)이 유지되고 있는 상태를 가리킨다. 뇌사 상태에 놓인 사람은 심장사의 경우와 달리 척추 반사도 있고, 혈액을 통해 인공적으로 영양을 공급해 주면 일정 기간 생명을 유지할 수 있다. 그리하여 이러한 사람의 심장 활동이 정지하기 이전에, 다시 말해서 각종 장기가 부패하기 이전에 아직 살아 있는 장기를 떼어내어 이를 필요로 하는 다른 사람에게 이식시켜 줄 수 있는 가능성이 생기게 되었다. 이런 이유로 일부 의사들은 장기의 이식을 위해 죽음의 기준 시점을 앞당겨 뇌사를 완전한 법적 죽음으로 인정해 주기를 요망하고, 이제까지의 죽음의 판정 기준인 심장사를 뇌사로 바꾸자고 주장하는 것이다.

뇌사를 인정해야 할 필요성이 장기이식을 위해서만 제기된 것은 아니다. 인공호흡이나 보조 장치의 발달로 인해 치명적인 상해를 입은 사람들이 되살아나는 데 큰 도움을 받게 된 것은 사실이다. 그러나 그것이 어떤 사람의 심장을 계속 뛰게 할 수는 있었지만, 뇌의 기능을 회복시킬 수는 없었고, 그 경우 의식을 완전히 상실한 환자 측의 부담은 매우 컸다. 특히 환자를 끝까지 돌보아야 하는 환자 가족들에게는 육체적·경제적으로, 또 병원의 침상을 필요로 하는 다른 환자들에게는 기회가 주어지지 않음으로써 문제가 되었다. 이 경우,

뇌사가 죽음으로 판정되어 그 환자로부터 인공호흡기가 제거된다면, 많은 사람들이 위와 같은 부담을 지지 않아도 될 것이다.

또 뇌사의 인정은 이식하려는 신체 기관이 더욱 건강한 상태로 다른 사람에게 이식될 수 있도록 하는 데 도움이 될 것이다. 다시 말해서, 과거에는 심장사가 죽음의 기준이었으므로, 살인이라는 비난을 받지 않으려면 의사는 아직 심장이 멎지 않은 사람의 장기에 손을 대서는 안 되었다. 그러나 이제 뇌사가 인간의 법적인 죽음으로 인정된다면, 의사는 뇌사 상태인 사람의 장기를 마음 놓고 활용할 수 있게 될 것이다. 경우에 따라서는 가장 적절한 수술 시점까지 이식할 장기들을 보존하기 위해 뇌사 상태의 신체에 혈액순환이나 산소호흡을 계속시킬 수도 있을 것이다. 이 경우, 뇌사 상태인 사람은 법적으로 죽었으므로, 친권자의 동의만 있다면 뇌사자의 장기를 사용하는 데 있어서 그것이 인간 존엄성의 침해라든가 일종의 살인이라든가 일종의 안락사라든가 하는 등의 문제도 발생하지 않을 것이다.

뇌사 인정에 따르는 문제들

뇌사 인정에 따르는 문제들로는 첫째, 죽음의 정의에 대한 문제를 들 수 있다. 인공호흡기의 도움으로 뇌사 상태 환자의 심장과 폐의 기능이 유지되는 경우에는 간장이나 신장 등 많은 장기의 기능도 그대로 유지될 수 있다. 따라서 생물학적으로 볼 때, 그는 완전히 죽은 상태에 있는 것이 아니다. 여기서 뇌사 인정에 대한 반론이 제기된다.

한 사람의 죽음의 순간, 즉 죽음의 정확한 시간을 누가 어떤 방법으로 정확히 측정할 수 있겠는가? 죽음이 하나의 과정 process이라면, 뇌사는 죽어 가는 하나의 단계에 불과할 뿐이므로, 그것은 결코 죽음을 규정하는 필요충분조건이 될 수 없다. 뇌사가 곧 인간의 사실상의 죽음이라는 판단은 일부 의사들의 견해일 뿐이다. 인간의 생사 문제는 의사뿐만 아니라 사회적, 종교적, 철학적 이해를 도외시할 수 없는 것이다.

생명 윤리학자들 가운데에도 인간의 죽음은 하나의 순간적 사건이 아니라 하나의 점진적 과정이라고 보는 사람이 많다. 물론 지금까지 의사들은 관행적으로 심폐기능이 완전히 상실되는 순간을 사망 시간으로 기록하고 있다. 그러나 잘 알려져 있다시피, 뇌사의 시점과 심폐기능이 완전히 상실되는 시점 사이에는 상당한 시간차가 있고, 오늘날에는 인위적으로 그 시간차를 늘릴 수도 있게 되었다. 뇌사는 말하자면 인간이 죽어 가는 과정의 초기 단계라 할 수 있을 것이다.

한편, 뇌사의 인정은 우리의 전통적인 윤리관과 사회문화적 통념과도 어긋나는 데가 있다. 우리의 통념에 따르면, 우리는 설사 뇌의 기능이 완전히 소실되었다 하더라도 아직 심장과 맥박이 뛰고 있고 따뜻한 체온을 지니고 있는 사람을 죽었다고 말할 수는 없다. 죽은 것과 죽어 가는 것은 구별되어야 마땅할 것이다. 뇌사자가 단 몇 시간, 몇 주일밖에 살지 못한다 하더라도 이 기간은 그를 사랑하는 사람들에게는 소중한 시간이다. 한국인은 임종의 순간을 소중하게 생각한다. 임종의 순간, 환자가 비록 아무 말도 할 수 없을지라도, 그 순간을 지켜보기 위하여 그를 사랑하는 사람들은 수만리 밖에서 찾아온다. 이것은 참으로 의미 없는 일인가?

만일 뇌사자가 완전히 죽은 사람이 아니라면, 그에게 남은 삶이 비록 짧다 하더라도, 우리는 그것을 다른 사람의 생존 기간의 길고 짧음과 함부로 비교할 수 없다. 죽음의 문턱에 다다랐던 경험이 있는 사람들에 따르면, 사람은 죽어 가고 있는 (물리적으로는) 짧은 순간에도 지금까지의 자신의 삶 전체가 파노라마처럼 되새겨지는 일을 경험한다고 한다. 인간의 생사 문제는 양적인 시간을 기준으로 그 가치

를 논할 수 없다. 죽어 가고 있는 사람의 얼마 남지 않은 생명도 존귀한 것이다.[15]

둘째, 장기이식과 관련한 문제를 들 수 있다. 뇌사를 사람의 실질적인 죽음으로 판정한다고 할 때, 뇌사에 대한 의학적 진단은 과연 오류를 범하지 않는다는 보장을 할 수 있을까? 어떤 병에 대한 의사의 초진初診 오진률誤診率이 의외로 높다는 것은 이미 잘 알려져 있다. 만약 아직 살아 있는 사람을 죽은 것으로 잘못 진단한다면 어떻게 될 것인가? 만약 뇌사 판정 후 장기이식을 위해 곧바로 장기를 들어낼 경우, 이때의 오진은 살인을 범하는 것과 직결된다. 물론, 우리는 충분한 전문 지식을 가지고 있는 양심적인 의사들의 진단을 믿을 수 있다. 그러나 우리는 생사 문제와 같은 중요한 사안에 있어서는 항상 예외적인 경우 또한 염두에 두지 않을 수 없다. 더욱이 자본주의 사회에서 장기이식을 원하는 사람들 중에는 상당한 부유층도 있다고 가정할 때, 인간 생명의 존엄성을 지키기 위한 최대한의 안전책을 강구해야 하는 것은 당연한 일일 것이다.

장기이식에 있어서 또 하나 전제되어야 할 점이 있다. 인간의 장기는 단순히 기계의 부속품과 같은 것이 아니라는 점이다. 고장 난 기계는 부속품을 교환함으로써 고장 난 부분을 고칠 수 있다. 고장 난 두 대의 기계가 있을 때, 한 기계를 포기하고 거기서 사용 가능한 부속품을 떼어내어 다른 기계의 고장 난 부속품과 바꾸어 줌으로써 다른 기계를 다시 사용할 수 있다. 이때 둘 중 어떤 기계를 폐기처분할 것인지를 결정하는 것은 대개 효용 가치에 따라 좌우될 것이다. 그러나 인간의 경우는 기계와 근본적으로 다르다. 인간은 어느 누구도 다른 사람의 대용품이 될 수 없을 뿐만 아니라, 다른 사람을 위해서 희

---

15. 진교훈, 「철학에서 본 뇌사: 생명윤리의 관점에서」, 『철학적 인간학 연구(II)』(경문사, 1994), pp. 181-4 참조.

생을 강요받아서도 안 된다. 인간은 늙었거나 젊었거나 병들었거나 건강하거나 간에 어느 누구도 다른 사람보다 더 가치 있거나 가치 없는 것이 아니고, 언제 어디서나 존중받아야 할 존재이다. 모든 사람의 생명은 존귀하다. 죽어 가고 있는 사람, 불치의 병에 걸린 사람도 예외가 아니다. 그러므로 인간의 삶과 죽음은 공리적功利的인 관점에 따라 규정되어서는 안 된다. 공리적인 면에서 뇌사를 인정하자는 것은 인간의 생명과 존엄성을 경시할 위험성을 내포하고 있다.

이러한 관점에서 볼 때, 뇌사 상태일지라도 아직 심장과 맥박이 뛰고 그 밖의 장기들이 활동하고 있을 때 장기들을 떼어냄으로써 그 환자의 남은 생명을 단축시키는 것은 일종의 안락사라는 지적을 받을 수 있다. 만일 뇌사자의 장기를 떼어 내는 것이 허용된다면, 혹시 뇌사 이외에도 소생할 수 없는 식물인간 상태의 환자라든가 곧 죽게 될 사형수의 장기를 떼어 내는 것도 허용될 수 있다는 논리가 등장할지도 모른다. 또, 우리가 의심할 여지 없이 확실하고 엄격한 뇌사 판정의 절차를 거쳐 어떤 사람의 뇌사를 확인한다고 할지라도, 여전히 우리는 어떤 의구심을 떨쳐버릴 수 없다. 참으로 의사들은 장기이식을 보다 성공적으로 해내기 위해 뇌사 판정시 부당한 영향을 미치거나 서두르지 않는다고 확언할 수 있을까?[16]

2절에서 이미 살펴본 바 있듯이, 의사가 뇌사 상태의 환자에게 행해 왔던 인위적인 요법이 더 이상 어떤 도움도 주지 않는다는 확신이 섰을 때, 의사는 자기 책임 아래 환자에게 행하던 인공호흡 조치 등을 중단시킬 수 있을 것이다. 이것은 의사의 권한에 속하는 문제일 것이다. 왜냐하면 인공호흡기를 사용하는 등의 적극요법은 원래 생명의 보존과 치료를 목적으로 하는 것이므로, 그 목적이 소멸되었을

---

16. 진교훈, 위의 책, pp. 187-8.

때 이를 중단시키는 것은 윤리적으로 잘못된 일이 아니기 때문이다.

그러나 장기이식을 위해 뇌사 상태의 환자에게서 장기를 떼어 내는 문제에 대해서는 보다 신중한 태도가 요구된다. 우선, 뇌사는 의학적으로는 죽음이라고 할 수 있을지 모르지만 생물학적으로는 완전한 죽음이 아니며, 더욱이 윤리적·종교적 의미에서 이해하는 죽음과도 다르다.

파브르의 『곤충기』에 보면, 어떤 종류의 벌은 풍뎅이나 거미의 중추신경에 침을 꽂아 전신을 마비시킨 후, 거기에 알을 낳아 새끼로 하여금 아직 살아 있는 숙주의 신선한 내장을 먹고 자라도록 한다. 물론 이러한 비유를 '뇌사' 상태의 인간에게 적용하는 것은 무리겠지만, 만에 하나 오진誤診이나 장기 매매 커넥션connection과 관련되어 살아 있는 인간의 몸에서 장기가 적출된다고 할 때, 이는 상상만 해도 소름이 끼친다. 이를 예방하려면, 장기이식은 환자가 완전히 사망한 이후에 시행하는 것이 바람직하다. 이때 환자의 사망 판정에 관여하는 의사는 절대로 장기이식에 관여해서는 안 된다. 아울러 법적으로도 장기이식을 오용할 수 있는 여지를 남기지 않도록 법을 만들고 적용할 때 신중을 기해야 할 것이다. 또한 장기이식시 무엇보다도 본인의 사전 동의나 적어도 가족과 같은 근친자의 동의가 있어야 함은 물론이다.

마지막으로 (뇌사자의 장기가 아닌) 생체 장기이식과 관련한 우리 사회의 풍토에 대해서 한마디 덧붙이고자 한다. 오늘날 우리는 매스컴을 통해 간혹 골수이식, 간이식, 신장이식 등에 관한 사례를 접한다. 고통 받는 이웃을 위해 혹은 부모를 위해 자신의 장기를 기증한 사람들의 선행은 칭송받는다. 그런데 우리는 장기 기증 이후의 기증자의 삶(건강)에 대해서는 별 관심을 기울이지 않는다. 과연 그들은 기증 이전과 동일한 삶의 질을 누리며 살아가고 있을까? 이러한 물음에 대해서 어떤 이는 '그것은 스스로가 원해서 이루어진 일이기 때문에 설사 문제가 생긴다 하더라도 감수할 수밖에 없다'는 식으로 답할지도 모른다. 그러나 만일 거기에 가족들의 은근한 압력이나 어떤 보상에 대한 기대 등이 숨어 있다면, 그것은 인간의 존엄성에 반하는 일이 될 수 있다. 왜냐하면 언제나 목적으로 대우받아야 할 인간이 어떤 다른 목적을 위한 수단으로 간주된 것이기 때문이다.

생각해 볼 문제

1. 네덜란드는 안락사를 용인하는 대표적인 나라로 알려져 있다. 다음 글을 읽고 여러분도 네덜란드인들처럼 안락사에 동의할 수 있는지, 또 그러한 상황은 어떤 상황일 수 있는지에 관해 이야기해 보자.

> 1973년 네덜란드, 포스트마Postma라는 프리즐란드에 사는 한 여의사가 뇌출혈로 고생하는 어머니를 치사량의 모르핀을 투여해 살해했다.
>
> 그녀의 어머니는 뇌출혈로 각종 장애를 앓았다. 몸이 부분적으로 마비됐고, 귀가 멀었으며, 심한 언어장애에도 시달렸다. 의자에 앉아도 떨어질 위험이 있었기 때문에 의자에 묶여 지냈다. 어머니는 딸에게 계속 자신을 죽여 달라고 부탁했다.
>
> 포스트마는 "의자에 매달린 인간 이하의 모습을 견딜 수 없었다"고 어머니를 안락사시킨 이유를 밝혔다. 그녀는 유죄로 판명되었으나 일주일의 형 집행과 1년의 집행유예를 받았다. 이 사건을 계기로 안락사가 처음 법률적인 문제로 떠오른 것은 물론 '편안하게 생을 마감할 수 있는 권리를 달라'는 운동도 네덜란드에서 펼쳐졌다.
>
> 네덜란드는 1993년 2월 9일 안락사 허용 법안을 통과시켰다. 물론 28가지의 조건이 충족된 경우에만 허용하도록 엄격히 제한했다. 2000년 11월에는 세계 최초로 안락사 법안이 통과됐다.
>
> [...]
>
> 2011년 1월 20일 네덜란드 언론은 한 단체가 생을 마감하고자 하는 말기 환자들을 위한 '안락사 클리닉'을 설립할 것이라고 보도했다. 절망적인 상

> 황의 사람들은 지금도 네덜란드 등 안락사를 허용하는 나라들로 죽음의 여행을 떠난다고 한다.[17]

2. 다음은 2009년 9월 28일 한국보건의료연구원이 전문가와 관련 단체 의견 수렴 및 국민인식조사 결과를 토대로 발표한 "무의미한 연명 치료 중단의 제도화를 위한 12개 항의 기본 원칙"이다. 하지만 일부 학자와 종교인들은 이 내용들 중 '법적 정비'나 '법적 근거 마련'과 같은 입법 조치가 필요하다는 데 대해서는 반대 의견을 표명했다. 이들이 반대하는 이유는 무엇일까?

> 1. 뇌사와 식물인간에 대한 법적 정비 필요
> 2. 무의미한 연명 치료 중단에 대한 법적 근거 마련
> 3. 사전의료지시서에 대한 공증제 의무화 반대
> 4. 회생 가능성 없는 말기환자의 경우 무의미한 연명 치료 중단 가능
> 5. 말기 상태의 판정은 담당 주치의와 해당 분야 전문의 등 2인 이상이 수행
> 6. 의사는 말기 환자에게 호스피스 선택과 사전의료지시서 작성 등에 대해 설명
> 7. 의학적 판단 및 가치판단이 불확실할 경우 병원윤리위원회의 역할이 중요
> 8. 영양 공급과 통증 조절 등 기본적인 의료행위는 유지되어야 함
> 9. 사전의료지시서를 통한 심폐소생술, 인공호흡기 중단 가능
> 10. 심폐소생술, 인공호흡기 외의 연명 치료는 의료진의 판단과 환자의 가치관을 고려해 결정

17. 『경향닷컴』, 2011년 2월 8일자.

> 11. 연명 치료 중단이 아닌 안락사 및 의사조력자살은 반대
> 12. 관련 제도 정착을 위한 사회보장제도 강화

3. 다음 글은 뇌사 상태의 산모의 생명을 연장할 수밖에 없는 경우에 대한 보고이다. 이 글을 읽고 아래 물음에 답해 보자.

> 임신한 지 20주 된 31세 부인이 머리에 총상을 입은 채 병원에 실려 왔다. 의사들의 판단에 따르면, 그녀의 뇌의 기능은 완전히 소실되었다. 그러나 그녀의 남편은 산모의 배 속에 들어 있는 아기가 조기 출산되지 않도록 가능한 한 오랫동안 산모를 살려 두고 아기가 살 수 있는 기회를 갖게 해달라고 요청했다. 뇌사를 인간의 죽음이라고 주장하던 의사들도 그의 요청을 수락해서 아기가 출산될 때까지 그 산모를 살려 두고 마침내 무사히 아기를 구해 냈다.[18]

위의 경우 뇌사 상태의 산모는 참으로 죽은 사람인가, 다시 말해서 태아의 생명을 유지시켜 주는 사람을 완전히 죽었다고 말할 수 있는가?

만일 산모가 이미 죽은 사람이라면, 시체에다가 인공호흡을 시키고 영양제를 주사하고 그 밖의 흡입관을 꽂는 셈이 되지 않는가?

---

18. 진교훈, 「철학에서 본 뇌사: 생명윤리의 관점에서」, 『철학적 인간학 연구(II)』(경문사, 1994), p. 183.

10 생명 윤리(2)

인간 복제와 배아 줄기세포 연구

철학적인 관점에서 볼 때, 단지 여분의 세포주를 확보하기 위한 목적으로 복제 인간을 만드는 것은 칸트가 표방한 윤리적 원칙, 즉 인간 존엄의 원칙과 명백히 모순된다. 이 원칙은 개인, 즉 인간 생명이 결코 수단이 아니라 항상 목적으로 간주될 것을 요구한다. 단지 치료 재료를 만들 목적으로 인간 생명을 창조하는 것은 분명 창조된 생명의 존엄성을 존중하는 것이 아니다. … 만약 인간 "조물주"가 그들 자신과 똑같은 피조물, 즉 모든 생물학적 특징이 외적 의지에 의해 결정되는 존재, 절반은 노예로 사용하기 위해서 절반은 불멸의 환상 때문에 살아있는 사람의 신체를 복사한 존재를 창조할 권리를 가진다는 주장을 받아들인다면 세상은 어떻게 될까?[1]

1997년 2월, 영국 에든버러의 로슬린 연구소에서 윌머트 I. Wilmut 박사팀이 6년생 암양의 체세포를 이용하여 그것과 동일한 유전자를 지닌 양, 즉 복제 양 돌리[2]를 만드는 데 성공했다는 발표는 인간의 경우

---
1. 악셀 칸 Axel Kahn, 「포유동물 복제… 인간 복제?」, 『인간복제, 무엇이 문제인가』(울력, 2002), pp. 196-7 참조.

도 체세포 하나를 떼어 내어 원본 인간과 동일한 유전자를 가진 인간, 즉 복제 인간을 만들어 낼 수 있다는 가능성을 보여줌으로써 사람들을 놀라게 했다. 그리고 사실상 인간 복제의 시장화도 시간문제라는 전망이다. 복제 양 돌리 이후 동물 복제 실험은 유행처럼 되어 버렸으며, 많은 사람들은 이러한 동물 복제 기술이 인간을 운명적인 질병으로부터 해방시켜 주리라 기대하고 있다. 유전적 질병을 유전자 조작이나 수선으로 치료할 수 있게 될 것이라든지, 뇌질환, 당뇨병, 심장병 등의 난치병도 배아 복제 실험을 통한 세포배양으로 치료가 가능해질 것이라는 전망도 나오고 있다.

이러한 이유로, 한편에서 인간 복제 기술이 인간 개체의 유일성과 인간 존엄성을 훼손할 것이라는 반대가 있음에도 불구하고, 다른 한편에서는 이 기술이 인간의 가장 근본적인 고통이라고 할 수 있는 생로병사의 고통을 덜어주는 역할을 할 경우 그것은 오히려 인간의 존엄성을 살리는 데 기여할 것이라는 주장까지 제기되고 있다.[3]

과연 인간 복제는 우리에게 축복일까, 재앙일까? 만약 인간 복제가 가시화된다고 할 때, 발생하는 윤리적 문제는 어떤 것일까? 우리는 인간 복제를 포함한 생명공학 분야의 연구를 과학자들의 자율에 전적으로 맡겨도 좋은가, 아니면 법적·윤리적 통제장치를 만들어야 할 것인가?

이 장에서는 위와 같은 물음을 염두에 두고서, 우선 인간 복제와

---

2. 돌리는 이른바 체세포 핵이식 somatic cell nuclear transfer 기술에 의하여 탄생되었는데, 그 과정을 요약하자면 다음과 같다. 6년생 암양 A의 유선乳腺세포를 채취하여 핵을 분리해 내고, 암양 B로부터 난자를 채취하여 핵을 제거한 후, A의 핵을 B의 난자에 이식시켜 배아를 만든다. 그 다음 이 배아를 대리모인 암양 C의 자궁에 착상시켜 A와 유전형질이 동일한 암양을 출산시킨다. 이렇게 해서 태어난 것이 돌리이다.
3. 윤용택, 「인간 존엄성의 측면에서 본 인간복제기술의 문제: 체세포핵치환기술을 이용한 인간복제를 중심으로」, 『대동철학』 제4집(대동철학회, 1999. 6), pp. 1-30 참조.

관련된 몇 가지 용어 및 개념을 구분하고, 인간 복제 문제를 둘러싸고 지금까지 전개된 논쟁의 핵심적 논거들을 살펴본 다음, 인간 복제 및 배아 줄기세포 연구와 관련한 윤리적 문제점을 검토하는 순서로 논의를 펼치고자 한다.

1. 인간 개체 복제와 관련된 문제점

인간 복제human cloning라는 말은 체세포 핵이식 기술을 이용한 생명 복제 기술을 인간을 대상으로 시행하는 것을 말한다. 인간 복제는 그 결과에 따라 배아 복제와 개체 복제로 구분된다. 배아 복제는 체세포 핵이식 기술을 사용하여 배아(정확히 말하면, 임신 시작에서부터 14일까지의 착상 이전의 수정란)[4]를 만들어 내는 것을 의미하는데, 그 이유는 이렇게 만들어진 배아에서 줄기세포를 추출한 후 이식용 장기를 배양하거나 결손 있는 장기를 재생시키기 위해서이다. 개체 복제는 체세포 핵이식을 통해 만들어진 배아를 모체의 자궁에 착상시켜 체세포 제공자와 동일한 유전자를 가진 인간 개체를 만들어 내는 것을 가리킨다. 그래서 전자를 '치료용' 인간 복제라 부르고, 후자를 '생식용' 인간 복제라 부르기도 한다. 이러한 구분에 따를 경우, 배아 복제는 모체의 자궁에 착상시키기 전까지의 배아를 복제하는 것을 말

---

4. 통상적으로 '배아embryo'란, 수정란이 발생을 시작한 후 약 2주에서 8주까지의 상태를 의미한다. 그리고 8주 이후의 상태를 '태아fetus'라 한다. 그러나 흔히 '배아 복제embryo cloning'라 할 때의 배아란 이러한 상태에 있는 배아를 의미하는 것이 아니라 수정란이 발생을 시작한 후 자궁에 착상되기 직전까지의 존재를 가리킨다. 다시 말해서, 임신 시작에서부터 원시선primitive streak이 나타나는 수정 후 14일까지의 존재, 엄밀히 말하면 '전배아pre-embryo'를 가리킨다.

하며, 개체 복제는 이러한 배아를 모체의 자궁에 착상시켜 하나의 완전한 개체가 세상에 태어나게 하는 것을 말한다.

인간 개체 복제에 대한 전망

인간 개체 복제는 체세포 핵이식 기술을 사용하여 핵을 제공한 원본 인간과 동일한 유전자를 가진 인간을 만들어 내는 것을 말한다. 이것은 우리의 상상력을 자극하는 매우 극적인 가능성을 함축하고 있지만, 실제로 그것이 실현될 경우에 예상되는 문제점이 너무 크기 때문에, 극소수 사람들의 주장을 제외하고는 아직까지 공개적으로 가시화될 조짐은 보이지 않는다. 그러나 치료용 배아 복제를 연구하는 과정에서, 자칫 한발 더 나아가 개체 복제까지 시도해 보려는 유혹이 없으리라 단정할 수 있을까?

> 물론 (…) 대부분의 의료인들은 아마도 그 실제 목적이 인간복제처럼 보이는 어떠한 행보도 분명히 피하려 할 것이다. 그러나 모든 사람이 본능적으로 이런 목적으로부터 몸을 사릴 것이라 가정하는 것은 단견이다. 어떤 사람은, 이제 개개인의 지적 능력만으로는 감당하기 어려울 정도로 복잡해진 세상에서 새로운 길을 개척하기 위해서는 뛰어난 천재들을 많이 복제해야 한다고 생각할지도 모른다.
> 게다가, 인간의 난자를 취급하는 안전한 임상적 절차들이 널리 개발되었기 때문에, 복제 실험은 엄청난 비용을 필요로 하는 것도 아닐 것이다. 이러한 시도가 강대국에서만 가능한 것도 아니다. 작은 나라들도 이 일의 성공에 필요한 자원들을 가지고 있다. 뿐만 아니라, 이 일을 위해서 전체주의 국가에서처럼 대리모들을 강제 동원할 필요도 없다. 인간의 생식 행위를 신성한 것으로 여기는 금기는 이미 깨졌으며, 고달픈 삶에 지친 많은 여성들

은 그러한 실험에, 그것이 합법적이든 비합법적이든 간에, 기꺼이 참여하려고 할 것이다. 그러므로 이 일이 현재와 같이 무질서한 방식으로 진행된다면, 복제인간은 향후 20년에서 50년 사이에 지구상에 나타날 가능성이 매우 크다. 또 만약 어떤 나라가 이 사업을 적극적으로 추진한다면 이보다 훨씬 빨라질 것이다.[5]

복제 아기의 출현은 많은 사람에게 당혹과 충격을 안겨줄 것이다. 인간 개개인의 독자성에 대한 가치는 물론이고, 부모 자식 간의 관계도 본질적으로 변하게 될 것이다. 그러므로 전통적인 가치를 존중하고 사회의 안정을 중시하는 많은 사람들이 지지할 만한 가장 좋은 방법은 자연적인 생식 질서에 위배되는 모든 형태의 연구를 제한하는 것이다. 만일 이러한 조치가 취해진다면, 배아 복제 실험은 자금 지원을 받지 못하게 됨으로써 인간 복제의 성공 시점도 연기될 것이다. 더욱 효과적인 방법은 아마도 인간 배아를 활용하는 모든 실험을 즉각 불법화하는 일일 것이다.

그러나 이러한 조치들이 실행될 가능성은 희박해 보인다. 우선 배아 복제 연구를 통해 암 등의 난치병 치료에 중요한 단서를 제공해 줄 유전학적·생화학적 사실들이 속속 밝혀질 가능성이 있다. 따라서 첨단 생명공학에 기대를 거는 이해 당사자들은 인간 복제로 인한 부작용을 이유로 현재 진행 중인 배아 연구나 실험을 중단시키려는 시도들을 무책임한 짓이라고 비난할 것이다. 대부분의 사람들은 몇몇 복제 인간들 때문에 생겨날 부작용보다는 자신들의 직접적인 이익이 걸린 일이 훨씬 더 절실하다고 느낄 것이다. 특히 자기 아이를 갖는 꿈을 이루는 길이 이 방법뿐이라고 믿는 사람들을 설득하기는

---

5. 제임스 왓슨James D. Watson, 「복제 인간을 향한 움직임 : 이것이 우리가 원하는 것인가?」, 『인간복제, 무엇이 문제인가』(울력, 2002), pp. 25-6 참조.

쉽지 않을 것이다.

또 몇몇 나라에서 인간 복제 실험을 금지하는 아주 엄격한 법을 통과시킨다 해도, 이것이 현재의 생명공학 연구 추세를 크게 되돌리지는 못할 것이다. 이 분야의 엄청난 잠재적 가치를 예견한 많은 생명공학자와 임상의학자들이 지금 이 분야로 몰려들고 있을 뿐만 아니라, 한 나라에서 그 실험을 금지시킨다 해도 곧 다른 나라에서 비슷한 실험을 시도할 것이기 때문이다. 현재의 추세대로라면 복제 아기의 출현은 시간문제일 것이며, 결국 그것을 실현시킬 만한 기술을 가진 사람이 명성을 얻게 될 것이다.[6]

그러므로 만일 인간 복제가 참으로 이루어져서는 안 될 일이라는 데 많은 사람들이 동의한다면, 그것은 오로지 국제적인 협조를 통해서만 실질적 성과를 거둘 수 있을 것이다. 이는 그야말로 하나의 세계 윤리 차원의 사안이다. 그리고 그 첫 단추는 아마도 인간 복제를 범세계적으로 불법화시키는 포괄적 선언을 채택하는 일이 될 것이다. 이에 유엔은 2005년 3월 8일 "인간 존엄성 및 인간 생명 보호와 양립할 수 없는 모든 형태의 인간 복제를 금지한다"라는 내용의 선언을 채택한 바 있다.

인간 복제에 대한 찬성 논거

인간 (개체) 복제를 찬성하는 논거로는 다음과 같은 것들이 있다.[7]

첫째, 인간 복제가 죽은 사람을 대신하여 동일한 유전자를 지닌 '대체인'을 만들 수 있다는 주장을 들 수 있다. 아마도 죽은 아이의 대체

---

6. 같은 책, p. 26 이하 참조.
7. 구인회, 「인간개체복제에 관한 윤리적 논쟁들」, 『생명윤리』 제1권 제1호(한국생명윤리학회, 2000. 5), p. 3 이하 참조.

인으로서 부모가 그 복제를 원하는 경우가 있을 수 있다. 물론 이때 복제되는 아이는 단지 그 유전형질만 죽은 아이와 동일할 뿐, 죽은 아이 그 자체가 다시 생겨나는 것은 아니다. 목적으로 대우받아야 할 인간이 이렇게 누군가의(비록 부모라 하더라도) 뜻에 따라 존재가 결정되어도 될 것인가? 그것은 분명 복제된 인간의 도구화를 의미할 것이다.

둘째, 우생학적 혹은 사회 개량적 관점에서 인간 복제를 찬성할 수 있다. 즉, 부모나 사회가 유전병의 위험을 예방하거나 좀 더 우수한 형질의 아이를 얻기 위해서 인간 복제를 이용할 수 있다. 때로는 남녀 성비性比의 균형을 맞춘다든지, 사회가 꼭 필요로 하는 능력을 갖춘 사람을 생산하기 위해 계획적으로 인간을 복제할 수도 있을 것이다. 한 인간이 어떤 사회적 목적을 달성하기 위한 수단으로서 생산되어도 좋은가? 이것 역시 인간의 존엄성에 위배되는 일이라고 비난받을 것이다.

셋째, 인간 복제는 불임 문제 해결의 대안이 될 수 있다는 논변이다. 실제로 자식을 원하는 불임 부부, 미혼자, 동성애자 등은 이 인간 복제 기술을 생식 보조 기술의 하나로 활용하여 소원을 이룰 수 있을 것이다. 인간 복제에 대한 찬성 논거 중에는 이 세 번째 것이 비교적 사람들의 공감을 얻을 수 있을 것으로 보인다. 그런데 이 경우 불임 부부가 가지게 되는 아이는 무성생식을 통해 만들어진, 부 또는 모와 유전형질이 똑같은 아이이다. 즉, 복제된 아이는 '한 부모 아이single-parent child'로서, 그 부모와는 '부자父子 쌍둥이' 또는 '모녀母女 쌍둥이'가 된다. 사람들이 원하는 것은 단지 '자기의 아이'이지 '자기와 똑같은 유전자를 지닌 아이'는 아니지 않을까? 물론 복제된 인간도 하나의 독립적 인격체로서 존중받고 사랑받지 못하리라는 법은 없겠으나, 혹 원본 인간인 부모와의 관계에서 종속적인 위치에 놓이게 되지는 않을까?

　이상 살펴본 복제 인간에 대한 찬성 논변들이 공통적으로 가지고 있는 문제점은 위의 관점들이 모두 '복제되는' 자의 관점이 아니라 '복제하는' 자의 관점에 서 있다는 것이다. 이러한 문제점은 곧바로 그것에 대한 반대 논변으로 이어진다.

인간 복제에 대한 반대 논거

　첫째, 우리가 흔히 말하는 바와 같이 '인간은 단지 수단으로 취급되면 안 된다'는 정신에 비추어 볼 때, 적어도 복제된 인간은 거기에 저촉되는 것처럼 보인다. 원래 보통의 남녀가 성적 결합에 의해 아이를 가지게 될 때, 부모는 그냥 '자신들의 아이'를 원하지 이러이러한 외모와 성격까지 규정된 아이를 원하는 것은 아니다. 물론 복제된 인간도 개체성을 지닌 독립적 인격체로 볼 수 있겠으나, 자기 부 또는 모의 '붕어빵'에 불과한 자신의 모습을 바라보는 복제 인간은 심각한 자아 정체성 위기에 빠지게 될지도 모른다.

　사회적 계획에 의해 생산된 복제 인간의 경우도 마찬가지이다. 주문 상품을 제작하듯이 어떤 목적과 의도에 맞추어 복제된 인간이란 아무래도 수단화되고 상품화되기 쉬울 것이다. 더욱이 앞으로 복제 기술이 계속 발달하여 한 원본 인간으로부터 무수히 많은 복제가 가능해진다면, 특정 형질을 지닌 복제 인간이 대량으로 만들어질 수도 있을 것이다. 그러한 경우, 복제 인간에게는 전통적 의미의 부모가 없다. 그 대신 유전자 제공자와 양육자가 있을 뿐이다. 그리고 아마도 이들은 국가나 공적 양육 기관에 의해 길러질 것이다. 어쩌면 이들이 느끼게 될 소외감은 아주 심각한 것일 수도 있다.

　둘째, 현재의 인간 복제 기술 수준으로는 여러 가지 과학적·기술적 문제로 인해 복제 아기가 육체적·심리적으로 큰 피해를 입을 가능성이 있다는 것이다. 미국의 국가생명윤리자문위원회(NBAC)의 보고서에 의하면, 복제 양 돌리는 277번의 시도 끝에 이루어진 것이며, 이때 사용된 체세포 핵이식 기술 또한 아직은 불확실하고 풀어야 할 과학적 과제들이 많다고 한다.

　기술적 문제들 중 대표적인 것으로는 다음의 두 가지를 들 수 있다. 첫째, 텔로미어 축소 문제이다. 원래 체세포가 분열해 나갈 때, 즉 나이가 들어가면 염색체의 끝 부분인 텔로미어가 축소되면서 유전적 변화가 수반된다. 그리고 텔로미어의 길이가 어느 한계에 이르게 되면, 더 이상 세포분열이 일어나지 않고, 그 세포는 죽게 된다. 만일 27세 성인의 체세포 핵을 이식하여 한 복제 인간을 생산하였을 경우, 그 복제 인간이 27세 성인의 텔로미어 길이를 지닌 세포들로 구성된 상태로 삶을 시작한다면, 그는 정상적으로 성장하지 않을 수도 있다. 이렇게 된다면, 복제 인간 자신 및 그 주변 사람들은 육체적·심리적으로 커다란 피해를 입게 될 것이다. 둘째, 체세포가 분열해 나갈 때 DNA에서 많은 변이가 발생하고, 그것이 세포 내에 축적되면, 암세포의 생성을 촉진시킬 수 있다. 만일 이러한 변이를 내재하고 있는 체세포의 핵을 난자에 이식할 경우, 그 변이는 신체의 모든 세포에 전이되는 생식세포계의 변이로 바뀔 수 있고, 그 결과 유전병이나 암과 같은 큰 피해가 발생할 수 있다. 그러나 현재 상태로는 그러한 핵이식 후에 발생할 위험들에 대해 정확한 평가를 내리기가 어려운 상황이다.[8]

---

[8] 정광수, 「인간개체복제에 대한 윤리적 검토」, 한국생명윤리학회 2001년도 봄철학술대회 발표원고, 제2장 참조. 한편, 체세포 핵이식 기술을 사용하여 복제 동물을 만들어 낸 바 있는 학자들은 동물 복제 과정에서 기형 동물이 발생할 확률이 높다고 말한다. 이와 같은 기형은 '제공된 핵'과 '탈핵 난자의 세포질'의 세포주기가 일치하지 않는 데서도 기인하지만, 제공자의 핵을 화학적 조작을 통해 추출하는 과정, 전기 자극을 가함으로써 제공된 핵

세 번째로 소개할 인간 복제 반대 논변은, 인간 복제가 인간 종의 유전적 다양성을 파괴함으로써 자칫 인류의 멸종을 초래할 수도 있다는 것이다. 이러한 주장의 요지는 다음과 같다.

각 생물 종은 저마다 유전자 풀gene pool을 가지고 있는데, 종 단위 내에서 각 개체들은 유성생식을 통해 자신들의 유전자를 다른 집안의 유전자와 섞는 방식으로 번식한다. 각 종의 유전자 풀의 강점은 그 다양성으로부터 나온다. 때로 그 다양성 속에는 결함을 지닌 유전자도 포함되어 있다. 그런데 이 결함 유전자를 없애버리게 되면 단기적으로는 더 효율이 높은 종이 될지 모르지만, 장기적으로는 종의 생존 능력이 오히려 약화된다. 따라서 생물 종에서 결함 유전자를 없애는 것은 그 생물 종에게 사형선고를 내리는 것과 같다. 인간 복제 기술은 인간을 유성생식이 아니라 무성생식으로 탄생시키는 기술이다. 따라서 이러한 생식 방법이 일반화될 경우, 이는 근친교배와 마찬가지로 인간 종의 유전적 다양성을 약화시킴으로써 결국 인간을 멸종에 이르게 할지도 모른다. 그러므로 아무리 효용성이 크다고 하더라도 인간 종의 유전적 다양성을 해칠 정도로 광범위하게(혹은 빈번하게) 인간 복제를 시행하는 것은 금지되어야 한다는 것이다.[9]

앞에서도 언급한 바와 같이, 생식용 인간 개체의 복제는 매우 선정적인 사안이기는 하지만, 자연과 사회의 근본 질서를 무너뜨릴 수 있

을 탈핵 난자의 세포질과 융합시키는 과정, 또 만들어진 수정란이나 배아를 체외에서 배양시키는 과정 등에서 세포가 겪게 되는 불가피한 자극 때문인 것으로 추정하고 있다. 그리고 이는 인간이라고 해서 예외가 될 수 없을 것이다(황우석, 「동물복제의 현황」, 『과학사상』 제22호(1997년 가을), p. 76 이하). 그렇다면 훗날 체세포 핵이식 기술이 비약적으로 발전하여 인간 복제를 통해 태어날 아기에게 육체적 피해를 입힐 가능성이 거의 없다고 판단될 경우에는 인간 복제를 허용해야 할까? 물론 그렇다고 말할 수는 없다. 인간 복제를 반대하는 이유는 단지 기술적인 문제로 인한 부작용 때문만이 아니기 때문이다. 다만, 기술적인 문제들은 생명공학의 발전과 더불어 언젠가는 상당 부분 해결될 것이기 때문에, 위의 논거를 가지고 인간 복제를 반대하는 주된 근거로 삼기는 어렵다고 말할 수 있을 것이다.
9. 윤용택, 앞의 글, 제3장.

다는 우려와 반감이 워낙 커서, 그 떠들썩한 논쟁에 비해 가까운 시일 내에 가시화되기는 어려울 것으로 보인다. 또 설사 예외적인 소수 집단에서 그것을 시도한다 하더라도, 현시점에서 볼 때 그것이 일반화되기는 힘들 것으로 예상된다. 반면에 인간 '개체'를 복제하는 것이 아니라는 점만 분명히 할 수 있다면, 치료용 인간 배아 복제 연구는 계속 활성화될 것으로 보인다. 거기에 따르는 막대한 효용성과 부가가치를 기대하는 각 나라 혹은 연구소들에서 경쟁적으로 이러한 연구가 이루어질 것이기 때문이다.

2. 인간 배아 복제(배아 줄기세포 연구)와 관련된 문제점

인간 배아 복제는 인간 개체 복제와 기술적으로는 동일하지만, 그 목적이 개체를 얻으려는 것이 아니라 배반포[10] 단계까지 배양하여 배아 줄기세포를 얻거나 거기에 이르기까지의 과정을 연구하려는 것이다. 그 과정을 간단히 살펴보면 다음과 같다.

환자의 몸에서 소량의 조직을 채취하고 이를 효소 처리하여 체세포를 분리한 후, 그 체세포로부터 핵을 빼내어 그것(공여핵)을 핵이 제거된 난자의 세포질에 이식한다. 체세포의 핵으로 치환된 난자를 전기적·화학적 자극을 가하여 인위적으로 활성화시키면, 마치 정자를 받아들인 수정란처럼 발생을 시작한다. 이 복제 수정란을 배양

---

10. 정자와 난자가 수정하여 수정란fertilized egg을 형성하면 수정란은 바로 분열을 시작하여 수많은 세포(할구)들로 이루어진 덩어리가 되는데, 이것을 상실배morula라고 한다. 수정 후 4·5일째가 되면 이 상실배가 두 층으로 분리되어 안과 밖의 세포 덩어리로 나뉘는데, 이 단계를 배반포blastocyte 혹은 포배blastula라 부른다. 보통 이 단계에서 자궁에 착상이 이루어지며, 착상 이후부터 임신으로 본다.

액 속에서 착상 전 단계(배반포 단계) 배아로까지 발생시킨 후 거기서 줄기세포를 추출한다. 그렇다면 줄기세포는 왜 그토록 주목을 받는 것일까?

  질병이나 사고로 장기가 손상되어 정상적인 삶을 살지 못하는 환자를 치료하는 한 가지 방법은 기능이 손상된 장기에 건강한 세포를 이식함으로써 그 기능을 회복시키는 것이다. 예를 들어, 백혈병으로 조혈 기능이 손상된 사람의 골수에 건강한 골수를 이식하여 조혈 기능을 회복시키면 다시 건강해질 수 있다. 이런 방식으로 아직까지 난치병으로 알려져 있는 수많은 질병들이 치료될 수 있는 전기를 맞을 수도 있다. 그런데 손상된 각 장기에 이식할 수 있는 건강한 세포를 얻는 방법으로 기대를 모으고 있는 것이 바로 줄기세포이다. 줄기세포는 인체의 어떤 세포나 조직이나 기관으로도 자라날 수 있는 만능 세포로서 세포 이식 치료술의 이상적인 수단이 된다. 그런데 이러한 줄기세포를 이용한 세포 이식 치료술에도 극복해야 할 문제점이 있다. 면역 거부반응이 그것이다. 장기이식 수술의 경우에서 보듯이, 환자의 유전형질과 다른 유전형질을 가진 세포를 이식할 경우, 거부반응은 피할 수 없다. 여기에서 배아 복제 기술이 도입된다. 즉, 체세포 복제 기술을 이용해 환자의 체세포로부터 배아를 만들어 내고, 이것으로부터 줄기세포를 추출하는 것이다. 이렇게 얻어진 줄기세포는 환자의 유전자와 동일한 유전자를 지닌 세포조직이기 때문에 면역 거부반응을 피할 수 있는 최선의 대안으로 여겨지는 것이다.

  이제 인간 배아 줄기세포 연구와 관련하여 우리가 간과해서는 안 될 몇 가지 문제점에 대해 살펴보고자 한다.

기술적 측면에서 본 문제점

인간 배아 줄기세포 연구는 생명체인 배아를 대상으로 하므로 기본적으로 생명 윤리 논란을 피할 수 없다. 뿐만 아니라 윤리적 문제에 앞서서 기술적으로도 아직 해결해야 할 많은 문제들을 가지고 있다. 그런데도 일부 사람들은 아직 극복해야 할 많은 기술적 난관들이 있다는 점과 그 해결을 위해서는 앞으로도 수많은 연구자들의 피와 땀, 그리고 긴 세월이 필요하다는 점을 충분히 인식하지 못하고 있는 듯하다. 그래서 여기서는 이 연구의 최종 성과를 논하기에 앞서 우리가 알아두어야 할 기술적 측면의 문제들에 대해 살펴보고자 한다.

첫째, 세포 분화 기술이 아직 확립되어 있지 않다. 인간 배아 줄기세포를 가지고 장기가 손상된 환자를 치료할 수 있으려면, 추출된 배아 줄기세포를 원하는 시기까지 분화되지 않은 채로 유지시키고 증식시키는 기술과, 그 다음 단계로서 이를 환자가 필요로 하는 특정 세포로 분화시키는 기술이 확립되어야 한다. 또한 분화되기 이전의 배아 줄기세포를 동물에 주입시켰을 경우 일종의 종양teratoma을 형성하므로, 이식 전에 이러한 분화되지 않은 줄기세포를 제거할 수 있는 기술 역시 개발되어야 한다. 그리고 배아 줄기세포에서 분화된 세포가 어느 분화 단계에서 가장 이식이 잘 되는지에 대한 연구도 이루어져야 한다.[11] 그러나 아직까지 이 모든 단계에 필요한 기술이 개발되어 있지 못하며, 따라서 그것을 위한 인체 실험도 단기간 내에 이루어지기는 힘들 전망이다. 그러한 기술이 확립되기 위해서는 세포학 분야의 다양한 연구와 실험이 뒤따라야 하고 이는 상당한 시일을 요할 것으로 보인다. 더욱이 이러한 연구는 어느 특정 분야에서의 기술

---

11. 김철근, 「배아줄기세포 연구의 과학적, 의학적 가능성과 한계」, 『줄기세포연구와 생명윤리』(한국생명윤리학회 봄철학술대회 자료집, 2002. 6. 15), p. 31.

적 발전만으로 성공을 기약할 수 없으며, 여러 분야에서 골고루 기술 축적이 이루어짐으로써 최종 결실이 맺어질 수 있는 것이기 때문에, 부분적인 성취를 가지고 성급한 기대를 할 일은 아닌 것이다.

둘째, 체세포 핵이식에 의한 배아 복제 줄기세포 활용의 안전성이 아직 확보되어 있지 않다. 체세포 핵이식에 의한 배아 복제 줄기세포는 면역 거부반응이 없을 것으로 기대하고 있지만, 동물실험에서조차 이의 안전성에 대한 우려가 높다. 체세포 핵이식을 통해 태어난 복제 동물의 경우 기형 발생률과 유산율이 높으며, 배반포 시기의 배아 형성률도 낮은 것을 볼 때, 예기치 않은 문제가 발생할 가능성을 배제할 수 없다. 이는 핵이식시 유전체에 가해지는 인위적(전기적·화학적) 자극에 의해 유전자들이 비정상적으로 발현하기 때문일 것으로 추측된다.[12] 또 한 가지는 미토콘드리아에 존재하는 DNA 문제이다. 체세포 핵이식으로 만들어진 줄기세포의 핵은 공여자와 똑같은 유전정보를 가지고 있지만, 줄기세포의 미토콘드리아에 들어 있는 DNA는 공여자의 것과 전혀 다르다.[13] 세포 분화 기술이 발달해서 이 기술을 직접 임상에 적용할 수 있게 된다 하더라도 이 문제는 해결되지 않는다. 장차 이 문제를 피해갈 수 있는 방법이 고안될 수도 있겠지만, 이렇게 서로 다른 미토콘드리아 DNA가 어떤 문제를 일으킬지 우리는 아직 알지 못하고 있다.

셋째, 체세포 핵이식을 통한 배아 줄기세포의 활용만이 난치병 치료

---

12. 같은 글, p. 32 참조.
13. 이런 점에서 볼 때, 우리가 체세포 핵이식을 통해 만들어진 배아를 '복제' 배아라 부르는 것은 문제가 있다. 복제라는 말은 체세포의 공여자와 핵이식을 통해 생산된 배아가 질적으로 동일한 존재라는 전제가 있어야만 쓸 수 있는데, 사실상 유전체의 DNA를 제외하고는 양자가 똑같다고 볼 수 없기 때문이다. 만약 양자가 똑같지 않다면, 이러한 배아에서 추출된 줄기세포를 조직 거부반응 없이 난치병 치료에 적용할 수 있다고 단정하는 것은 성급한 일일 것이다.

의 유일한 돌파구는 아니다. 다른 경로를 통한 줄기세포의 활용 가능성도 열려 있는 것이다. 현재 줄기세포는 세 가지 경로를 통해 얻어진다. 첫째는 이미 실용화되고 있는 성체 줄기세포이다. 골수에서 채취하여 백혈병 치료에 이용되는 성인의 줄기세포, 태어난 아기의 탯줄에서 얻어지는 제대혈 줄기세포 등이 여기에 속한다. 최근에는 리트로바이러스retrovirus를 이용, 성체 세포에 유전자를 집어넣어 역분화를 일으켜 줄기세포를 만드는 유도 만능 줄기세포induced pluripotent stem cell(iPS)에 대한 연구도 활발히 이루어지고 있다.[14]

둘째는 시험관아기 시술을 위해 사용하고 남은 잉여 수정란을 발육시켜 줄기세포를 얻는 방법이다. 그간 배아 복제 줄기세포가 기대를 모았던 것은 면역 거부반응을 피할 수 있으리라는 점 때문인데, 백혈병 환자에게 이식된 골수의 성체 줄기세포가 그간 수많은 생명을 구한 데서 알 수 있듯이, 유전형이 일치하지 않는다 하더라도 치료에 성공할 수 있다는 것은 이미 확인된 사실이다. 이런 점에서, 잉여 수정란을 통한 줄기세포 연구나 성체 줄기세포 연구는 체세포 핵이식 방법보다 윤리적 논란이 훨씬 적으면서도 실질적인 효과를 기대할 수 있는 대안적 방법이 될 수 있을 것으로 보인다.[15]

---

14. iPS는 체세포를 반대 방향으로 분화시켜 모든 장기의 조직으로 자랄 수 있는 발생 초기 상태로 되돌려 놓은 것이다. 난자를 쓰지 않아 생명윤리 문제가 없고, 환자 자신의 체세포를 이용하기 때문에 면역 거부반응도 일어나지 않는다. 이런 장점 덕분에 iPS는 최근 신경계 질환이나 심혈관 질환, 당뇨병 등 난치병을 치료하는 데 이상적인 줄기세포로 기대를 모으고 있다. 최근 우리나라의 차병원 연구팀은, 유전자나 화학물질, 바이러스를 직접 체세포에 삽입해 iPS를 만드는 기존의 방법 — 병을 일으킬 위험이 있다고 지적됨 — 대신, 유전자 이식을 통해 추출한 역분화 단백질을 이용하여 보다 안전한 iPS를 만듦으로써 이 분야의 연구에 기여한 바 있다(『동아일보』, 2009년 5월 29일자).
15. 물론 성체 줄기세포 연구라고 해서 윤리적 문제가 전혀 없는 것은 아니다. 성체 줄기세포 역시 인간 피험자를 대상으로 하는 연구인 이상, 연구 과정에서 기관심의위원회(IRB)의 감독을 철저하게 받아야 한다. 현재까지 성체 줄기세포 연구와 관련하여 드러난 문제점으로는 인체 조직의 상업화 가능성과, 무분별한 임상 시험을 들 수 있다. 2006년 한 일간지의

이상 검토한 모든 요인들을 놓고 볼 때, 이제까지 대중들로 하여금 체세포 핵이식 기술에 대해 과도한 기대를 갖도록 부추겨 온 일부 과학기술자들과 언론의 태도에는 부당한 측면이 없지 않다.

생명 윤리 측면에서 본 문제점

인간 배아 복제 연구는 무엇보다도 윤리적 측면에서 많은 논란거리가 된다. 흔히 지적되는 윤리적 문제들로는 난자 매매, 복제된 배아의 소유권 문제, 난자 확보를 위해 불임 클리닉들에 가해질 압력, 난자의 과배란 유도와 난소 절제술의 남용 등 여성 몸의 도구화,[16] 동물 난자를 이용하는 이종간 교잡 행위의 위험성 등을 들 수 있다. 하지만 논쟁의 가장 중심에 놓여 있는 것은 역시 인간 배아의 생명권과 관련된 문제이다.

배아 연구 과정에서 배아로부터 줄기세포를 추출할 경우 배아는 필연적으로 파괴될 수밖에 없다. 이는 체세포 핵이식을 통해 만들어진 배아이든 불임 클리닉에서 착상을 시도한 후 남은 배아이든 마찬

취재 내용에 의하면, 2004년 118건의 성체 줄기세포 응급 임상 시험이 시도되었는데, 그중 73건을 추적한 결과 사망 12건을 비롯하여 부작용이 발생하거나 증세가 호전되지 않는 등 치료 효과가 없는 경우가 80% 이상이었다. 따라서 골수 이식술과 같이 확립된 치료법이 아닌 성체 줄기세포 연구는 아직까지 임상 시험 단계에 머물러 있다고 할 수 있으며, 이러한 임상 시험도 충분한 동물실험과 과학적 타당성을 확보한 후 자격 있는 연구자에 의해 조심스럽게 수행되어야 할 것이다(권복규 · 김현철, 『생명 윤리와 법』(이화여대 출판부, 2009), pp. 216-7 참조).

16. 체세포 복제를 위해서는 많은 수의 난자가 필요하다. 이 난자를 획득하는 과정에서 여성의 몸은 난자를 제공하는 장소로 여겨질 수 있으며, 난자 채취 과정은 여성의 건강에 위해를 줄 수 있다. 구체적으로 난자 채취 과정에서 여성은 세 가지 정도의 호르몬제를 10일 이상 매일 투여 받는다. 매일 주사를 맞는 것도 불편한 일이지만, 이들 호르몬제는 몇 가지 부작용을 초래하기도 한다. 단순히 난소가 커지는 것 외에, 복강이나 흉강에 물이 차기도 하고, 호흡 곤란, 심지어 간부전, 난소암까지 초래할 수 있다(홍석영, 『인격주의 생명윤리학』(한국학술정보, 2006), pp. 275-6).

가지이다. 여기에서 배아의 도덕적 지위에 관한 논쟁이 벌어지게 된다. 배아를 온전한 인간의 지위를 지닌 생명체로 본다면 이는 일종의 살인 행위가 되는 반면, 배아를 단순한 세포 덩어리로 본다면 이는 인간의 여느 세포조직을 이용한 실험과 마찬가지로 허용될 수 있는 연구가 될 것이기 때문이다. 따라서 배아의 줄기세포를 이용한 연구를 허용하거나 지원하는 문제에 대해서는 배아의 도덕적 지위에 대한 입장 차이에 따라 찬·반 양론이 첨예하게 대립한다.

인간 배아의 도덕적 지위에 대한 관점은 대략 세 가지로 나눌 수 있다.

첫째, 인간 배아는 생성된 순간부터 완전한 인간의 지위를 가진다는 관점이다. 즉, 자궁에 착상되기 전의 인간 배아도 성인과 도덕적으로 동등한 존재라는 것이다. 이에 따르면, 당연히 인간 배아 연구는 전면 금지되어야 한다. 이 견해는 가톨릭교회의 공식 입장이자 많은 개신교 교회와 생명 윤리학자들의 견해이기도 하다.

둘째, 인간 배아를 단순한 세포 덩어리에 불과한 것으로 보는 관점이다. 이에 따르면, 마치 사람의 분리된 체외 신체 조직의 일부가 그런 것처럼, 배아 또한 소유자의 물건처럼 다루어져도 좋다. 다시 말해서, 배아는 체세포 공여자의 소유물에 불과하기 때문에 그것을 만든 자의 의도에 따라 처분될 수 있고, 과학적 실험의 대상이 될 수도 있으며, 실험 과정에서 그것이 파괴되더라도 실험동물의 경우와 마찬가지로 아무런 윤리적 문제가 수반되지 않는다는 것이다. 이 견해는 유물론자와 기계론자들의 지지를 받는다.

셋째, 인간 배아를 잠재적 인간 존재로 보는 관점이다. 이에 따르면, 배아도 일정한 기간이 지나면 인간으로 성장할 수 있기 때문에 어느 정도의 권리를 인정할 수는 있지만, 출생 이후의 인간과 동등한 존재로 받아들일 수는 없다는 것이다. 이는 배아를 이용한 연구로부터 얻을 잠재적 이익과 배아의 도덕적 지위를 동시에 고려하는 절충적 견해로서, 적절한 규제 장치를 갖춘 이후에 배아 연구를 제한적으로 허용하자는 주장을 함축하고 있다. 이 견해는 공리주의자들의 지지를 받으며 많은 생명공학자들이 이러한 견해에 동조한다.

이상 살펴본 인간 배아의 지위에 대한 세 가지 견해 가운데 두 번째 견해는 논의할 만한 가치가 없다. 왜냐하면 드러내놓고 이 견해를 지지하는 사람은 거의 없기 때문이다. 실제로 2002년까지 활동했던 과학기술부 산하 생명윤리자문위원회 위원 20명 중에서 단 1명도 이 견해에 찬동하지 않았다.[17]

주목할 만한 것은 세 번째 견해이다. 이 견해는 현실적으로 다수의 지지를 받고 있으며, 우리나라의 '생명윤리 및 안전에 관한 법률' (2005년 발효) 및 동 법률의 개정안(2010년 5월 보건복지부)도 대체로 이 견해에 입각한 것으로 보인다.[18] 이 견해는 다음과 같은 생물학적 논거에 의해 뒷받침되고 있는데, 그것이 이른바 '수정 후 14일 설'이다. 이 논거를 주장하는 사람들은 일단 생명이 수정에서 시작된다는 사실은 인정한다. 다만 그들은 배아의 발생 과정에서 그 배아가 개체성을 획득하는 경계가 있다고 주장하며, 그것이 바로 수정 후 14일, 즉 척추와 뇌로 발전하기 시작한다고 알려진 원시선 primitive streak이 나타나는 시점이라는 것이다. 그 이전에는 하나의 배아가 일란성 쌍둥이로 분할될 가능성이 있기 때문에 이 시기까지의 배아는 아직 독립된 생명체라기보다 하나의 세포 덩어리라 할 수 있다는 것이다. 즉, 온전한 인간 생명의 시작은 수태 순간이 아니라, 14일 뒤 쌍둥이로

---

17. 진교훈, 「인간배아 복제에 대한 윤리적 고찰」, 『사목』(한국천주교중앙협의회, 2003. 2) 참조.
18. 개정안 제31조 (잔여배아 연구) ①항 참조: "잔여배아는 발생학적으로 원시선이 나타나기 전까지에 한하여 체외에서 다음 각 호의 목적으로 연구에 이용될 수 있다"[강조 필자].

될 가능성이 사라졌을 때라는 것이다. 그래서 이들은 수정 후 14일이 지나 원시선이 나타난 배아에 대한 연구는 허용하면 안 되지만, 그 이전 시기까지의 배아에 대한 연구는 허용해야 한다고 주장한다.[19]

하지만 이러한 주장은 오늘날 더 이상 설득력을 가지기 힘들다. 그것에 반대되는 증거가 나타났기 때문이다. 2002년 7월 4일에 발간된 『네이처Nature』지를 통해 헬렌 피어슨Helen Pearson은 난자와 정자가 수정된 후 24시간 이내에, 지금까지는 원시선이 나타난 이후에야 결정되는 것으로 간주된 현상들이 결정된다는 것을 밝혀냈다. 그녀는, 수정된 배아의 어느 부분이 머리와 다리로 되고 또 어느 부분이 등이 되고 배가 될 것인지는 정자와 난자가 결합한 지 수분 내지 수시간 내에 결정된다는 사실을 밝힌 것이다. 따라서 원시선이 나타나기 시작하는 시기, 즉 수정된 지 14일 이후에 비로소 인간 배아가 완전한 생명으로서의 기능을 발휘할 것이라는 종래의 가설은 그 근거를 상실하였다고 할 수 있겠다.[20]

그런데도 수정 후 14일 이전의 배아는 생명체가 아니라 세포 덩어리에 불과하므로 다른 실험용 세포와 마찬가지로 얼마든지 실험대상으로 삼을 수 있다는 견해가 은연중에 유포되어 배아 복제 연구를 정당화하는 논리로 사용되고 있는 것이 현재의 실정이다.

연구 윤리 측면에서 본 문제점

인간 배아 복제 연구를 지지하는 사람들은 무엇보다도 체세포 복

---

19. 피터 싱어, 「인간의 생명은 언제 시작되는가」, 구영모 엮음, 『생명의료윤리』(동녘, 2004), pp. 94-5.
20. Helen Pearson, "Developmental Biology: Your destiny, from day one" in: *Nature*, Vol. 418, 2002. 7. 4, pp. 14-5.

제 기술을 이용한 기초 생명과학 연구가 몇몇 부작용을 우려한 나머지 위축되어서는 안 된다는 점을 강조한다. 이러한 연구는 불치병이나 난치병을 치료하고 유전병을 예방하기 위한 것이므로 환자들의 권리나 인류의 복지 차원에서 당연히 허용되어야 한다는 것이다. 또 이러한 연구를 위해서는 생명과학에서 발달된 많은 연구기법과 함께 개체발생에 대한 광범위한 기초연구 및 지식 축적이 필요한데, 이를 금지시킬 경우 그 지식이나 기술 면에서 뒤지게 되고, 그것은 곧 외국에 대한 기술적 종속으로 이어진다는 것이다.

이상과 같은 논변들의 특징은 우선 휴머니즘에 호소한다는 점이고, 다음으로 과학기술입국 및 국가 경제 발전에의 기여를 내세워 애국주의에 호소한다는 점이다. 그러나 여기에는 의문의 여지가 많다. 불치병·난치병 환자들의 고통을 덜어 주기 위해 다른 인간존재, 즉 최소한 '잠재적 인간'이라 할 수 있는 배아를 희생시키는 것이 과연 옳은 일일까? 어떤 인간을 위해 다른 인간을 도구화하는 것, 즉 난치병 환자를 치료하려는 목적으로 복제 배아를 생성하는 것이 과연 휴머니즘일 수 있을까? 또 전반적인 기초과학 분야의 발전에 힘쓰기보다 어느 특정 분야의 기술에 과도한 기대를 거는 것이 올바른 과학기술입국 정책이며, 아직 경제적 부를 가져다주리라는 아무런 구체적 증거도 없는 일에 막연한 기대를 부풀리는 것이 과연 진정한 애국일 수 있을까?

우선 휴머니즘에 호소하는 논변에 대해 살펴보자. 불치병이나 난치병 환자의 고통을 덜어 주는 것은 두말할 여지 없이 선한 일이다. 그러나 여기에 어떤 형태로든 다른 인간의 안위가 걸려 있을 경우에는 극도로 신중한 접근이 필요하다. 모든 인간은 존엄한 존재로서 결코 수단으로 사용되어서는 안 되기 때문이다. 혹시라도 인간의 장기를 단순히 기계의 부속품처럼 여기는 사고방식이 개재되어 있다면 문제가 아닐 수 없다. 기계가 고장 났을 경우, 우리는 고장 난 부분의 부속품을 교환함으로써 기계를 고칠 수 있다. 그러나 인간의 경우는 기계와 근본적으로 다르다. 인간은 어느 누구도 다른 사람의 대용품일 수 없으며, 다른 사람을 위해서 희생을 강요받아서도 안 된다. 또 어느 누구도 다른 사람보다 더 가치 있거나 가치 없는 것이 아니고, 언제 어디서나 존중받아야 할 존재이다. 그러므로 아무리 한 인간의 고통을 덜어주기 위한 목적이라 할지라도 그것을 위해 다른 인간을 수단으로 사용할 경우, 또는 결과적으로 그의 생명이나 건강을 심각하게 해칠 경우, 이는 휴머니즘이 아니라 반反휴머니즘이 되는 것이다.

다음으로 애국주의에 호소하는 논변을 살펴보자. 생명과학 연구를 적극 지원함으로써 과학기술입국 및 국가 경제 부흥을 이루자는 데 반대할 사람은 없을 것이다. 우리나라는 과거 경제개발 과정에서 남들이 보기에는 다소 무모해 보일 정도로 중화학공업을 집중 육성함으로써 경제 중흥의 기틀을 마련한 바 있다. 또 그 후 IT(정보 기술) 분야에 집중 투자함으로써 이른바 'IT 강국'이 된 것도 잘 알려져 있는 사실이다. 그래서 이제는 차세대 성장 동력의 하나로 주목받고 있는 BT(생명과학 기술)를 집중 육성할 필요가 있다는 목소리가 힘을 얻고 있다. 하지만 지난 2005년의 줄기세포 논문 조작 사건은, 아무리 국가적 기대를 모으는 사업(연구)이라 할지라도 보다 거시적인 안목과 균형 감각을 가지고 추진될 필요가 있음을 우리에게 일깨워 주었다.

사실, 위의 사건은 미성숙한 한국의 생명과학 국가 연구 체계의 현주소를 잘 드러내 준 사건이라 할 수 있다. 이 사건의 발생 요인으로는 물론 황우석 연구팀이 중심에 있지만, 황우석 연구팀 외에도 줄기세포 연구에 대한 사회적 기대가 너무 지나쳤던 점이라든지, 관련된 기초연구를 골고루 지원하기보다 하나의 연구팀에 연구비와 시설비를 편중되게 지원한 데에서도 이유를 찾을 수 있다. 다시 말해서, 줄기세포 사태는 한국 생명과학 국가 연구 체계의 복합적 결함의 산물이라 할 수 있다. 이제 이러한 문제를 극복하기 위해서는 국가 연구 체계 내의 여러 요소들이 '균형balance과 적정화optimization'를 이루어 보다 성숙한 전략 하에서 체계적으로 실천을 해 나가야 할 것이다. 이와 아울러 연구 체계 전체를 조망하는 시각이 과학자 사회 내에서도 자리 잡혀야 할 것이다.[21] 이러한 문제의식 하에서 볼 때, 인간 배아 줄기세포 연구와 같은 특정 분야를 집중 지원하는 근거로서 애국주의에 호소하는 것은 타당성이 없는 논거라 하겠다. 왜냐하면 그것은 진정한 애국이 될 수 없기 때문이다.

다음 절에서는 인간 존엄성 개념에 대한 심층적인 검토를 통해 인간 배아 연구가 왜 윤리적으로 문제가 되는지에 대해 논하고자 한다.

3. 인간 존엄성에 입각한 생명 윤리

오늘날 자유민주주의 체제에 살고 있는 사람들에게 있어 가장 중요한 이념 중의 하나는 인간의 평등 내지 인간의 존엄성일 것이다. 그런데 이러한 이념은 과연 시대와 장소를 초월한 보편타당한 이념인가? 혹 그것은 현대라는 특별한 시대에, 그것도 지구를 지배하게 된 인간이 자기 자신의 종에게 부여하는 편견의 산물은 아닌가?

인류 역사상 인간 존엄의 이념이 일반화된 것은 비교적 근래의 일일 것이다. 인종, 국적, 나이, 성별, 언어, 피부색, 종교, 재산 등에

---

21. 이정호, 「결함과 치유의 한 방향: 줄기세포 사태와 한국 생명과학연구체계」, 『2006년도 한국과학기술학회 후기학술대회 — STS가 본 황우석 사태』(한국과학기술학회, 2006년 12월 9일), p. 78 이하 참조.

상관없이 모든 인간은 충분하고 완전한 인권을 가지고 있다는 것을 국제법적으로 승인받은 것은 겨우 지난 세기에 들어와서이다. 그렇다면 인간 존엄의 이념은 현대라는 한 특정 시대의 이데올로기에 불과한 것이라고 해야 할까? 그러나 일견 계몽된 생각처럼 보이는 이러한 견해에 우리는 선뜻 동의하기가 어렵다. 왜냐하면 이러한 이념은 시대적 가치이기도 하겠지만, 동시에 인류의 진정한 진보가 이루어 낸 보편적 가치요 아직도 그 실현이 진행 중인 그야말로 '이념'으로서의 가치라 믿어지기 때문이다. 그리고 그것은 사실상 인류의 모든 실천의 밑바탕에 놓여 있는 기본 전제로서의 가치라 여겨지기 때문이다.

흔히 인간 존엄 Menschenwürde이라 할 때, '존엄'이란 단지 교환적 가치를 지닌 존재에 대해 쓰이는 표현이 아니라 대체 불가능한 절대적 가치에 대해 쓰이는 용어이다. 따라서 존엄한 존재인 인간은 언제나 동시에 목적으로 대우 받아야지 단지 수단으로 취급되면 안 된다. 왜냐하면 수단적 가치는 비교될 수 있는 가치요, 결코 절대적 가치가 아니기 때문이다. 그리고 이는 인간이 자연계에서 차지하는 특별한 지위를 전제하고 있는 것이기도 하다. 그렇다면 인간 존재에게 부여하는 이러한 절대적 가치 내지 특별한 지위의 근거는 무엇인가?

인간의 특별한 지위, 즉 인격 지위의 근거가 되는 능력으로서는 흔히 이성, 자의식, 미래 의식 특히 미래의 소망과 관련된 이익, 고통을 느낄 수 있는 능력 등이 거론된다. 그러나 공리주의 계열에서 중시하는 이러한 특정 속성에 근거하여 인격을 규정하는 것은 매우 위험한 일이 될 수 있다. 이 경우, 그러한 속성을 지니지 못한 존재, 예컨대 장애인, 지적 장애인, 의식이 없는 말기 환자, 신생아 등도 존엄성을 지닌 인격체로 인정받지 못할 가능성이 있기 때문이다. 실제로 싱어 Peter Singer는 이런 논리로 신생아의 생명이 돼지, 개, 침판지의 생명보다 더 적은 가치를 가진다고 주장한 바 있다.[22] 하지만 우리가 어린 아기와 애완동물 중 어느 한쪽을 선택적으로 구할 수밖에 없는 상황에 처했다고 가정할 때, (싱어의 말처럼) '지능이 더 높은' 동물을 구해야 한다는 데 실제로 동의할 사람이 있을까?

이러한 문제의식을 통해서 볼 때, 우리는 인간의 존엄성을 인간이 지닌 어떤 특정 속성이나 능력에 근거하여 정당화하고자 하는 논리에는 문제가 있다는 것을 알 수 있다. 만일 그러한 논리를 받아들인다면, 이는 그러한 능력의 유·무에 따라 인간을 차별하는 결과로 이어질 수 있고, 이것은 우리의 상식적 직관에 위배되기 때문이다. 그러므로 우리는 인간 존엄성의 이념을 인간을 향한 우리의 모든 판단과 행위의 근본 전제이자 출발점으로 여기지 않을 수 없다. 다시 말하면, 윤리의 기본 원리이자 하나의 공리axiom로 생각지 않을 수 없다.

그렇다면 인간을 존엄한 존재로 대우하는 것은 어떻게 대우하는 것을 말하는가? 그것은 인간을 단지 특정한 목적이나 다른 인간을 위한 수단으로 취급하지 않고 목적으로 대우하는 것을 의미한다. 그것은 다른 인간을 적어도 자기와 동등한 존재로 대우하는 것을 의미한다. 이는 또한 우리가 모든 인간을 이와 같은 방식으로 대해야 할 책임을 지니고 있다는 것을 의미하기도 한다. '책임의 윤리'로 잘 알려진 요나스Hans Jonas도 '인간에 대한 인간의 책임'을 일차적인 것으로 간주하고 있는데, 그 이유는 인간이 다른 존재보다 권리상 우위에 있기 때문이 아니라 그가 다른 존재의 생명에 대한 책임을 자신의 책임의 대상으로 삼을 수 있는 능력을 그의 책임성 속에 포함하고 있기 때문이라고 말한다.[23] 이제 이처럼 더 많이 아는 자, 더 많은 능력을

---

22. 피터 싱어(황경식·김성동 역), 『실천윤리학』(철학과현실사, 1991), p. 170.
23. 한스 요나스(이진우 역), 『책임의 원칙 : 기술 시대의 생태학적 윤리』(서광사, 1994), p. 179 참조.

가진 자는 더 많은 책임을 지닌 자이다. 그리고 그는 일차적으로 동료 인간을 향해서 자신의 책임을 다해야 한다.

그런데 우리는 동료 인간 중에서도 더 무력한 인간, 더 열악한 처지에 있는 인간에게 더 많은 책임을 느낀다. 왜냐하면 그들은 더 많은 도움을 필요로 하기 때문이다. 동일한 어려운 조건에 처해 있을 때, 우리는 대개 노약자를 우선적으로 배려한다. 또 저항할 능력이 없는 사람을 해치는 것에 대해 우리는 직관적으로 반감을 갖는다. 무력한 인간일수록 더 보호받아야 한다고 느끼기 때문이다. 만일 무력한 인간을 함부로 다루는 데 대해 우리가 분노하지 않는다면, 그것은 우리의 도덕적 감수성이 무디어졌기 때문일 것이다.

우리는 이러한 사고 실험을 태아나 배아에 대해서도 똑같이 해볼 수 있다. 그들은 인간으로서의 잠재적인 가능성을 가지고 있을 뿐 아직 어떠한 능력도 지니지 못한 존재이다. 그들은 인간 중에서도 가장 무력한 인간이며, 따라서 가장 보호받아야 할 존재이다. 혹자는 그들을 인간, 즉 하나의 인격체로서 인정할 수 없다고 주장하지만, 인간 생명은 발생 순간, 즉 수정 순간부터 시작하여 죽을 때까지 연속선상에서 고려되지 않을 수 없다. 따라서 육체적으로나 정신적으로 또는 의식 상태에 있어 낮은 단계에 있다고 여겨지는 인간도 존엄하며 보호받아야 한다. 자아와 육체는 분리되어 있는 것이 아니라 하나이다. 따라서 인간의 인격 지위는 생물학적으로가 아니라 인간학적으로 규정된다고 보아야 할 것이다. 다음 글은 이러한 취지를 잘 설명해 주고 있다.

> 이런 관점에서 볼 때, 인간의 인격적 정체성의 시작은 수정이라는 사건, 혹은 아직 완전한 개체적 존재는 아니지만 그 전체 과정의 시작으로서 임신의 발달과정으로부터 잡아야 한다. (…) 물론 배아, 태아, 신생아는 인격을 지

닌 존재로서 행동할 수 있다는 의미에서의 인격체는 아직 아니다. 그러나 그들이 인격이 될 수 있는 잠재적 능력이 있는 한, 이들에게도 인격체의 지위를 부여할 참된 근거가 있는 것이다. 이는 윤리적으로 부모가 아직 태어나지 않은 아이를 위험하게 하는 모든 것을 피하고 아이에게 유익한 환경을 제공해야 한다는 것을 의미한다. 만일 부모가 아이를 가질 예정이라면, 그 아이가 아직 임신되지 않은 상황에서도 아이에 대한 윤리적 의무를 지닌다. 그리하여 그 부모는 아이의 모든 요구를 존중해야 하는 한, 미래의 아이를 미리, 그리고 상상적으로 인격으로서 대우한다. 만약 그러한 요구가 충족되지 않는다면, 아이는 나중에 자기를 소홀히 대한 데 대해 부모를 비난할 수 있다. 그러한 요구들은 보살핌을 받을 권리, 그리고 참으로 인간다운 교육을 위한 육체적·정신적·사회적 조건들을 제공받을 권리를 포함한다.

[…]

위에 설명한 입장에서 도출되는 윤리적 결론들은 분명하다. 인간존재는 출산 전이나 출산 후 존재하고 발달하는 모든 단계 동안, 그가 인격의 특징적 능력들을 발달시킬 능력이 있는 한, 인간의 지위를 가진다. 또 이미 인격인 인간존재들과 아직 인격은 아니지만 인격이 될 능력이 있는 인간존재들 간에 우리는 어떠한 도덕적 차이도 발견할 수 없다. 따라서 근본적인 인간 능력의 상실을 초래하거나 생명 자체를 잃게 하는 어떠한 해로운 행위도 윤리적으로 금지되어야 한다. 마찬가지로 인격 지위를 지니고 있는 어떠한 인간존재에 대한 조사나 실험도 윤리적으로 금지되어야 한다. 명백히, 배아는 그런 조사에 동의할 수 없다. 인격 지위는 인간존재의 가장 높은 도덕적 지위이기 때문에, 인격가치와 무관한 이익이나 더 낮은 선들 사이에서 경중을 따지는 것에 의해 좌우될 수 없다. 오직 인격 지위를 가진 존재들 사이에서 생명 요구가 서로 충돌할 때, 그리고 이 충돌이 그들의 인격 지위에 대한 고찰만으로는 해결될 수 없을 때에만, 인격 지위가 아닌 다른 이유들로 생명 요구의 경중을 재는 것이 윤리적으로 정당화될 수 있다(예를 들어 태아가 산모의 생명을 위협할 때). (…) 인간배아에 대한 연구는 인격으로서의 배아의 지위에 내포된 배아의 권리가 침해되지 않을 때에만 윤리적으로 허용될 수 있다. 그러므로 오직 다른 인격의 이익을 위해서 배아를 창출하거나 희생시키는 것은 모두 부당하다.[24]

흔히 인간 배아 복제 연구를 허용해야 한다고 주장하는 사람들은 불치병·난치병으로 고생하는 인간의 처지를 구원하기 위해 배아의 희생이 불가피하다고 말한다. 그러나 어떤 목적도, 설사 그것이 인간의 생명을 구하기 위한 목적이라 하더라도, 다른 인간의 희생을 전제로 추구되어서는 안 된다. 그것은 인간을 수단화하는 것이요, 인간의 존엄성에 위배되는 일이기 때문이다.

---

[24] R. Wimmer, "Bioethical Aspects of a Freedom-Based Conception of Personhood" in: *Jahrbuch für Wissenschaft und Ethik*, Bd. 8, 2003, pp. 123-4.

┄┄┄┄┄┄┄┄┄┄┄┄┄┄┄┄┄┄ ❰ 생각해 볼 문제 ❱ ┄┄┄┄┄┄┄┄┄┄┄┄┄┄┄┄┄┄

1. 다음 글은 체세포 핵이식을 통한 인간 복제에 찬성하는 입장을 피력하고 있다. 필자가 내세우는 근거는 무엇이며, 이에 대한 여러분의 의견은?

> 체세포 핵이식 아이에게 예상되는 대부분의 해악들은 체세포 핵이식 아동에 대한 타인들의 속단과 편견에서 기인한다는 점에 주목하라. (당신은 복제된 아이가 되기를 원하십니까? 당신은 사람들이 당신에게 변종 내지는 단지 한 명의 유전자 부모를 가졌다고 부르는 것을 상상할 수 있습니까?) 이러한 사회적 기대는 단지 사회적 기대에 지나지 않는다는 점을 기억하는 것이 중요하다. 그것은 빠르게 변화할 수 있다. 사실 부모는 처음에는 매우 높은 기대감을 가질 수 있고, 다른 사람들은 그런 아이를 편견을 가지고 바라볼 수 있다. 하지만 첫 번째 시험관아기가 태어난 후에 그러한 불합리한 태도가 사라졌듯이, 이 경우에도 또한 사라질 것이다.
>
> […]
>
> 앞에서 제기된 비판 노선의 많은 부분들은 논점을 회피한 채 체세포 핵이식으로 태어난 사람이 결함을 가지고 있을 것이라거나 혼란을 경험할 것이라 가정하고 있다.
>
> […]
>
> 결론적으로, 체세포 핵이식이 인간에게 해악을 끼칠 것이라고 예상하는 것들은 매우 과장되어 있고, 비교 기준을 결여하고 있으며, 알려지지 않은 것에 대한 비이성적인 두려움에 기인하고, 익숙한 것들이 가지는 더 큰 위

> 험을 간과하고 있으며, 때로 아마추어가 안락의자에서 머릿속으로만 하는 추측에 기반하고 있다. 일단 체세포 핵이식이 인간 이외의 포유동물에게서 정상적인 유성생식만큼 안전하다는 점이 밝혀지면, 그러한 반대는 사라질 것이다. 체세포 핵이식이 많은 아이들에게 실질적인 도움이 될 수 있다는 다른 주장들에 비추어 볼 때, 아이들에게 해를 끼칠 수 있다는 주장은 체세포 핵이식이 가지는 여러 가지 잠재적인 이익과 저울질을 해볼 필요가 있는, 설득력이 약한 주장이다.[25]

2. 다음 글이 말하고자 하는 핵심적 논지를 밝히고, 복제 인간과 원본 인간의 관계를 일란성 쌍둥이의 경우와 비교해 보자.

> 생명공학이 결코 건드리지 못할 생명의 한 부분이 있다. 신체를 복제하는 것은 가능하겠지만, 뇌를 복사하는 것은 불가능하다. (…) 같은 유전자들로 이루어진 복제세포들조차 그 모양이나 색깔은 약간씩 다르다. 그 차이들은 아주 미미한 것이기 때문에 보통은 무시된다. 그러나 세포들이 합쳐져서 유기체를 이룰 때에는 그 차이들은 대단한 것이 된다. 경계선을 넘은 것이며, 개성이 탄생한 것이다. (…) 결론을 내려보자. 뇌를 연결하는 문제는 너무나 복잡해서 그것은 게놈 컴퓨터의 능력을 넘어선다.
>
> 유전자가 할 수 있는 최선은 연결의 개략적 배치와 뇌의 일반적 형태를 지시하는 것이다. 이 초기 단계에서 뉴런들은 얼마간 무작위로 배치되고, 그 다음은 그들 자신의 방식에 맡겨진다. 출생 후, 경험이 연결들을 만들기도 하고 끊기도 하면서 뒤엉킨 것을 다듬어 정확한 회로를 만들어 간다. 아

---

25. 그레고리 펜스Gregory E. Pence, 「복제는 사람에게 해로운가?」, 『인간복제, 무엇이 문제인가』(울력, 2002), pp. 217-21 참조.

주 초기부터, 유전자 속에 있는 것과 뇌 속에 있는 것은 다르다. 그리고 그 차이는 뇌가 성숙하는 데 따라 점점 커진다. (…) 유전적으로 동일한 쌍둥이, 즉 자연적 복제들조차, 서로 다른 신경다발들을 지니고 태어난다. 연결들이 원초적으로 형성될 때의 미묘한 차이들이 한 아이는 특히 반짝이는 빛에 끌리게 만들고, 다른 아이는 어떤 유형의 소리에 민감하게 만든다. 이 쌍둥이들을 여러 날 같은 방에 있게 한다 하더라도 이 자연적인 편차는 이들 각자를 서로 다른 방향으로 끌고 갈 것이다. 감각들을 통해서 오는 경험은 고유한 회로를 형성하는 원인이 된다. 일단 쌍둥이들이 그 방을 떠나면 그들 사이의 차이는 더욱 증가할 것이다. 쌍둥이 중 하나를 시계 방향으로 보내고 다른 하나는 시계 반대방향으로 보내면, 그들은 더욱 달라진 두뇌를 가지고 돌아올 것이다. 인공적 복제인간들의 경우에는 그 차이가 더욱 빨리 벌어질 것이다. 왜냐하면 그들은 몇 년씩 떨어져 태어날 것이고, 서로 다른 세계에서 태어날 것이기 때문이다. 복제는 단지 유전자까지만 미친다. 그러나 최종적인 복제는 인간 두뇌의 시냅스 하나하나를 복사해서? 만일 그러한 기술이 가능하다면, 비록 잠깐 동안일망정 우리는 두 개의 동일한 마음을 가질 수 있을 것이다. 그러나 그 때 20478288번 뉴런이 첫 번째[복제인간①] 뇌에서 우연히 발신하고, 두 번째[복제인간②] 뇌는 조용하다. 이 작은 활동은 작은 폭포를 이루고, 일부 회로를 다시 형성하게 할 것이며, 거기에는 다시 두 사람의 개인이 있게 될 것이다.

우리 각자는 우리 머릿속에 상상을 초월하고 복제를 초월하는 복잡성을 가지고 있다. 그러한 의미에서는, 철저한 유물론자조차도 모든 사람이 영혼을 가지고 있다는 데 동의할 것이다.[26]

---

26. 조지 존슨George Johnson, 「걱정 마라: 뇌는 아직 복제할 수 없다」, 『인간복제, 무엇이 문제인가』(울력, 2002), p. 31 이하 참조.

3. 다음 글에서 제기하는 물음에 답하되, 근본적으로 이종교잡異種交雜이 왜 문제가 되는지에 대해 윤리적인 관점에서 설명해 보자.

> 인간의 배아 또는 난자와 체세포핵을 이용한 체세포 복제 배아줄기세포 연구가 위와 같은 많은 문제점을 안고 있기 때문에 이를 극복하기 위한 수단으로 동물의 난자에 사람의 체세포핵을 이식해서 줄기세포를 만들려고 하는 시도가 있어 왔다. 사용되는 동물로는 쥐, 토끼, 소 등이 있는데, 이들의 난자는 어쨌든 구하기 쉽고 인간 난자에 비해 비교적 다루기도 쉬운데다가 그것의 사용에 수반되는 물의를 일으키지 않기 때문이다. 그리고 이와 같은 연구를 통해 체세포핵의 유전자(DNA)가 어떤 경로를 거쳐 소위 '역분화'를 일으키는지에 대한 실마리를 얻을 수 있을 것이며, 이는 줄기세포 연구에서 핵심적인 부분이 될 수 있다. 하지만 이는 '이종교잡'이라는 윤리적 문제를 제기한다. 즉 동물의 난자에 인간의 정자를 수정시켜 반인반수半人半獸의 잡종을 만든 것은 아니지만, 어쨌든 수핵세포질(난자)이 동물로부터 기원했고, 여기에 인간의 체세포핵(정자)을 주입하여 배아를 생성했다는 것은 대부분의 사람들에게 도덕적 혐오감을 불러일으킬 수 있다. 또 만약 이와 같은 배아를 동물이나 사람의 자궁에 착상시켜 태어나게 한다면 그 존재의 정체는 무엇인가?[27]

---

27. 권복규 · 김현철, 위의 책, p. 212.

11 생명 윤리(3)

동물권 animal right

그동안 내가 먹은 동물들을 위해 기도합니다./우직한 소와 돼지를 위해/뾰족 부리를 가진 닭을 위해/인도와 네팔을 여행하며 배고프다는 이유로 잡아먹은 순박한 눈의 검은 염소를 위해/그동안 내가 마구 더럽힌 물을 위해/내 발 아래 파헤쳐진 어머니 대지를 위해 기도합니다./생각이 다르다는 이유만으로 차갑게 등 돌린 사람들을 위해/내가 묵묵히 지켜보기만 한 가난하고 불행한 이들을 위해/나 자신도 모르게 헛되이 써 버린 그 많은 시간들을 위해 기도합니다./이제부터 그렇게 하지 않기 위해.

— 류시화, 「나 또한 그렇게 살기 위해」 중에서

동물에게도 권리가 있는가? 만일 있다면 음식으로서 고기를 먹는 사람들은 동물들의 권리를 침해하고 있는 것인가? 또 질병 연구와 의약품 개발을 위해 동물실험이 불가피한데, 이 경우에도 동물의 권리를 침해하는 것은 아닌가?

우리는 이전 장들에서 (특히 생명 존중 사상이나 대지 윤리 등을 통해) 윤리적 고려의 범위가 확장되어야 한다는 주장을 접한 바 있다. 만일 윤리가 인간의 범주를 넘어 적용되어야 한다면, 그 첫 번째 대상은 아마도 동물(그중에서도 포유동물)일 것이다. 동물은 인간과 가장 유사하고 또 우리와 교감할 수도 있는 존재이기 때문이다. 하지만 현실적으로 동물을 인간과 동등한 수준으로 대우해야 한다는 주장에 동의할 사람은 별로 없을 것이다. 따라서 동물의 권리를 주장한다 하더라도 그 본래의 취지는 동물이 인간과 동일하다거나 동등한 대우를 받아야 한다는 것이라기보다 인간처럼 고통과 공포를 느낄 수 있는 동물을 너무 함부로 대하지 말고 가능한 한 배려해야 한다는 것일 것이다.

그렇다면 동물도 인간처럼 쾌·고의 감각을 가진 존재라는 점이 우리가 동물의 도덕적 지위나 권리를 인정해야 할 이유가 되는 것일까? 어떤 존재가 도덕적 지위나 권리를 갖게 되는 조건은 무엇이고, 또 그러한 권리를 인정하는 기준선은 어디에 그어져야 하는가? 아니 도대체 인간 이외의 존재(생명)에 대해 권리 개념을 적용하는 것이 타당한가? 만일 타당하지 않다면, 인간 이외의 존재에 적용할 수 있는 대안적 윤리에는 어떤 것이 있는가?

이 장에서는 이러한 문제의식 아래, 우선 동물의 지위에 대한 대표적 관점들을 살펴보고, 동물에게도 '권리'라는 말을 적용할 수 있는지의 문제를 검토한 다음, 권리나 도덕적 지위 등의 개념을 넘어선 대안적 생명 윤리를 모색해 보고자 한다.

1. 동물의 지위에 대한 관점

(1) 근대 이전

서양 윤리 사상의 두 가지 뿌리는 헤브라이즘Hebraism과 헬레니즘 Hellenism이다. 전자는 유대·그리스도교적 사상을, 후자는 고대 그리스 사상을 가리킨다. 그러므로 동물들에 대한 서구인들의 태도를 이해하고자 할 때, 우리는 우선 이 두 가지 전통과 관련된 관점을 살펴보지 않을 수 없다. 이 관점은 대체로 인간중심적homocentric 경향을 띤다.

유대·그리스도교적 관점

서양 사회의 중심 종교가 된 유대교와 그리스도교 및 이슬람교에서는 인간과 인간 이외의 동물들 사이에 위계位階가 뚜렷하였다. 그들은 신을 기쁘게 하기 위한 성대한 제사 의식을 거행하면서 흔히 가축을 희생물로 바치곤 했다. 성서「창세기」는 창조 과정에서부터 인간과 동물의 상호 종속적 관계 및 신분적 차이를 명확히 하고 있다.

> 하느님께서는 "우리 모습을 닮은 사람을 만들자! 그래서 바다의 고기와 공중의 새, 또 집짐승과 모든 들짐승과 땅 위를 기어 다니는 모든 길짐승을 다스리게 하자!" 하시고,[1] … 살아 움직이는 모든 짐승이 너희의 양식이 되리라. 내가 전에 풀과 곡식을 양식으로 주었듯이 이제 이 모든 것을 너희에게 준다.[2]

---
1. 공동번역『성서』(일과 놀이, 1999),「창세기」1:26.
2. 위의 책,「창세기」9:3.

위의 구절은 신이 인간에게 어떤 목적으로든 동식물을 사용할 수 있는 권한을 전적으로 위임하고 있다는 해석을 낳았다. 즉, 동식물은 인간과는 다른 차원의 존재들이며, 따라서 인간은 그들을 자신의 필요에 따라 마음대로 이용할 수 있는 자격을 부여받았다는 것이다. 이러한 전통에 따르면, 도덕적으로 의미 있는 존재는 오직 인간뿐이다.

고대 그리스 사상, 특히 아리스토텔레스의 관점

아리스토텔레스는 이 우주의 모든 존재가 목적과 수단의 위계질서 아래 놓여 있다고 생각했다. 자연은 본래 더 높은 이성 능력을 갖춘 존재들을 위해 더 낮은 이성 능력을 지닌 존재들이 존재하는 계층구조를 이루고 있다는 것이다. 그는 유대·그리스도교적 관점에서처럼 인간과 다른 동식물의 지위를 근본적으로 다른 것으로 보지는 않았지만, 이성 능력으로 인해 인간이 다른 존재보다 상위에 있는 존재라는 점은 분명히 하였다. 식물과 동물과 인간은 모두 영양을 섭취하고 생식을 하는 점에서는 같지만, 동물과 인간은 감각·욕구·기억·상상력 등의 능력을 지니고 있다는 점에서 식물과 구별되고, 또 인간은 이성 능력을 지니고 있다는 점에서 다른 동물과 구별된다는 것이다.[3]

다음 인용문은 그의 견해를 잘 보여 준다.

> 식물은 동물을 위해 존재하며, 짐승들은 인간을 위해 존재한다. 따라서 가축은 인간이 사용하거나 음식으로 먹기 위해 존재하며, 야생동물들은 식용 및 의복이나 다양한 도구와 같은 삶의 다른 부속품으로 사용되기 위해 존재

---

3. Tom Regan, "Treatment of Animals" in: *Encyclopedia of Ethics*, 2nd. ed. Vol. 1 (New York and London: Routledge, 2001), p. 70.

한다.

자연은 어느 것도 아무 목적 없이, 또는 이유 없이 무엇인가를 만드는 법이 없다. 그러므로 자연이 인간을 위해 모든 동물을 만들었다는 것은 의심의 여지가 없다.[4]

토마스 아퀴나스의 관점

위에서 살펴본 유대·그리스도교적 관점과 아리스토텔레스의 관점을 모두 이어받은 중세기의 대표적 사상가는 성 토마스 아퀴나스이다. 그에게서도 우리는 일관된 동물관을 엿볼 수 있다.

한 사물을 그 사물이 지향하는 목적을 위해 사용한다면 거기에는 아무런 죄도 없다. 사물의 질서는 불완전한 것이 완전한 것을 위해 존재하는 방식으로 이루어져 있다. (…) 단순히 생명만을 가지고 있는 식물과 마찬가지로 모든 사물은 동물을 위해 존재한다. 그리고 모든 동물은 인간을 위해 존재한다. 따라서 "철학자"[아리스토텔레스]가 말하고 있는 바와 같이, 우리가 동물의 선을 위해 식물을 사용하는 것이나 인간의 선을 위해 동물을 사용하는 것은 모두 적법하고 옳다.

[…]

이제 동물이 식물을, 그리고 인간이 동물을 음식으로 사용하는 것은 필수불가결한 듯이 보인다. 그런데 생명을 빼앗지 않고서는 어떤 존재를 음식으로 사용할 수가 없다. 따라서 동물을 위해 식물의 생명을 빼앗는 것, 그리고 인간이 사용하기 위해 동물의 생명을 빼앗는 것은 적법하다. 사실상 이는 하느님의 명령과도 부합된다.[5]

---

4. 피터 싱어(김성한 역), 『동물해방』(인간사랑, 1999), p. 321에서 재인용.
5. 피터 싱어, 위의 책, p. 328에서 재인용.

아퀴나스에 따르면, 신의 관점에서 볼 때 비이성적인 존재는 아무런 가치를 갖고 있지 않다. 그것은 오직 이성적 존재의 목적을 위해서만 존재한다. 아퀴나스가 비록 '권리'라는 말을 사용하지는 않았지만, 오직 인간만이 도덕적으로 중요하다는 것이 그의 입장임은 분명해 보인다. 심지어 그는, 인간은 동물에게 잘못을 범할 수 없으며, 그럴 경우가 있다면 그것은 오직 도덕적으로 중요한 존재인 인간에게 간접적으로 잘못을 범할 때뿐이라고 주장했다.[6]

이제까지 살펴본 서양의 전통적 관점은 일관되게 동물을 인간에게 종속된 존재로, 인간을 위한 수단으로 보았다고 할 수 있다. 하지만 고대 동서양의 전통에서 오직 인간중심적 관점만 있었던 것은 아니다. 고대 인도의 종교 전통에서 우리는 탈인간중심적 관점을 찾아볼 수 있다.

고대 인도 종교의 관점

BC 3000년 경 고대 산스크리트의 베다 전통에서 우리는 아힘사 ahimsa의 교의를 찾아볼 수 있다. 그것은 한마디로 '불살생,' 즉 '모든 살아 있는 존재에게 나쁜 마음을 품지 않음'을 의미한다. 이러한 교의(계율)는 불교, 힌두교, 자이나교의 전통 속에서 계속 유지되어 왔다.[7] 슈미트하우젠 L. Schmithausen에 따르면, 불살생은 "반드시 채식주의와 연관되는 것은 아니지만, 모든 살아 있는 생물을 해치는 것, 특히 죽이는 것을 일관되게 자제하는 생활태도 혹은 양식"을 가리킨다. 여기서 우리는 불살생의 정신이 인간을 넘어 동물과 다른 생태계

---

6. Evelyn Pluhar, "Animal Rights" in: *Encyclopedia of Applied Ethics*, Vol. 1 (San Diego: Academic Press, 1998), p. 165.
7. Evelyn Pluhar, 위의 책, p. 163.

에까지 적용될 수 있는 가능성, 즉 인간중심주의를 넘어 생명 중심주의 내지 생태 중심주의로 나아가는 생태 윤리학의 근거가 될 수 있는 가능성을 엿볼 수 있다.[8]

흔히 '아힘사'의 기원을 영혼이 윤회한다는 윤회설에서 찾기도 하는데, 이에 따르면 인간과 동물은 둘 다 영혼을 지닌 존재로서 그 차이는 단지 전생의 행위 결과에 따라 태어난 형상의 차이일 뿐이다. 예컨대 인간이 지금의 생에서 악행을 한다면 다음 생에서 동물로 태어날 수 있고, 반대로 동물이 선행을 한다면 다음 생에서 인간으로 태어날 수도 있다. 따라서 인간과 동물은 행위의 결과를 주고받는 주체로서 같은 존재의 다른 모습으로 간주된다. 이처럼 인간과 동물이 근본적으로 다른 차원의 존재가 아니라 모습만 바뀐 같은 차원의 영혼이라는 관점을 취한다면, 동물을 윤리적 범주에 포함시키는 사고가 가능해질 수 있다.[9]

(2) 근대 이후

이성주의적 관점

근대 이성주의 철학을 대표하는 데카르트에 따르면, 이성적이지 않은 존재는 고통을 경험할 수 없다. 물질적 육체와 비물질적 영혼의 혼합체인 인간과 달리, 동물은 의식이 없는 기계일 뿐이다. 동물도 감각 능력을 지니고 있기는 하지만, 그들이 고통을 느낀다고 볼 수는 없다. 인간 아닌 존재의 '감각'이란 마음에 현전하는 것이 아니기 때

---

8. 김수아, 「생태불교학을 위한 근본윤리로서의 불교의 불살생」, 『불교학연구』 제16호(불교학연구회, 2007. 4), p. 306.
9. 김수아, 위의 책, p. 314.

문에, 그들에게는 어떤 경험도 가능하지 않다. 고통을 경험할 수 없는 존재에게는 물론 고통을 준다는 일도 있을 수 없다. 이와 같이 동물을 기계로 보는 자신의 견해를 뒷받침하는 근거로 데카르트는 다음의 사실을 지적한다. 첫째, 의식 있는 존재는 언어능력을 가지고 있는 반면, 동물은 그렇지 못하다. 둘째, 동물의 행동은 결코 그들이 사고할 수 있음을 보여 주지 않는다.[10]

이처럼 데카르트는 동물에게는 영혼도 의식도 존재하지 않으며, 따라서 사고할 수도 경험할 수도 없다는 입장을 견지했다.

한편 칸트는, 데카르트와 달리, 동물도 고통을 느낄 수 있다는 사실은 인정했다. 그러나 동물이 인간과 같은 도덕적 권리를 가진다고 생각하지는 않았다. 왜냐하면 그들에게는 인격의 전제 조건인 이성적 사유 능력이 결여되어 있기 때문이다. 따라서 동물은 인간의 필요에 의한 도구적 가치를 지닐 뿐, 결코 도덕적 존재들의 영역인 목적의 왕국에 들어올 수는 없다. 그렇지만 인간은 동물을 학대하거나 거칠게 다루지 말고 따뜻하게 보살펴야 하는데, 그것은 동물에 대한 직접적인 도덕적 의무 때문이 아니라 인간의 바람직한 도덕성 함양이라는 간접적 교육 효과를 얻기 위해서이다. 예컨대 칸트는 동물을 잔인하게 다루는 사람은 자신의 성격도 함께 포악해질 위험성이 있다고 보았다.

> 생명을 지니고 있지만 이성을 지니고 있지는 않은 피조물과 관련하여, 동물들을 거칠고 잔인하게 다루는 것은 인간의 자기 자신에 대한 의무에 완전히 상반되는 것이며 인간은 그렇게 하지 말아야 할 의무를 지닌다. 왜냐하면 동물을 잔인하게 다루는 것은 그들의 고통을 함께 느끼는 우리의 감정을

---
10. Evelyn Pluhar, 위의 책, p. 165.

무디게 함으로써, 다른 사람과의 관계에 있어 우리의 도덕성에 크게 기여하는 자연적인 기질을 약화시킬 뿐만 아니라 점차 사라져버리게 하기 때문이다.[11]

이처럼 칸트는, 데카르트와 같은 이성주의 계보에 속하기는 하지만, 동물을 물건처럼 다루어도 된다는 데카르트의 입장에 비해 동물에게 훨씬 우호적인 입장을 보인다. 그러나 그의 이런 견해는 동물에게 어떤 직접적인 가치나 권리를 인정해서라기보다는 동물에 대한 태도가 인간에 대한 태도에 간접적으로 영향을 미칠 수 있다는 고려에서 나온 것이다. 동물을 함부로 대하는 태도는 자칫 인간에 대한 의무와 감수성을 약화시킬 수 있다고 보기 때문이다. 데카르트와 칸트가 서로 입장을 달리하는 측면이 있기는 하지만 어쨌든 이성주의적 관점은 비이성적인 존재에게 어떤 본질적인 가치나 권리도 인정하지 않고, 따라서 우리에게 어떤 직접적인 의무도 부과하지 않는다는 점에서는 동일하다고 할 수 있다.

감각주의적 관점

동물의 권리와 그들에 대한 인간의 의무를 최초로 언급한 사상가는 벤담이다. 그는 동물의 처지를 흑인 노예의 처지와 비교하면서 동물에 대한 인간의 지배를 비판했으며, 공리주의 원리에 입각하여 쾌락과 고통을 느낄 수 있는 존재인 동물의 권리를 다음과 같이 주장했다.

동물들이, 폭군이 아닌 한 어느 누구도 그들에게서 빼앗아 갈 수 없는 자신

---

11. I. Kant, *Metaphysik der Sitten, Tugendlehre*, in: *Kants Werke in zehn Bänden*, Bd. 7 (Darmstadt: Wissenschaftliche Buchgesellschaft, 1983), A52[§17].

들의 권리를 획득할 날이 올지도 모른다. 프랑스인들은, 피부가 검다는 것이 한 인간에게 마음대로 고통을 가하고 보상도 없이 내버려두어도 될 이유가 될 수 없음을 이미 발견했다. 마찬가지로 언젠가 우리는 다리의 개수, 피부의 털, 척추의 모양새 등이 감각능력을 지닌 존재에게 고통을 주고도 보상 없이 내버려두어도 될 충분한 이유가 될 수 없음을 인식하게 될 것이다. 차별을 정당화할 수 있는 근거가 되는 것은 무엇인가? 이성 능력인가 아니면 언어 능력인가? 하지만 완전히 성장한 말이나 개는 갓난아이, 또는 일주일이나 한 달 된 유아와 비교할 수 없을 정도로 말이 더 잘 통하고 더 합리적인 동물이다. 설사 그렇지 않다 하더라도 그게 그렇게 문제가 되는가? 문제는 그들이 이성을 가지고 있는가, 그들이 말을 하는가가 아니라, 그들이 고통을 느낄 수 있는가이다.[12]

이러한 벤담의 정신을 이어받은 현대 공리주의자로서 윤리의 적용 범위가 동물에게까지 확대되어야 한다는 주장을 대표하는 사람은 피터 싱어 Peter Singer 이다. 그는 오늘날 인종이나 성性을 근거로 인간을 차별하는 인종차별주의 racism 나 성차별주의 sexism 를 우리가 거부하듯이, 단지 우리와 종種이 다르다는 이유로 동물들을 함부로 대하는 종차별주의 speciesism 도 거부해야 한다고 주장한다. 그가 내세운 '이익 평등 고려의 원칙'('모든 이익은 그것이 누구의 것이든 동등하게 고려되어야 한다')에서 볼 때, 쾌고 감수 능력을 지니는 동물들은 이익, 즉 고통을 당하지 않을 이익을 가지고 있으며, 따라서 우리는 이들을 도덕적으로 동등하게 고려할 책임이 있다는 것이다.

어떤 존재가 고통을 느끼는데도 그러한 고통을 고려의 대상으로 삼길 거부

---

12. J. Bentham, *An Introduction to the Principles of Morals and Legislation* (New York: Hafner Publishing Company, 1948), Chap. XVII, Part I, note.

하는 태도는 도덕적으로 옹호될 수 없다. 한 존재의 본성이 어떠하든, 평등의 원리는 그 존재의 고통을 다른 존재의 동일한 고통과 동일하게 취급할 것을 요구한다. 한 존재가 고통을 느낄 수 없거나 쾌락과 행복을 느낄 수 없다면, 거기에 고려되어야 할 것은 아무 것도 없다. 그러므로 쾌고 감수 능력 limit of sentience은 다른 존재의 이익에 관심을 가질지 여부를 판단하는, 우리가 옹호할 수 있는 유일한 기준이 된다.[13]

싱어의 이러한 관점에서 본다면, 단지 인간의 편의를 위해 동물에게 심각한 고통을 주는 행위는 잘못된 것이다. 따라서 우리는 동물들에 대한 우리의 태도를 근본적으로 바꾸어야 한다. 예를 들어, 우리의 육식 습관, 비인도적인 동물 사육 및 동물실험 방식, 사냥 취미, 모피 착용, 그리고 서커스와 동물원에 대한 우리의 태도를 바꾸어야 한다. 만일 우리의 태도가 변한다면, 싱어의 공리주의적 관점에서 볼 때, 전체 고통의 양은 크게 줄어들 것이다.

이제 공리주의가 아닌 권리론 혹은 내재주의적 입장에서 동물의 권리를 옹호한 주장을 살펴보자.

내재주의적 관점

내재주의적Inherentist 관점은 동물과 인간의 평등을 주장하는 점에서 감각주의적 관점과 입장을 같이한다. 그러나 내재주의는 각 개체들을 — 그들이 무엇을 경험하거나 의식할 수 있는지 여부와 상관없이 — 궁극적 가치를 지닌 존재로 본다는 점에서 감각주의와 구별된다. 각 개체가 고유한 가치를 지니고 있다는 이러한 생각은 칸트의 '목

---

13. 피터 싱어, 위의 책, pp. 44-5.

적 그 자체'라는 개념에서 따온 것이다. 내재적 가치를 지닌 개체들은 '그 자체로' 도덕적으로 중요한 가치를 가진다. 이는 그들이 다른 존재에게 유용한지, 그들의 정신적 상태가 어떤 가치를 지니는지 여부와는 무관하다.

그러나 내재주의는 근본적인 측면에서 칸트의 입장과도 구별된다. 칸트는 인간 아닌 동물이 목적 그 자체로 존재한다(혹은 내재적 가치를 지닌다)는 점을 부인하지만, 내재주의자들은 동물이 인간과 동일한 도덕적 지위를 가진다고 주장하기 때문이다. 그들은 내재적 가치를 지닌 존재들은 그가 인간이건 아니건 목적 그 자체로서 대우받아야 할 기본적인 도덕적 권리를 지닌다고 주장한다.

감각주의로부터 '반反종차별주의non-speciesism'를 수용하고 칸트로부터 '목적 그 자체'의 개념을 수용한다는 점에서 내재주의는 이 두 가지 관점을 취합하여 이를 종합한 것이라 볼 수 있다.[14]

내재주의, 즉 권리론의 대표라 할 수 있는 레건에 따르면, 내재적 가치를 지니고 목적 그 자체로서 취급되어야 할 존재는 '삶의 주체subject-of-a-life가 되는 존재'이다. 삶의 주체가 된다는 것은 단순히 살아 있다는 것과는 다른 것으로서, 거기에는 욕구·지각·기억·감정 등 복잡한 일련의 특징들이 포함된다. 이와 같은 기준에서 볼 때, 일부 고등동물은 자기 삶의 주체가 될 수 있다. 따라서 그들은 고유의 가치를 가지며, 어떠한 경우에도 다른 존재의 수단으로 사용될 수 없다.

레건에 의하면, 바위나 강, 나무, 빙하 등의 자연물은 몰라도 최소한 인간 나이 한 살 정도의 정신연령을 가진 포유류 이상의 동물이라면 모두 내재적 가치를 가진 존재로 간주되어야 한다. 이 기준에 따르면, 지구 위에 살고 있는 대부분의 동물들은 내재적 가치를 가짐과

---

14. Tom Regan, 위의 책, p. 72.

동시에 도덕적 권리의 주체가 되는 셈이다. 이로써 우리는 내재적인 가치를 지닌 모든 동물들을 도덕적으로 배려하고 존중해야 할 윤리적 의무를 지게 된다. 이는 달리 말하면, 인간과 동물의 도덕적 지위가 근본적으로 차이가 없다는 뜻이다.

그런데 레건이 보기에 동물권 침해 행위는 지금도 세계 도처에서 자행되고 있다. 그래서 그는 비인도적인 방법으로 식용 고기를 대량 생산하는 동물 농장뿐만 아니라 동물을 대상으로 하는 각종 과학 실험들도 무조건 폐기할 것을 역설한다. 레건은 이와 같은 '의무론적 권리론'이야말로 동물들의 권리를 가장 확실하게 보장할 수 있는 접근 방법이라고 믿는다.[15]

그러나 이러한 내재주의에 대해서도 비판의 목소리가 없지 않다. 우선 내재적 가치를 인정하는 기준선을 어디에 그어야 할지 애매하다는 점이 지적된다. 레건은 '인간 나이 한 살 정도의 정신연령'을 기준으로 제시하는데, 그렇다면 태아나 갓난아이, 장애인이나 지적장애인은 제외되어야 하는지, 또 식물인간이나 하등동물도 제외되어야 하는지 판단하기가 쉽지 않은 것이다. 뿐만 아니라 더 근본적인 문제로서, 도대체 권리나 의무라는 개념이 인간 이외의 존재를 다루는 윤리학의 토대로서 과연 타당한지에 대해서도 의문이 제기될 수 있다. 도덕적 권리나 의무라는 말은 어차피 인간의 세계에서 인간에게 부여되고 요구되는 개념이 아닌가?

---

15. 데자르댕(김명식 역), 『환경윤리』(자작나무, 1999), pp. 194-201 참조.

2. 동물에게도 도덕적 지위를 인정할 수 있는가: 칸트 윤리에 대한 재해석

오늘날 인간은 동물을 여러 가지 방식으로 '이용'하고 있다. 식용이나 실험용이나 애완용으로, 또 동물원이나 서커스의 형태로 이용한다. 동물 윤리는 이렇게 동물들을 이용하는 것이 과연 도덕적으로 정당한지에 관해 논의한다. 그리고 이러한 논의에서 초점이 되는 것은 동물에게 직접적인 도덕적 지위moral status를 부여할 수 있는지 여부이다. 만일 어떤 대상이 도덕적 지위를 가진다면 우리는 그 대상을 함부로 대해서는 안 될 뿐만 아니라 그 대상에 대해 도덕적 의무를 지니게 된다. 이는 우리가 인간 배아 연구를 허용할지 여부에 대해 논할 때, 배아가 과연 인간으로서의 도덕적 지위를 가지는지를 먼저 따져 보는 맥락과 동일하다. 만일 배아에게 온전한 인간의 지위를 부여한다면, 인간 배아 연구는 더 이상 허용될 수 없다. 그것은 인간의 기본권을 침해하는 일이 되기 때문이다.

동물의 경우에도 마찬가지다. 만일 우리가 동물에게 인간과 동등한, 혹은 인간에 준하는 도덕적 지위나 권리를 인정한다면, 우리는 더 이상 동물을 지금처럼 함부로 대해서는 안 된다. 그것은 동물의 권리를 침해하는 일이 되기 때문이다. 이 시점에서 우리는 근본적인 질문을 던져 볼 필요가 있다. 과연 권리, 특히 도덕적 권리(지위)는 어떻게 해서 생겨나는 것인가? 그것은 어떻게 인정되고, 누가 부여하는 것인가?

앞의 절에서 살펴보았듯이, 이제까지 인간들은 대체로 동물의 도덕적 지위를 인정하지 않았다. 이는 고대에서 중세를 거쳐 근대에 이르기까지, 고대 인도 종교나 벤담의 공리주의를 제외한다면 거의 마찬가지였다. 이러한 경향은 현대에도 변하지 않고 있다. 아니 오히려 대대적인 식용동물의 공장식 사육, 엄청난 규모의 동물실험, 폭증하는 애완동물 사육에서 보듯이, 인간에 의한 동물의 수단화는 그 정도가 더욱 심해진 듯하다. 하지만 오늘날의 이러한 분위기가 역설적으로 동물 보호의 필요성 및 동물의 권리에 대해 사람들의 눈을 뜨게 한 측면도 있는 것 같다. 이제부터 동물의 권리를 주장하는 논변들의 특징에 대해 살펴보기로 하자.

우선 '동물 해방'을 부르짖음으로써 현대 동물 윤리 논의에 불을 지핀 피터 싱어의 주장을 살펴보자. 싱어의 논변의 핵심은 오늘날 인종차별주의나 성차별주의가 인정될 수 없듯이 인간과 동물을 차별하는 종種차별주의도 인정될 수 없다는 것이다. 그런데 전자가 인종이나 성이 다름에도 불구하고 같은 인간이라는 점에서 평등함을 주장한다면, 후자는 종이 다름에도 불구하고 어떤 공통점 때문에 평등을 주장하는 것일까? 싱어는 고통을 느낄 수 있는 능력 sentience, 즉 쾌고 감수 능력을 지적한다. 그는 벤담의 생각을 이어받아 '쾌고 감수 능력은 우리가 다른 존재의 이익에 관심을 가질지 여부를 판단하는, 우리가 옹호할 수 있는 유일한 기준'이라고 말한다. 그런데 왜 하필이면 도덕적 고려의 기준을 '쾌고 감수 능력'으로 보아야 할까? 가령 이성적 능력이나 언어능력 등은 왜 안 될까?

사실, 인격 지위를 '어떤 특정한 속성이나 능력'에 근거하여 정당화하려는 논리에는 문제가 있다. 그럴 경우, 그러한 속성이나 능력을 가지지 못한 인간은 차별해도 좋다는 논리가 성립할 수 있기 때문이다. 우리는 갓난아이나 장애인, 심신미약자라고 해서 그들을 인간 이하의 존재로 함부로 취급해서는 안 된다고 생각한다. 마찬가지로 아무리 공리주의자들이 중시하는 '쾌고 감수 능력'과 같은 일반적인 능력이라고 해도 그것을 도덕적 지위의 근거로 삼을 수는 없다. 도덕은 당위의 담론으로서 사실의 세계에 근거한 것이 아니기 때문이다. 우리는 어떤 사람이 말을 못하고 사고 능력을 상실했어도, 아니 식물인간 상태에 놓이게 되었다 해도 여전히 그를 존엄한 인간으로 인정하지 않는가?

  이러한 맥락에서 볼 때, 칸트의 견해는 보다 심층적으로 해석될 필요가 있다. 위에서 우리는, 동물은 이성적 사유 능력을 결여하고 있기 때문에 인격 지위를 가질 수 없다는 칸트의 견해를 살펴본 바 있다. 여기서 인격 지위란 존엄성을 지니는 도덕적 지위를 의미한다. 얼핏 보기에, 이는 어떤 존재의 도덕적 지위를 '이성적 사유 능력'이라는 특정한 속성이나 능력에 근거하여 규정하는 것처럼 보인다. 하지만 이러한 해석은 칸트의 윤리 사상을 제대로 이해하지 못한 데에서 나온 것이다. 칸트에게 있어서 '도덕'이란 정언적(무조건적) 명제로 이루어진 체계로서, 현상세계의 사실에 근거한 것이 아니다. '이성적 사유 능력'이라는 표현 또한 현상계의 사실을 인식하고 판단하는 능력을 가리키는 것이 아니라 현상세계 전체를 의미 지우는 (도덕적) 가치 창조 능력(즉, 실천이성)을 가리키는 것이다. 따라서 현상계에는 가치 자체가 존재하지 않는다. 가치란 오로지 예지계에 속한 가치 부여자의 존재를 전제할 때에만 존재할 수 있는 것이다. 존엄성을 지닌 '인격'이라는 개념도 이 가치 부여자의 절대적인 지위를 의미하는 것에 다름 아니다. 비트겐슈타인은 이를 다음과 같은 말로 표현하고 있다.

> 세계의 의미는 세계 밖에 놓여 있을 수밖에 없다. 세계 속에서 모든 것은 있는 그대로이며, 모든 것은 일어나는 그대로 일어난다. 세계 속에는 가치가 존재하지 않는다. (…) 그렇기 때문에 도덕의 명제들도 역시 존재할 수 없다. (…) 도덕이 말로 표현될 수 없다는 점은 분명하다. 도덕은 초월적trans-

zendental이다.[16]

여기서 세계란 바로 현상세계, 사실의 세계를 가리키며, 가치란 정언적 의미의 도덕적 가치를 가리킨다. 또 '말'이란 현상세계의 사실을 기술하는 과학적 언어를 가리킨다. 비트겐슈타인은 계속해서, 도덕적 가치의 세계를 가능하게 하는 것은 현상세계를 초월해 있는 우리 자신(예지적 자아, 의지의 주체)임을 지적하고 있다.

> 만일 도덕이 [모든 것의] 근거가 되는 어떤 것이어야 한다면, 그렇다! (…) 선과 악은 주체를 통해 비로소 등장한다. 그리고 주체는 세계에 속하는 것이 아니라 세계의 한계이다.[17]

> 표상하는 주체는 공허한 망상이지만, 의지하는 주체는 주어져 있다. 만일 의지가 없다면, 우리들이 '나'라고 일컫는, 그리고 도덕의 담지자인 저 세계의 중심도 주어져 있지 않을 것이다.[18]

이제 논점이 분명해졌다. 상대적이 아니라 절대적인 의미의 도덕적 가치를 부여하는 자는 다름 아닌 우리 인간일 수밖에 없다. 그는 가치 세계의 창조자이자 그것의 의미를 아는 유일한 존재이기 때문이다. 그러므로 도덕적 가치의 관점에서 볼 때, 현상세계의 여러 가지 근거를 들어 도덕적 지위나 권리를 논하는 것은 아무런 의미가 없다. 그것은 서로 다른 차원의 담론이기 때문이다. 이러한 맥락에서

---
16. L. Wittgenstein(이영철 역), 『논리·철학 논고』(天池, 1994), §6.41-6.421.
17. L. Wittgenstein, *Tagebücher 1914-1916*, in: *Schriften, Bd. 1* (Frankfurt a. M.: Suhrkamp, 1984), 1916. 8. 1.
18. 위의 책, 1916. 8. 4.

볼 때, '인간은 오직 인간 자신에 대해서만 직접적인 의무를 지닐 뿐, 동물과 관련해서는 단지 간접적인 의무만을 지닌다' 는 칸트의 생각은 타당해 보인다. 결국 어떤 것에 가치를 부여하고 그 의미를 이해하며 거기에 따르는 책임을 다할 수 있는 존재는 인간 자신일 수밖에 없기 때문이다.

동물에게 인간과 같은 도덕적 지위를 부여할 수 없다고 해서 동물들을 함부로 대해도 좋다는 말은 물론 아니다. 아니, 오히려 그 반대이다. 칸트 또한 동물을 괴롭히거나 큰 고통을 겪게 하고 또 몰인정하게 대하는 것은 우리 자신의 인간성을 깎아내리는 비인도적인 행위로서, 우리 자신에 대한 의무를 위반하는 것과 유사한 것이라고 보았다. 또 "동물은 인간성과 유사한 성질을 지니고 있어서 우리가 인간에 대한 의무와 유사한 동물에 대한 의무를 준수할 때 우리는 결국 인간에 대한 의무를 준수하는 것이며 이를 통해 인간성에 대한 우리의 의무를 계발할 수 있다"[19]고 생각했다.

이제까지 동물권과 관련한 칸트 윤리에 대한 재해석을 통해 우리가 확인할 수 있었던 점은 다음과 같다. 우선, '쾌고 감수 능력'이라든가 '삶의 주체가 되는 존재' 의 개념 등을 통해 동물에게도 인간과 동등한 권리를 부여해야 한다는 주장의 어색함이다. 감각주의자와 내재주의자의 주장은, 인간과 동물은 위의 능력들을 공유하고 있다는 점에서 평등하기 때문에, 인간이 동물을 도덕적으로 차별하면 안 된다는 것이다. 그러나 칸트 윤리에 대한 재해석을 통해 알 수 있었듯이, 권리니 도덕적 지위니 하는 개념들은 모두 가치를 부여하고 인정하는 주체인 인간의 입장에서 의미를 가지는 것들이다. 감각주의와 내재주의의 주장은 동물들에게도 이를 확장해서 적용해야 한다

---

[19] I. Kant, *Eine Vorlesung über Ethik* (Frankfurt a.m.: Fischer Taschenbuch, 1990), p. 256.

는 것이지만, 도덕이라는 개념 자체가 근본적으로 인간의 창조물이기 때문에 이러한 주장 역시 인간이 세계를 바라보는 입장을 벗어나기 어려운 것이다. 다음으로, 도덕적 지위를 가지는 조건으로 제시된 '쾌고 감수 능력' 등의 기준이 설득력을 갖기 어렵다는 점이다. 이미 언급한 바와 같이 이러한 기준은 현상세계의 임의적 사실에 불과할 뿐만 아니라 애매하기 이를 데 없어서, 과연 어떤 존재부터 도덕적 지위를 가지는지에 대한 논란이 끊이지 않는다. 따라서 이러한 기준을 가지고 모든 생명을 아우르는 새로운 생명 윤리를 제창하기는 힘들어 보인다.

이러한 관점의 한계를 극복하겠다는 취지로 제시된 전체론이나 생태주의의 주장도 문제를 지니기는 마찬가지인 것으로 보인다. 이들은 개체론적 접근의 한계를 넘어 유기적인 생태계 전체를 고려하는 관점에서 생명 윤리를 전개하겠다는 것인데, 이들의 한계는 이른바 환경 파시즘이나 생태 파시즘의 반론에서 단적으로 드러난다. 생태계 전체의 조화와 존속을 위해 인간의 입장과 권익을 포기하라는, 심지어 지구상에서 인간이 사라져야 한다는 주장은 상식적으로 받아들이기 어려운 것이다. 그렇다면 이제 우리는 개체와 전체, 인간과 동물(인간 아닌 존재)을 이분법적으로 바라보는 한계를 극복할 새로운 윤리 형이상학을 모색할 단계에 이른 것으로 보인다.

위와 같은 취지에서 대안적 윤리가 될 수 있는 것으로 다음의 세 가지 정도를 생각해 볼 수 있다. 하나는 간디와 슈바이처와 같은 생명 존중 사상을 받아들여 우리가 일상에서 이를 실천하기 위해 노력하는 태도이다. 이는 일종의 실천윤리 운동이라 할 수 있겠는데, 아래 간디의 예에서 볼 수 있듯이, 아힘사의 이상을 현실에 적용하는 데에서 오는 갈등의 문제를 안고 있다. 다음으로, 우리가 가지고 있는 동정심의 능력을 통해 인간의 범위를 넘어 생명 공동체 전체에로 확장되는 윤리를 모색하는 태도이다. 이러한 윤리는 인간을 중심으로 동심원처럼 확장되어 가는 윤리라고 할 수 있는데, 여기에 대해서는 전체론이나 생명 평등주의 입장에서 제기되는 반론이 있을 수 있다. 아래에서 이러한 반론의 허구성을 논할 것이다. 끝으로, 늘 이분법적으로 전개되는 경향이 있는 서구 생명 윤리 담론의 한계를 넘어 모든 존재를 연기의 관점에서, 그리고 '한 생명'과 '한 마음'의 관점에서 바라보는 불교 윤리의 입장이다. 불교 윤리의 관점은 그 심원한 형이상학적 토대를 통해 우리에게 보다 깊이 있는 윤리적 통찰을 제공해 줄 수 있을 것이다.

3. 대안적 생명 윤리의 모색

간디의 '아힘사' 사상

우리는 1절에서 고대 인도 종교의 '아힘사' 정신을 통해 인간의 범위를 넘어선 보다 확장된 윤리의 가능성을 살펴본 바 있다. 이러한 아힘사 정신을 삶 속에서 실천하기 위해 노력했던 대표적인 인물은 간디이다. 간디는 일찍이 인간과 유사할 뿐만 아니라 인간과 교감할 수 있는 동물을 함부로 대하면 안 된다는 데 주목했다.

간디에 따르면, '동물은 신의 피조물로서 인간과 더불어 거주하며 인간의 윤리, 책임, 의무의 범위 안에 있는 존재'[20]이다. 사실, 간디는 동물의 범위를 넘어 모든 생명을 범하지 말 것을 역설한 생명 존

---

20. 허우성, 「간디의 송아지와 살처분: 동물에 대한 인간의 책임?」, 『철학과 현실』 89호(철학문화연구소, 2011 여름), p. 91.

중 사상가로 알려져 있다. 다음 글에서 보듯이, 그는 자신의 생명을 유지하기 위해 세균, 채소, 해충, 뱀 등 다른 생명을 죽일 수밖에 없음에 대해 고통스러워했다.

> 육신의 삶을 지속하려는 욕구가 끊임없는 힘사[살생]에 내 자신을 연루시키고 있다는 사실을 나는 고통스럽게 자각하고 있다. 바로 그 때문에 나는 내 육신에 대해 점점 무관심해지고 있다. 예를 들면, 나는 숨 쉬는 행위에서 내가 공기 중에 떠다니는 보이지 않는 수많은 세균을 파괴하고 있다는 점을 알고 있다. 하지만 나는 숨쉬기를 중단하지 않는다. 채소를 소비하는 일에도 힘사가 들어 있지만, 나는 그것을 포기할 수 없다는 점을 자각하고 있다. 다시 말해, 방부제 사용에도 힘사가 있다. 하지만 모기 등의 해충을 제거하는 데 필요한 살충제의 사용을 그만둘 수는 없다. 아슈람에 들어온 뱀을 사로잡을 수 없거나 사람이 해를 입지 않도록 할 수 없을 때 나는 뱀 죽이기를 허락한다. 이런 식으로 내가 직·간접적으로 범하는 힘사에는 끝이 없다. (…) 내가 주장하는 모든 것은, 아힘사[불살생]와 같은 위대한 이상의 의미를 이해하기 위해, 그것을 몸과 입과 마음의 세 가지를 통해 실천하기 위해 부단히 노력하고 있다는 점, 그리고 내가 생각하기에 일정한 정도의 성공이 없지 않다는 점이다. 하지만 이런 방향으로 가야 할 길이 아직도 멀다는 점을 나는 알고 있다.[21]

비록 아힘사의 이상을 완벽하게 지키는 일은 불가능하다 할지라도, 간디는 우리가 가능한 한 최선을 다해야 한다고 말하면서, 폭력이나 살생의 최소화가 우리의 대안일 수밖에 없음을 토로하고 있는 것이다.[22]

---

21. 간디(라가반 이예르 편, 허우성 역), 『진리와 비폭력』(하)(소명출판사, 2004), p. 360.
22. 허우성, 위의 글, p. 92.

슈바이처의 '생명에의 외경' 사상

간디와 더불어 생명 존중 사상을 대표하는 사람으로는 슈바이처를 들 수 있다. 다음 글은 이른바 '생명에의 외경'으로 알려져 있는 그의 사상을 잘 보여 준다.

인간 의식의 가장 직접적인 사실은 "나는 살려고 하는 생명에 둘러싸인, 살려고 하는 생명이다."라는 것이다. 인간은 자기 자신과 자기 주위의 세계에 대하여 생각하는 순간이면 언제나 자기를 닮은, 살려고 하는 의지에 둘러싸여 있는, 살려고 하는 의지라고 파악하게 된다.

[…]

생각 있는 사람이라면 다른 모든 살려고 하는 의지에 대해서도 자기 것을 대할 때와 똑 같은 생명에 대한 외경심을 가져야 한다고 느낀다. 그는 타인의 생명을 자신 안에서 체험한다. 그러한 사람에게 선이란 생명을 유지하고 생명을 촉진하고, 발전할 수 있는 생명을 그 최고의 가치까지 끌어올리는 데에 있다. 또한 악이란 생명을 파괴하고, 생명을 해치고, 발전할 수 있는 생명을 억압하는 것이다. 중요한 것은 인간이 세계와 자신의 영향 아래 놓인 모든 생명들에 대해 어떤 태도를 취해야 하는가의 문제이다. 인간이 윤리적이 되는 것은 생명을 생명으로서, 다시 말해 식물이나 동물의 생명을 인간의 생명과 마찬가지로 신성하게 여길 때, 또한 인간이 고통 받는 생명을 도우려고 헌신할 때 가능하다. 살아 있는 일체의 존재에 미치는 무한한 책임감을 체험하는 보편적 윤리만이 참된 근거를 지닌 윤리이다. (…) 그러므로 생명에 대한 외경심의 윤리는 사랑, 헌신, 동정, 기쁨의 공감, 협력 등으로 불릴 수 있는 모든 것으로 해석된다.[23]

---

23. Albert Schweitzer, *Aus meinem Leben und Denken* (Frankfurt a.m./Hamburg: Fischer, 1958), pp. 133-4.

동정심의 원리와 '확장된 인간주의'

한편, 고대 인도 사상의 영향을 받았던 쇼펜하우어의 동정심의 윤리에서도 우리는 탈인간중심적 윤리의 가능성을 엿볼 수 있다.

제1장 말미에서 살펴본 쇼펜하우어의 동정심의 윤리가 표방하는 정신은 '타인들을 포함하여 생명을 지닌 모든 존재에서 자신의 존재를 인지하고, 살아 있는 모든 현존재와 하나가 되는 것'이었다. 이것은 자타自他의 구분이 없어지는 경지에서나 가능한 매우 이상적인 도덕으로서, 평범한 사람이 실천하기 힘든 윤리로 보이기도 한다. 그러나 다른 한편으로 볼 때, 쇼펜하우어가 말하는 동정심Mitleid이란 동고同苦 또는 연민과 같은 의미로서, 사람이면 누구나 가지고 있는 '타자의 처지에 공감하는 능력'에 다름 아니다. 물론, 동정심은 칸트가 지적한 것처럼 때와 장소에 따라 또는 사람에 따라 그 정도의 차이가 너무 커서 보편적인 도덕 원리로 삼기에 부족할지도 모른다. 하지만 동정심은 인간으로 하여금 자기중심적 삶을 넘어 타자와 함께 하는 새로운 차원의 삶으로 나아가도록 하는 단초가 될 수 있다.

쇼펜하우어의 사상을 이어받아 새로운 생명 윤리를 제창한 사람은 호르크하이머M. Horkheimer이다. 호르크하이머는 동정심의 원리를 인간 상호 간의 사회적 연대, 더 나아가 지구 전체, 동물로 대변되는 생명의 연대로 확장할 것을 역설한다. 호르크하이머에 따르면, 인간은 '공동의 고향으로서 지구라는 이념'을 공유해야 하며, '인간의 연대는 보편적인 생명 연대의 한 부분'이다. 따라서 생명 연대 원칙은 인간 연대 원칙에 우선한다. 생명 연대의 원칙에 입각한 도덕적 행위자는 인간 연대를 실행함과 동시에 그 기반 위에서 도덕적 행위의 범위를 인간과 생명의 관계로까지 확장해야 한다. 이때 동물의 생명권을 비롯하여 그들의 권리를 인정하고 수행하는 주체는 물론 인간 자신이다. 특히 호르크하이머는 '동물들은 인간을 필요로 한다'는 점을 지적하고 있는데, 이런 측면에서 그는 인간중심주의와 탈인간중심주의의 중간인 '확장된 인간주의'의 입장을 취한 것으로 보이기도 한다.[24]

'인간중심적'이라는 말은 간혹 오해를 불러일으킨다. 특히 생태주의나 전체론을 표방하는 관점에서는 부정적인 의미를 띠기도 한다. 하지만 그것이 강자(인간)의 권리가 아니라 강자의 책임을 강조하는 맥락에서 쓰일 때에는 전혀 다른 의미를 가지게 된다.

도덕이란 원래 약육강식의 원리에 근거한 것이 아니다. 아니, 오히려 그 반대이다. 약육강식은 현상세계(자연계)의 질서일 뿐, 결코 도덕 세계의 원리(도덕적 당위의 근거)는 될 수 없다. 인간은 동물보다 더 강하다. 그래서 그들을 지배하고 자기 필요에 따라 마음대로 이용할 수 있다. 그러나 그것이 도덕적으로 옳으냐는 전혀 다른 문제이다. '할 수 있음'(사실)과 '해야 함'(당위)은 다른 차원의 담론이기 때문이다. 우리는 어린아이들을 단지 약자라는 이유로 함부로 하면 안 된다고 생각한다. 아니 오히려 우리가 그들보다 더 많이 알고 더 강하기 때문에, 또 그들이 우리를 필요로 하기 때문에, 마땅히 그들을 보살펴야 한다고 생각한다. 이러한 추론은 동물에 대해서도 적용될 수 있다. 물론, 인간은 일차적으로 동료 인간을 향해서 자신의 책임을 다해야 하지만, 그 다음으로는 자신과 가장 유사한 존재인 동물에게도 배려의 책임을 다해야 한다.

우리와 가까운 존재일수록 보살펴야 할 책임도 더 크다는 견해에 대해서는 전체론이나 평등주의적 입장에서 반론이 있을 수 있다. 가까운 사람과 먼 사람, 인간과 동물, 고등동물과 하등동물(또는 동물과

---

24. 이종하, 「호르크하이머와 아도르노의 동물해방론」, 『환경철학』 제9집(한국환경철학회, 2010), p. 106 참조.

식물)을 차별하는 결과를 낳을 수 있다는 것이다. 하지만 이러한 반론은 인간 감수성의 한계를 고려하지 않은 추상적인 논변으로 보인다. 우리는 이웃 어린이를 냉대하는 사람이 먼 나라 어린이에게 참된 자비심을 가지리라 기대하기 어렵다. 마찬가지로 동물을 학대하는 사람에게서 참된 인류애를 기대하기는 어렵다. 사해동포주의의 실현이란 가까운 이웃에 대한 진정한 배려로부터 시작되는 것이지 추상적인 이론으로 되는 것은 아니지 않겠는가? 양자택일兩者擇一의 상황을 가정할 때, 우리가 남의 자식보다 자기 자식을 우선시하고, 동물보다 인간을 우선시하는 것은 당연한 일이 아니겠는가? 이렇게 보면, 마치 경직된 생태주의 이념이 환경 파시즘을 낳듯이, 만민 평등주의 이념은 오히려 이웃에 대한 책임을 소홀히 하는 결과를 낳기 쉽고, 동물의 평등권을 주장하는 이념은 자칫 인간을 소홀히 하는 결과를 낳을지도 모른다. 그러므로 동물의 권리를 인간의 권리에 견주는 것이나 동물에 대한 배려의 책임을 완전히 무시하는 태도는 모두 문제가 있어 보인다.

불교 생명 윤리의 교훈

제8장 "환경 윤리(2)"의 말미에서 살펴보았듯이, 불교의 연기 사상은 생명 윤리의 문제에서도 시사하는 바가 크다.

여기서 연기와 관련하여 좀 더 분명히 해둘 부분이 있다. 연기는 만물이 상호 의존하여 존재한다는 통찰을 담고 있다. 이처럼 만물의 상호 의존성을 논하는 것은 현상적 차별상에 입각한 상호의존관계의 모든 것이 허망한 가상이며 거짓이라는 점을 보여 주기 위해서이다. 연기의 산물인 현상세계를 허망한 거짓으로 규정하면서, 그보다 더 심층의 진실, 본래 평등한 생명, 불생불멸의 진여심眞如心, 즉 우리의 '한 마음'을 강조하기 위해서인 것이다. 따라서 불교 연기의 핵심 메시지는 상호의존관계에 따라 윤회하는 존재에게 주목하는 데 있는 것이 아니라 그 상호의존관계를 벗어나 심층의 핵심, 진여심에 도달하는 데 있는 것이다. 연기는 만물의 현상적 상相의 차이에도 불구하고 그 안에 내재되어 있는 평등한 본성, 불성을 강조하는 것이다. 이처럼 생명의 본질을 평등한 진여성으로 확인하는 것은 현상세계의 상호 의존적 관계를 가능한 한 평등과 자비의 이념에 따라 가꾸어 나가기 위한 것이다. 강자와 약자, 인간과 동물의 차이를 극대화하는 방향이 아니라, 반대로 그 차이를 줄이는 방향으로 나아가려는 것이다. 그것은 끊임없는 비교와 경쟁, 차별화와 서열화로 상호 연관관계를 맺는 현실, 즉 그러한 불평등한 상호 관계의 실상을 폭로하고 비판함으로써 그런 관계 자체를 해체하려는 것이다.[25]

　이와 같은 관점에서 보자면, 불교 윤리는 매우 현실 비판적일 뿐만 아니라, 전통 윤리에 대해서도 강력한 비판의 성격을 가진다. 기존 윤리 이론에서 중요시되던 권리, 지위 등의 개념을 포함하여 인간중심, 탈인간중심 등의 개념 구분조차 의미 없는 것으로 해체시켜버리기 때문이다. 그리하여 불교 윤리는 우리로 하여금 모든 생명의 본래적 가치와 평등함에 대한 인식, 그리고 이 모든 것이 우리의 마음에서 유래한다는 것을 깨닫게 함으로써 우리가 그간의 잘못된 차별 의식을 극복하고 모든 생명이 상생하는 길을 찾는 데 도움을 줄 수 있을 것이다.

---

25. 한자경, 『불교철학과 현대윤리의 만남』(예문서원, 2008), pp. 218-9.

4. 남은 문제: 우리는 채식을 해야 하는가?

이제 좀 더 구체적인 문제로 옮겨가 보자. 우리나라에서는 최근 (2010년 겨울) 전국을 휩쓴 구제역 때문에 약 350만 마리의 소와 돼지를 살처분했다. 이로 인한 피해 농가만 해도 5,000여 곳에 이른다. 어떤 농민은 자식처럼 키우던 가축을 살처분한 아픔을 다음과 같이 토로한 바 있다.

> 아침에 차가 들어오는데, 덤프트럭, 포크레인이 파묻기 위해 함께 쑥 들어올 때, 아무리 참으려 해도 눈물이 가슴 속에서 나는 거예요. 저절로. … 끝에서 한 마리씩 포크레인에 밀려서 떨어질 때마다 전체 돼지들이 그 충격을 같이 느끼면서 그때마다 비명을 질러대는데, '이게 생지옥이구나' 그런 생각이 들었어요. 다 입에서 거품을 물고 있었고. 이미 밑에 있는 돼지들은 압사되어서 소리를 내지 못했고요. 맨 위에 있는 돼지들만 소리를 냈는데, 너무너무 끔찍했어요.[26]

현재 우리나라에서는 가축 전염병이 돌 때마다 확산을 방지한다는 이유로 엄청난 숫자의 동물이 한꺼번에 죽임을 당하고 있다. 과연 동물의 생명을 이처럼 마음대로 '처분'해도 되는 것일까? 살처분이라는 말은 기만적인 데가 있다. 살아 있는 동물을 죽이는 행위를 '처분'이라 표현함으로써 마치 살생을 하는 것이 아니라 쓸모없어진 물건을 폐기하는 것일 뿐이라는 느낌을 자아내고 있다. 하지만 살생을 금하는 불교의 계명을 굳이 거론하지 않더라도, 소나 돼지의 생명을

---

[26] 동물사랑 실천협회 박소연 대표 인터뷰 내용. (http://www.imbc.com/broad/tv/culture/mbcspecial/commingsoon/1801988_27389.html)

이처럼 대량으로 빼앗는 행위는 분명히 우리의 양심과 상식적 감정에 위배되는 면이 있어 보인다.

이런 특별한 경우가 아니더라도 우리가 일상적으로 동물들에게 주고 있는 고통의 규모는 매우 크며, 그에 연루된 동물들의 숫자도 어마어마하다. 미국에서만 매년 1억 마리의 돼지나 소, 양, 그리고 10억 마리의 닭들이 고통스럽게 사육된 후 도살되어 우리 식탁에 오른다.[27] 과연 육식은 불가피한 것일까?

육식의 종말

오늘날 지구상에 존재하는 소의 수는 12억 8천만 마리로 추산된다. 소의 사육 면적은 전 세계 토지의 24%를 차지하고 있으며, 그들은 수억 명을 넉넉히 먹여 살릴 만한 양의 곡식을 먹어치우고 있다. 소의 무게를 전부 합치면 지구상의 모든 인간의 무게를 능가한다. 또한 소를 포함한 여타 가축들은 미국에서 생산되는 모든 곡물의 70%를 소비한다. 지구상에서 생산되는 전체 곡식의 1/3을 소와 다른 가축들이 먹어치우고 있는 반면, 수없이 많은 사람들이 기아와 영양실조에 허덕이고 있다.

이처럼 수백만 명의 인간들이 곡식이 부족해 기아에 시달리는 와중에도 선진국에서는 사료로 사육된 육류, 특히 쇠고기 과잉 섭취로 인해 생긴 질병으로 그보다 더 많은 사람들이 목숨을 잃고 있다. 이른바 '풍요의 질병,' 심장 발작, 암, 당뇨병 등으로 죽어 가고 있는 것이다.[28]

이러한 문제의식에서 제레미 리프킨은 '육식의 종말'을 역설한다.

---
27. 피터 싱어, 위의 책, p. 368.
28. 제레미 리프킨(신현승 역), 『육식의 종말』(시공사, 2002), pp. 8-9.

만약 지구의 건강을 회복시키고 날로 증가하는 인구를 먹여 살리는 데 일말의 희망이라도 가질 수 있으려면, 인류는 수십 년 내에 지구상에서 축산 단지들을 해체시키고 식탁에서 육류를 추방해야 한다는 것이다. "인간의 식단에서 육류를 제외시키는 것은 인간 의식의 역사에서 인류학적 전환을 의미한다. 우리는 육식 문화를 넘어서야만 인류를 위한 새로운 과제를 정할 수 있다. 또 생태계 보호, 인간에 대한 영양 공급, 지구를 공유하는 다른 생명체들의 안녕에 대한 관심을 가질 수 있다."[29]

피터 싱어 또한 우리가 채식주의자가 되어야 하는 이유를 다음과 같이 역설하고 있다.

> 인간의 복리에 대해서 관심이 있다고 주장하는 자들은, 그리고 환경보존에 관심이 있다고 주장하는 자들은 바로 그렇게 말한 이유 자체만으로도 채식주의자가 되어야 한다. 그들은 채식주의자가 됨으로써 다른 곳의 사람들이 먹게 되는 곡식의 양을 증가시킬 것이다. 또한 공해를 줄이고, 물과 에너지를 절약할 것이며, 산림개발 방지에 이바지할 것이다. 게다가 채식주의자들의 식사는 고기 음식에 비해 싸다. 이에 따라 그들은 기아 구제, 인구 조절, 또는 더욱 긴급한 어떤 사회적·정치적 목적에 더 많은 자금이 사용되도록 하는 데 공헌하게 될 것이다.[30]

육식의 종말을 주장하는 논변들이 내세우는 이유는 대략 세 가지로 정리할 수 있다. 첫째는 육식이 우리의 식량문제와 식수 문제, 그리고 환경문제를 악화시킨다는 것이요, 둘째는 육식이 우리의 건강을 해치는 결정적인 요인이라는 것이며, 셋째는 육식이 가혹한 동물

---
29. 위의 책, p. 12.
30. 피터 싱어, 위의 책, pp. 368-70.

사육 환경을 조장함으로써 동물들에게 많은 고통을 야기한다는 것이다. 이 중 첫째와 둘째는 동물권 논의와 무관한 외적 요인들로서, 사실을 확인한 후 그것이 옳은 것으로 드러날 경우에 우리는 이를 개선하기 위해 노력해야 할 과제를 안게 된다. 그런데 세 번째는 동물의 도덕적 지위와 관련된 내재적 요인으로서, 전자와는 다른 차원의 담론이다. 예컨대 동물이 인간과 유사한 존재라든가 우리의 육식 문화 때문에 그들이 많은 고통을 받는다든가 하는 것은 그들을 왜 고기로 먹으면 안 되는가의 문제와는 별개라는 말이다. 따라서 이 둘을 논리적으로 연결하기 위해서는 어떤 정당화가 필요하다. 이는 새로운 형이상학, 즉 도덕적 고려의 범위가 인간의 범주를 넘어서는 새로운 윤리를 요구한다. 그래서 우리는 앞의 3절까지 이러한 윤리의 관점들을 검토했던 것이다. 채식의 당위성을 정당화하는 데에는 이처럼 사실 차원의 담론과 (도덕적) 가치 차원의 담론이 모두 얽혀 있다. 우리가 채식의 필요성에 대한 사실적 근거를 확인하고 또 탈인간중심적 생명 윤리를 받아들이게 된다면, 우리의 육식 문화는 바뀔 수 있을 것이다. 하지만 아직 갈 길이 멀다. 이미 익숙해진 습관과 관행을 바꾸어야 하기 때문이다.

동물에 대한 우리의 이중적 태도: 동물 고기를 먹으면서 동물을 사랑한다?

모두 알다시피, 오늘날 우리의 식문화는 단연 육식 위주가 되었다. 학교의 급식 반찬에서나 군대의 급식에서나 고기가 빠지면 원성이 자자하다. 영양식에는 으레 고기가 들어가는 것이 상식이 되다시피 하였다. 또 어릴 때부터 육식에 길들여진 우리 청소년들의 입맛은 이제 돌이킬 수 없는 식습관이 되어버린 듯하다. 이제 이러한 식습관을 바꾸는 것은 불가능한 일일까? 다음 글은 어린 시절부터 동물에 대한 이중적인 태도를 조장하는 현대 문화의 모순적인 측면을 보여 주는 동시에 육식과 관련된 우리의 유아교육에 대한 반성을 간접적으로 촉구하고 있다.

> 동물에 대한 태도는 매우 어렸을 때부터 형성되는데, 육식의 의미를 따져 보지 못하는 매우 어린 시절부터 고기를 먹게 됨으로써 우리는 대개 평생 그 습관을 유지하게 된다. 흥미롭게도 처음부터 동물고기를 즐겨 먹는 아이들은 별로 없다. 그러다가 부모들(그들은 고기가 몸에 좋다고 잘못 알고 있다)의 끈질긴 노력이 있은 후에야 비로소 아이들은 육식에 익숙해지게 된다. 그런데 아이가 최초에 어떤 반응을 나타냈든 주목해야 할 점은 먹고 있는 것이 죽은 동물의 몸뚱어리라는 사실을 알기 훨씬 전부터 우리가 동물고기를 먹는다는 사실이다. (…) 한편 아이들은 동물을 사랑하는 자연스런 마음을 가지고 있으며, 우리 사회는 아이들이 개와 고양이, 그리고 껴안고 싶은 느낌이 드는 동물인형을 사랑하는 마음을 갖도록 분위기를 조장한다. 이러한 사실은 우리 사회가 지니고 있는 동물에 대한 태도의 두드러진 특징을 설명하는 데 도움을 준다. 즉 아이는 동물에 대하여 같은 태도를 갖는 것이 아니라 동물의 고기를 먹으면서 동시에 동물을 사랑하는 상반된 태도를 갖게 되는 것이다.[31]

이제까지 우리는 동물의 권리 및 도덕적 지위를 주제로 논의를 전개해 왔다. 이러한 논의는 어쩔 수 없이 새로운 차원의 윤리나 형이상학의 문제로 그 초점이 옮겨가기도 했다. 하지만 이러한 추상적 담론과 더불어 '그럼 지금부터라도 채식을 해야 하는가'와 같은 구체

---

31. 피터 싱어, 위의 책, pp. 358-9.

적인 문제에도 맞닥뜨리지 않을 수 없었다.

사실, 우리가 현실 속에서 직면하는 문제는 '이미 습관이 되어버린 육식이나 가죽 제품(구두, 혁대, 지갑, 핸드백 등) 사용을 당장 중단하자는 이야기가 얼마나 실효성이 있을까?' 라는 것이다. 응용 윤리의 문제는 항상 실천이 관건이다. 특히 환경 윤리나 생명 윤리 분야에서 아무리 환경보호와 생명 존중의 취지에 공감한다고 하더라도 이미 익숙해져버린 개개인의 생활 습관을 바꾸기는 쉽지 않은 것이다. 어쩌면 우리의 현실적 선택은, 가능한 한 환경 파괴를 최소화하고 가능한 한 육식을 줄이기 위해 노력하자는 정도일 것이다. 또 가능한 한 공장식의 동물 사육 환경을 개선하고 가능한 한 동물실험을 최소화하는 일일 것이다.[32]

동시에 명심해야 할 것은, 이러한 일을 진정성을 가지고 실천할 수 있으려면 쇼펜하우어, 간디, 슈바이처, 그리고 불교 사상에서 엿볼 수 있는 것과 같은 '윤리적 이상'이 반드시 중심에 놓여 있어야 한다는 것이다. 절대적 가치에 근거하지 않은 윤리란 결국 세속적인 필요에 의해 언제라도 모습을 바꾸는 전략적 지침에 불과할 것이기 때문이다.

---

32. 특히 동물실험과 관련하여서는 다음과 같은 지적에 귀 기울일 만하다. 우선 영장류와 같은 고등동물 실험이 꼭 필요한지 검토해야 한다. 즉, 해당 연구가 반드시 고등동물 실험을 통해서만 그 목적을 달성할 수 있는지, 그 목적이 시급하고 반드시 해결되어야 하는 중요한 인류의 건강 문제와 직결되어 있는지 확인해야 한다. 다음으로 이른바 동물실험의 '3R 원칙'을 지켜야 한다. 3R이란, 첫째, 실험 대상을 가능한 한 고등동물보다는 (고통 감지 능력이 떨어지는) 하등동물로 대체해야Replace 하고, 둘째, 실험동물의 숫자를 가능한 한 최소로 줄여야Reduce 하며, 셋째, 동물의 고통을 최소화하도록 실험 방법을 정교화해야Refine 한다는 것이다(추정완 외, 「동물권 옹호론과 영장류 실험에 대한 윤리적 검토」, 『생명윤리』 제8권 제1호(한국생명윤리학회, 2007. 6), pp. 50-1).

┤ 생각해 볼 문제 ├

1. 다음 글은 동물이 인간과 교감을 할 수 있는 영적인 존재라는 점을 극적으로 보여 준다. 영적인 존재를 고기로 먹는 것은 잘못된 일일까? 만일 그렇다면 그 이유는 무엇일까?

> "빌어먹을! 이건 틀림없는 사실이란 말이오."
> 그는 내가 자신의 말을 믿지 않을까봐 두려워하고 있었다.
> 그날 그들은 퍼스 시의 교도소들에 공급할 쇠고기가 필요했고, 그래서 분주하게 소들을 도살하고 있었다.
> 첫 번째 샷은 기절 두 번째 샷은 사살!
> 여느 날과 마찬가지로 그가 늘 하던 대로 도살을 진행하고 있는데, 소 한 마리가 다가왔다. 그 소는 지금까지 봐온 어떤 소들과도 다른 분위기를 지닌 소였다. 그 소는 조용했다. 흐느낌소리조차 내지 않았다. 소는 시선을 아래로 향하고서 자발적으로 단상 옆 위치로 천천히 걸어왔다. 몸부림치거나 발버둥치거나 달아나려고 시도하지도 않았다.
> 막다른 지점에 다가오자 소는 고개를 들어 한없이 고요한 눈으로 자신을 죽일 도살자를 응시했다. 그 아일랜드 인은 그런 비슷한 경험을 한 적이 한 번도 없었다.
> 그는 너무 혼란스러워 아무 생각도 할 수가 없었다. 전기총을 들어 올릴 수도 없었고, 소의 시선에서 눈길을 돌릴 수도 없었다. 소는 그렇게 말없이 자신을 죽일 도살자인 그의 영혼 깊숙한 곳을 들여다보고 있었다.
> 그는 자신도 모르게 시간이 사라진 공간 속으로 미끄러져 들어갔다. 그

> 것이 얼마나 긴 시간이었는지는 알 수 없었다. 소가 그와 눈을 맞추고 있는 동안, 그는 더욱 충격적인 어떤 것을 알아차렸다. 소는 눈이 매우 크다. 그는 소의 왼쪽 눈을 바라보다가 아래 쪽 눈꺼풀 위에서 서서히 물이 고이기 시작하는 것을 발견했다. 그 물의 양이 점점 많아지더니 눈꺼풀 너머로 흘러넘치기 시작했다. 눈물은 소의 뺨을 타고 천천히 흘러내려 반짝이는 눈물 줄기를 이루었다.
>
> 그의 가슴에서 오랫동안 닫혀 있던 문이 열리고 있었다. 자신의 눈을 의심하면서 바라보고 있는데, 소의 오른쪽 눈 아래쪽 눈꺼풀에서도 더 많은 물이 고이더니 서서히 불어나 눈꺼풀 너머로 넘쳐 흘렀다. 그 순간 그의 마음이 무너져 내렸다. 소는 소리 없이 울고 있었다.
>
> 그는 전기총을 내던진 뒤 교도소 관리들에게 간절하게 애원했다. 자신에게 어떤 처벌을 내려도 달게 받겠으니, 그 소만큼은 죽이지 말아달라고!
>
> 그는 이제 채식주의자가 되었다고 이야기를 마쳤다.
>
> 이 이야기는 실화이다. 그 교도소 농장의 다른 재소자들이 내게 몇 번이나 그 사실을 확인해 주었다. 소리 없이 눈물을 흘린 그 소가 세상에서 둘째 가라면 서러워할 폭력적인 사람에게 보살핌과 배려의 의미를 가르쳐 준 것이다.[33]

2. 다음 글은 조나단 스위프트Jonathan Swift의 『겸손한 제안A Modesty Proposal』의 내용 중 일부이다. 이 글이 전하고자 하는 메시지는 무엇인가?

---

[33] 아잔 브라흐마(류시화 역), 『술 취한 코끼리 길들이기』(이레, 2008), pp. 161-3.

그리하여 나는 겸손하게 제안합니다.

여기에 대하여 어떠한 반발도 일어나지 않기를 진정으로 바랍니다.

나와 안면이 있는 런던의 유식한 미국인 친구 한 명이 나에게 말하기를 잘 길러진 건강한 어린아이는 한 살만 되면 찌거나 튀기거나 굽거나 삶거나 간에 대단히 맛 좋고 영양 많고 몸에 좋은 음식이라고 했습니다.

어린아이는 고기요리나 야채요리에 써도 좋을 것입니다.

따라서 나는 우리 모두 심각하게 생각해 보자고 겸손하게 제안합니다.

이미 산정된 12만 명의 어린아이 가운데 2만 명은 번식용으로 남겨 두는데, 그 가운데 사내아이는 4분의 1정도면 충분할 것입니다.

사실 이것은 우리가 양이나 소, 돼지에게 허락하는 것보다 높은 비율입니다.

어린아이는 우리 같은 야만인들이 그렇게 대단한 것으로 생각지 않는 결혼이라는 상황의 산물인 경우가 드물 것이기 때문에

나의 판단으로는 사내아이 하나에 여자아이 넷 정도면 충분할 것으로 보입니다.

그리고 남은 10만 명은 한 살 정도 되었을 때, 나라 안의 지체 높은 사람들이 사가도록 경매에 붙이면 될 것입니다.

아이들의 어머니에게는 마지막 달에 충분히 젖을 빨려서 살이 포동포동하게 찌도록 충고해야 할 것입니다.

친구들을 초대한 식탁에는 아이 하나만 요리해도 두 접시가 나올 것입니다.

가족들끼리 식사할 때에는 아이의 4분의 1정도만 요리해도 훌륭한 음식이 마련될 것입니다.

후추에 소금을 약간 쳐 두었다가 특히 겨울일 경우 4일째 되는 날 삶아먹으면 아주 좋을 것입니다.

12 정보 윤리

컴퓨터 윤리, 인터넷 윤리, 사이버 윤리

> 비록 우리가 아무 기록도 없는 빈 칸처럼/알려지지 않았고 무시당한다고 느낄지라도/용기를 내라! 우리의 중대한 자아는/거대한 데이터 뱅크에 보관되고 있으니//우리의 유년시절과 성년시절은/효율적으로 편집되고/우리의 저축과 보증은/모두 영원히 파일화되며//일반적이고 특별한/우리의 취향과 성향,/수입과 정규 활동, 과외 활동 모두//이것이 우리의 행복한 상태일지니/우리가 죽는 날까지/하늘에 있는 거대한 컴퓨터에 의해/우리가 낚아채져서 죽는 그날까지
>
> — 펠리시아 램포트 Felicia Lamport, 「사생활 박탈 Deprivacy」

새로운 기술은 으레 윤리 문제를 야기하곤 한다. 왜냐하면 그 기술이 인간의 행위 영역에 새로운 가능성을 열어주기 때문이다. 컴퓨터의 출현은 개인적·사회적 행위에 있어서 이전에는 가능하지 않았던 일을 가능하게 만들어 주었다. 컴퓨터 기술이 없다면, 인류가 달에 착륙할 수 없었을 것이고, 오늘날 우리가 누리는 인터넷 통신도 불가능했을 것이며, 인간 게놈 계획도 추진할 수 없었을 것이다. 다른 한편으로, 이제 우리는 사람들의 행위를 당사자도 모르게 추적하거나 감시할 수 있고, 더욱 파괴적인 무기 체계를 개발할 수 있으며, 많은 활동들에서 인간적 접촉을 불필요하게 만들어버리는 등 막강한 능력을 가지게 되었다. 이렇게 정보 기술은 우리에게 밝은 전망과 어두운 전망을 동시에 가져다주었다.

정보 윤리의 문제는, 새로운 정보 기술로 인한 사회적 변화가 인간관계와 사회제도에 영향을 미치고 또 이것이 우리의 일상적 윤리 의식, 즉 개인의 권리와 책임에 대한 우리의 생각이나 우리가 추구하는 선 및 사회제도에 깃들여 있는 전략 등에 도전해옴으로써 제기된다.[1]

이 장에서는 정보사회의 도래로 인한 이러한 도전들에 우리가 어떻게 대응해야 하는지에 관해 다각도로 살펴본다.

1. 정보 윤리는 새로운 윤리인가?

정보사회의 윤리[2]가 정작 어떤 내용을 가진 것인가를 논하기에 앞서서 우선 짚고 넘어가야 할 문제가 있다. 그것은 정보사회에서의 윤리의 형태와 본질이 전통적 윤리 체계와 같은 것인지, 아니면 그것과는 전혀 다른 새로운 것인지에 대한 논란이다.

우선 산업사회와 정보사회의 불연속성을 주장하는 사람들, 즉 정보사회가 산업사회와는 획기적으로 다르다고 주장하는 사람들은 새

---

1. D. G. Johnson, "Computers," in: *Encyclopedia of Ethics*, 2nd ed., Vol. 1 (New York: Routledge, 2001), p. 283.
2. '정보 윤리'라 하면 일단 '정보사회를 살아가는 사람들 사이의 도리' 또는 '정보사회에서 지켜야 할 개인적, 사회적 차원의 윤리'를 의미한다고 할 수 있다. 하지만 오늘날 정보 윤리라는 이름으로 제기되는 담론들은 사실상 대부분 컴퓨터의 활용과 관련되어 있기 때문에 여기서는 정보 윤리라는 개념을 컴퓨터 윤리나 인터넷 윤리 혹은 사이버 윤리와 특별히 구분하지 않고 사용하기로 한다.

로운 윤리를 주장하고 있다. 이들에 따르면, 산업사회라는 특정한 사회적 조건에서 생겨난 윤리 이론을 정보 기술의 발전과 새로운 기기의 출현 등 그 조건이 완전히 다른 정보사회에 단순하게 적용하는 것은 불가능하다는 것이다. 이들은 현실 공간에서 당연시하는 윤리나 규범이 사이버공간에서도 동일하게 적용되어야 한다거나 유사한 방식으로 작용할 것이라는 것은 마치 미국에서 적용되는 윤리와 규범이 한국 사회에도 그대로 적용되어야 한다고 주장하는 것과 마찬가지라고 지적한다. 즉, 로마에 가면 로마법을 따르라는 말과 같이 사이버공간에서는 사이버 공동체에 맞는 윤리를 탐색해야 한다는 것이다.

한편, 산업사회나 정보사회의 연속성을 주장하는 사람들은 정보사회의 윤리가 기본적으로 근대 시민사회의 윤리와 그 성격이 같다고 본다. 이들에 의하면, 정보사회의 특징들은 서구 근대사회의 형성과 함께 개시된 가능성들이 더욱 철저해진 것으로 이해될 수 있으며, 따라서 정보사회의 윤리 문제 또한 기존의 윤리적 원리에 대한 재해석이나 새로운 적용의 문제일 뿐 전혀 새로운 형태의 윤리를 논하는 것은 아니라는 것이다.

그러나 이러한 논쟁은 그리 결정적인 의미를 지닌 것으로 보이지는 않는다. 왜냐하면 환경 윤리나 생명 윤리의 경우에서 그랬듯이, 응용 윤리란 일정한 윤리 이론을 해당 문제 영역에 적용함으로써 성립하는 것으로서, 한편으로 해당 영역의 고유한 문제들을 다루는 측면이 있는가 하면, 다른 한편으로는 인간 사회에서 언제 어디서나 공통되는 원리를 적용하는 측면이 있기 때문이다. 윤리란 인간이 더불어 살아가는 데 필요한 인간관계의 규칙들의 체계이고, 여기에는 시대와 장소에 따라 변하는 측면이 있는 동시에 인간이 함께 살아가는 곳에서는 언제나 동일한 양상을 보이는 측면이 있다. 따라서 변하는 것[變]과 변치 않는 것[常]은 항상 공존한다고 보아야 할 것이다. 특히 후자와 관련하여 예를 들면, 인간의 존엄성, 인간의 기본권, 정의, 공동선을 존중해야 한다는 데 대해서는 누구도 이의를 제기하지 않는다. 그러므로 우리는 이와 같은 기본적 가치에 입각한 윤리 이론을 정보사회의 윤리 문제에 적용함으로써 적절한 해결책을 모색할 수 있으리라 생각한다.

그러나 오늘날 우리에게 새로운 사회적 공간으로 떠오른 온라인 공간의 특성에 대해서 좀 더 본격적인 연구와 논의가 이루어져야 한다는 점은 반드시 지적해 둘 필요가 있다. 하나의 새로운 사회적 공간이 생겨났다는 것은 가히 혁명적인 일이며, 이렇게 혁명은 일어나고 있는데, 우리가 지금 그 혁명의 과정을 잘 이해하고 있지 못하거나 혁명의 부작용에 대해서만 뒤쫓아 가고 있다면 머지않아 더욱 근본적인 문제에 직면하게 될지도 모르기 때문이다.

2. 정보 윤리 문제의 발생 배경

정보사회의 윤리 문제를 이해하기 위해서는 우선 정보사회가 기존의 산업사회와 어떻게 다른지 그 특징들을 이해할 필요가 있다. 이제 정보사회의 윤리 문제가 발생하게 된 요인 및 특성들에 대해 살펴보기로 하자.

첫째, **윤리적 지체**ethical lag와 **정책적 진공**policy vacuums의 문제이다. 이는 정보 통신 기술의 발달을 일반의 윤리 의식과 사회의 법적·제도적 대응이 따라가지 못함으로써 생기는 현상을 가리킨다. 대개 윤리나 법은 기술 발달과 그에 따른 사회 변화가 먼저 일어난 후 그것들이 야기한 부작용이나 역기능을 치유하는 후속 조치로서 등장하는 경우가 많은데, 정보 통신 분야 역시 예외가 아니다. 지금 우리는 그러한 과도기의 혼란 속에 놓여 있다고도 볼 수 있으며, 어떤 면에서는 정보 윤리를 정립하기 위한 노력 자체가 이러한 혼란기를 단축시키기 위한 하나의 시도일 수 있을 것이다.

둘째, 디지털 정보의 형태와 빠른 유통이라는 특성이다. 오늘날 컴퓨터상에서 모든 정보는 디지털화 되어 있고 빠르게 전달될 수 있는데, 이로써 상대방의 허락 없이 일방적으로 자기의 정보를 유포하거나 또는 타인의 정보를 복제, 활용, 대량 전파하는 일이 가능해졌다. 지적 소유권 문제라든가 프라이버시 침해 문제를 비롯하여 스팸메일, 해킹, 언어폭력, 허위·음란 정보, 바이러스 유포 등 온라인상의 불법 행위의 대부분은 정보 기술이 지닌 이러한 특성과 관련된 것으로 볼 수 있다.

셋째, 광범위한 정보 통신망의 연결이라는 특성이다. 오늘날 컴퓨터를 통한 통신망의 발달은 각 컴퓨터 상호 간은 물론이고 거대 컴퓨터와 연결되어 동시에 정보를 교환하거나 처리하는 것을 가능하게 하였다. 이러한 통신망을 통해 우리는 자료를 마음대로 이동시키고, 먼 곳에 있는 컴퓨터의 기능을 사용하는가 하면, 세계적인 데이터뱅크의 자료도 얻을 수 있게 되었다. 뿐만 아니라 은행이나 상점과의 거래, 원격측정이나 원격조종, 개인 블로그나 카페를 통한 교류 등도 가능하게 되었다. 이러한 모든 사실은 인간의 행위가 미치는 범위가 전 세계로 확대되었음을 의미한다. 우리는 이제 과거에는 상상할 수 없을 정도로 많은 정보를 소유하고 활용함으로써 편리한 삶을 누리게 되었지만, 다른 한편으로는 우리 행위로 인한 결과에 대해 더 많은 책임을 지지 않을 수 없게 되었다. 더 많이 아는 자, 더 능력 있는 자가 더 큰 책임을 떠맡는 것과 마찬가지로, 이제 우리는 정보 통신 기술을 통해 더 많은 역량을 갖게 되었으므로 거기에 따른 더 큰 책임을 지지 않을 수 없다.

넷째, 기술 및 시스템의 복잡성 증가라는 문제이다. 현대 정보 기술의 또 다른 특징은 개별 기술들이 복합 체계에 통합됨으로써 점점 더 다양하고 복잡한 시스템이 등장한다는 것이다. 이제 우리는 다차원적이고 멀티미디어적인 정보 시스템(예컨대 하이퍼텍스트-시스템Hypertext-system)과 이른바 인공지능의 등장을 맞고 있다. 그러나 이와 같은 하드웨어나 소프트웨어 상의 눈부신 발달은 동시에 여러 가지 부작용을 함축하고 있다. 우선, 기술의 격차가 정보의 격차를 낳고, 이것이 빈부의 격차로 이어지거나 혹은 복잡한 기술을 익히지 못한 사람들의 상대적 박탈감으로 연결될 수 있다. 다음으로, 인간이 그러한 기술이나 체계의 기능에 점점 더 의존하게 됨으로써, 만일 체계에 이상이 생기거나 기술적 통제가 잘 안 될 경우 속수무책의 혼란이 일어날 수 있다. 또 설사 통제가 잘 된다 하더라도 시스템의 복잡성 때문에 책임 소재가 불분명하다든가 자료의 비밀 보장이 안 되는 경우가 생길 수 있다. 역설적이게도, 정보 기술의 발달로 세상이 더 편리해졌지만 재난의 위험성은 더 증가했고, 우리의 책임은 더 커졌지만 실제로 책임을 회피하기는 더 쉬워진 셈이 되고 말았다.

다섯째, 익명성과 간접적인 인간관계의 증대라는 요인이다. 과거의 사회가 면대면face to face 커뮤니케이션을 기반으로 한 사회였다면, 현대 정보사회는 불특정 다수의 인간들이 사이버상에서 간접적으로 접촉하는 사회라 할 수 있을 것이다. 오늘날 인터넷을 통한 의사소통이 가진 매력 중의 하나는 그것이 익명성anonymity을 유지할 수 있다는 점이다. 이러한 익명성이 지닌 장점은 사람들로 하여금 심리적 안정감을 갖게 함으로써 정치적 비판이라든가 내부자 고발을 손쉽게 할 수 있고, 보고 싶은 그림이나 정보를 향유할 수 있으며, 채팅 등을 통해 낯선 사람들과 보다 편안하게 의사소통을 할 수 있다는 것이다. 신체적으로 거리를 두고 있는 상태에서 익명을 사용하여 각자의 신분이 노출되지 않는다면 상호 간에 친밀감은 떨어지는 대신 안정감을 느낄 수 있다. 이러한 측면은 참여자들에게 평등한 지위를 부여하고 자유로운 의사소통을 가능하게 함으로써 참여 민주주의의 가능성을 높여 줄 수 있다. 그러나 이러한 장점의 이면에는 또한 심각한 부작용이 자리 잡고 있다. 왜냐하면 익명적 사용자들이 타인을 모욕하거나 비방하고, 스팸메일이나 혐오 메일을 보내는가 하면, 심지어 온라인 사기 등 범죄적이고 반사회적 행위를 하는 경우가 빈발하고 있기 때문이다. 사실, '기게스Gygès의 반지'[3] 이야기에서 보듯이, 인간이 자기의 정체를 감출 수 있다고 생각하는 상황에서 윤리적 행위를 기대하기는 힘든 일인지도 모른다. 어쨌든 익명성이라는 측면은 사이버공간의 자생적 질서 형성에 대한 기대와 함께 우리의 정보 윤리 교육의 과제에도 시사하는 바가 크다.

---

3. 플라톤의 『국가』 제2권에 '기게스Gygès의 반지' 이야기가 나온다. 어느날 기게스는 우연히 금반지 하나를 얻게 되는데, 이 반지의 보석 부분을 밑으로 돌리면 자신의 모습이 보이지 않게 되고, 위로 돌리면 다시 자신의 모습이 보이게 된다는 사실을 발견한다. 그는 곧 이 반지를 이용하여 왕이 사는 곳으로 숨어들어가서 왕비와 간통을 하고, 왕비와 더불어 왕을 살해한 다음, 왕국을 장악한다. 화자話者인 글라우콘은, 만일 이러한 반지를 손에 넣게 된다면 대부분의 사람은 도둑질, 간통, 살인 등을 자행하면서 마치 신과 같은 존재로 행세할 것이라고 주장한다. "그러니, 만약에 이런 반지가 두 개 생겨서 하나는 올바른 사람이, 그리고 다른 하나는 올바르지 못한 사람이 끼게 된다면, 그런 경우에 올바름 속에 머무르면서 남의 것을 멀리하고 그것에 손을 대지 않을 정도로 그처럼 철석같은 마음을 유지할 사람은 아무도 없을 것입니다. 말하자면 시장에서 자기가 갖고 싶은 것은 무엇이든지 두려움 없이 가질 수 있고, 또 어느 집에든지 들어가서 자기가 원하는 사람이면 누구와도 교접할 수 있다면, 그리고 또 자기가 그러고 싶은 사람이면 누구든지 죽이거나 속박에서 풀어줄 수 있으며, 또한 그 밖의 여러 가지에 있어서 인간들 사이에서 신과도 같은 존재로서 행세할 수 있을 것입니다"(박종현 역, 『플라톤의 국가·정체』, 서광사, p. 129).

3. 정보 윤리의 접근법

위에서 살펴본 바와 같은 정보사회 혹은 정보 기술의 특성들로 인해 발생되는 다양한 정보 윤리의 문제들을 우리는 크게 법적 차원, 도덕적 차원, 정신 건강 차원의 세 가지로 나누어 생각해 볼 수 있을 것이다.

정보 윤리의 법적 차원

정보 윤리의 문제들 가운데 우선 법적 차원에서 접근할 수 있는 문제들이란, 정보사회 및 정보 기술의 특성이 개입되었을 뿐 사실상 일반적으로 불법이라 간주되는 것과 별반 차이가 없는 행위들을 말한다. 예컨대 바이러스 유포, 전자우편 폭탄, 언어폭력 등은 타인에게 직접적으로 폭력을 행사하는 것이나 다름이 없는 행위이고, 허위 정보 유포, PC 통신 사기 등은 일반적인 사기죄에 해당되는 행위로서 일차적으로 법적 차원에서 다루어져야 할 문제이다. 해킹, 프라이버시 침해, 지적 소유권 침해 문제 등도 마찬가지다. 이것들은 모두 직·간접으로 개인의 소유권을 침해한 것이라는 이유로 불법으로 간주될 수 있다. 넓은 의미에서 한 개인에게 속하는 것(정보)을 그의 동의 없이 활용하거나 활용할 가능성을 확보하는 것은 명백히 개인의 소유권을 침해한 것이기 때문이다.

그러나 일반 사회에서와 달리 약간의 기술만으로도 모든 행위가 손쉽게 가능한 정보사회에 있어서 동시 다발적으로 무수히 벌어지고 있는 위의 사례들을 유연성이 부족한 법적 대응만으로 해결하기는 힘들 것이라는 반론이 제기될 수 있다. 그렇기 때문에 기술적 대응과 윤리적 대응의 필요성이 함께 언급되는 것은 어쩌면 당연한 일일 것이다.

　하지만 법이란 그것이 설사 현실적으로 완전하게 집행되지 못 하는 경우가 있다 하더라도 인간의 사회적 삶을 가능하게 하는 최소한의 장치로서 필수적으로 존재해야 하는 것이다. 이 '최소한의 윤리'인 법이 인간의 기본권을 지켜주는 최후의 보루로서 제 기능을 하지 못할 경우, 아무리 윤리적 계몽과 교육을 거듭한다 하여도 그 효과를 기대하기는 힘들 것이다. 법은 타율이요 현실이고, 도덕은 자율이요 이상이다. 우리는 궁극적으로 모든 것이 자율적 질서에 의해 움직이는 도덕 사회 건설을 위해 노력해야 하겠지만, 우리에게 현실적으로 가능한 일은 이 현실 상황에 발을 굳게 디디고서 그러한 이상을 향해 한 걸음씩 나아가는 것이다. 이제 어떤 맥락에서 법이 인간의 자유와 기본권을 지켜주는 장치가 될 수 있는지에 대해 살펴보자.

　표현의 자유 문제. 흔히 사이버공간을 자유의 공간, 해방의 공간이라고도 한다. 오프라인 상에서는 불가능한 자유로운 표현, 광범위하고 신속한 의사소통이 가능하기 때문이다. 자유란 보통 '자신이 원하는 대로 행위하는 데 있어 구속을 받지 않는 상태'를 의미한다. 그러나 사람이 혼자서만 사는 것이 아니라 남과 더불어 살아가는 한 '완전한 자유,' 즉 어떠한 제한도 받지 않고 자기가 하고 싶은 대로만 행하는 것은 문제를 일으킬 수밖에 없다. 만약 어떤 사람이, 자기의 행위가 이웃에게 미치는 영향을 전혀 고려하지 않고 하고 싶은 대로만 한다면, 그는 이웃이 하고 싶은 대로 행하는 것을 방해하기 쉽다. 예를 들어, 우리가 우리 이웃이 자고 싶어 하는 한밤중에 큰 소리로 노래를 부르고 싶다면, 이때 우리가 하고 싶은 대로 하는 자유는 우리 이웃이 하고 싶은 대로 하는 자유를 방해하게 된다. 만일, 이런 의미의 완전한 자유를 제한하는 어떠한 법률이나 규범도 존재하지 않는다면, 그것은 역설적이게도 우리에게 자유가 거의 없는, 하고 싶은 대로 행할 기회가 거의 없는 상태를 초래하고 말 것이다. 왜냐하면, 우리의 자유는 타인들의 '자유로운' 행동에 의해 제약될 것이기 때문이다.

여기서 우리는 인간의 타고난 자유가 다른 사람의 자유 앞에서 한계를 갖는다는 것을 알게 된다. 자유의 이러한 측면을 외적 자유라고 한다. 칸트에 의하면, 이러한 외적 자유란 '타인의 강제적 자의(恣意)로부터의 독립성'으로서, 그것은 다른 모든 사람들의 자유와 엄격하게 양립할 수 있는 경우에만 모순 없이 가능하다. 법이란 이렇게 한 개인의 자유가 다른 모든 사람들의 자유와 조화될 수 있게 하는 조건들을 규정한 것이다. 이제 이 법에 의해 다른 사람들의 자유와 합치될 수 있는 행위는 허용되는 반면, 다른 사람들의 자유(기본적 권리)를 침해하는 행위는 허용되지 않는다. 여기에서, 불법적인 권리 침해를 막고 합법적인 행위의 자유를 가능하게 하는 법적 강제가 등장하는 것이다. 단, 이러한 강제는 오직 불법적 권리 침해를 막는 한에서만 정당하며, 그것을 넘어서는 모든 강제는 그 자체로 불법이다.[4]

이로써 우리는 사이버공간에서 자기가 '하고 싶은 대로' 하는 행위의 한계에 대한 법적 기준을 알게 된다. 그것은 곧 자기가 '하고 싶은 대로' 하는 것이 다른 사람의 자유와 기본권을 침해하지 말아야 한다는 것이다. 이것은 우리의 헌법에도 다음과 같이 명시되어 있다.

> 언론·출판은 타인의 명예나 권리 또는 공중도덕이나 사회윤리를 침해하여서는 아니 된다. 언론·출판이 타인의 명예나 권리를 침해한 때에는 피

---

4. O. Höffe, *Immanuel Kant* (München: Beck, 1992), p. 213 이하.

해자는 이에 대한 피해의 배상을 청구할 수 있다(헌법 제21조 4항).

간혹 논란거리가 되는 사이버공간에서의 표현의 자유 문제 또한 여기서 예외가 될 수 없다. 이와 관련하여 "사이버공간에서는 무엇이든 자유로이 표현할 권리를 보장해 주는 일이 우선되어야 하는가 아니면 상대방의 '자유로운' 표현으로 피해를 입는(예컨대 마음의 상처를 받거나, 불쾌감을 경험하는 등) 사람의 권리를 지켜 주는 일이 우선되어야 하는가"라는 문제를 놓고 논란이 벌어지는 경우가 있다. 물론 이는 위의 헌법 조항을 잘 적용하여 해결해야 할 일이겠지만, 특히 사이버공간의 특성을 감안하여 지혜롭게 풀어갈 필요가 있는데, 그것은 표현의 자유의 한계가 인터넷의 사적인 영역과 공적인 영역에서 서로 달리 설정되어야 한다는 점이다. 다음 글은 이 점을 잘 지적해 주고 있다.

> 인터넷은 신문·방송 등의 다른 매체와 달리, 일면 사적인 영역이기도 하고, 일면 공적인 영역의 성격도 함께 갖는다. 따라서 전자문서의 개인적 교환이나, 대화방의 일대일 대화는 제한없이 보호되어야 할 것이나, 공적인 영역에 속하는 게시판이나 공개형 전자회의실에서의 명예훼손이나 음란물 게시는 처벌되어야 할 것이다. 인터넷 매체의 독자성을 인정하지 아니한 채, 일반적인 명예훼손의 논리나 음란성 개념이 무조건적으로 적용되는 것은 배제되어야 할 것이다.[5]

지적 소유권 문제. 다음으로 지적 소유권 문제에 대해서 살펴보자. 원래 우리가 소유하고 있는 물건에 대해서 우리는, 마치 우리 자신의

---

5. 정상기,「인터넷상 표현의 자유와 한계」,『정보통신윤리와 인터넷 내용규제 ― 2001 정보통신윤리학술포럼 논문집』(정보통신윤리위원회, 2001. 12).

신체에 대해서 그런 것과 마찬가지로, 자유로운 처분권을 가진다. 소유권은 자신의 신체를 자연적 한계를 넘어서 어느 정도까지 확장시키며, 동시에 모든 타인들에게 그들의 가처분 공간의 한계, 즉 그들의 자유의 한계를 표시해 준다. 그러므로 사적 소유권은 힘을 의미하는데, 직접적으로는 내게 속한 사물들에 대한 힘을 포함하고, 간접적으로는 그 사물을 가지고 싶지만 가지고 있지 못한 다른 모든 사람에 대한 힘을 포함한다. 이러한 소유권이 미치는 대상은 크게 세 가지로 나누어볼 수 있다. 첫째는 내가 가지고 있는 물질적 사물(토지나 물품들)이고, 둘째는 약속의 산물(계약)이며, 셋째는 나와 관계된 다른 사람의 상태(예컨대 결혼한 사람이 자기 배우자에 대해 정절을 지킬 것을 요구하는 경우가 이에 해당됨)이다. 이러한 세 종류의 외적인 것들에 대해 나는, 다른 사람이 나의 동의 없이 그것을 함부로 사용함으로써 나의 합법적인 행위의 자유가 침해될 때, 법적으로 나의 것임을 주장할 수 있다. 누군가가 내가 가지고 있거나 나에게 속한 어떤 대상을 빼앗아간다면, 나는 명백히 나의 행위의 자유를 침해당한 것이다. 또한 나의 행위의 자유는 누군가가 내가 없을 때 내가 소유하고 있는 대상을 사용하는 경우에도 침해당하는 것이다. 그러므로 법적 소유권은 물리적 보유에 한정되지 않는다. 법적 소유권은 내가 서 있는 토지, 내가 지니고 있는 물건들뿐만 아니라, 내가 놓아둔(내버려둔) 물건, 내가 떠난 토지에도 미친다. 더 나아가 법적 소유권은 공간적·시간적으로 현존하는, 그래서 경험적으로 지각할 수 있는 보유뿐만 아니라, 비경험적·정신적, 즉 지적인 취득에서도 성립한다.[6]

이로써 우리는 정보사회에서의 이른바 지적 소유권 문제에 대한 최소한의 법적 기준을 알 수 있다. 그것은, 우리가 일반적으로 저작

---

6. Höffe, 위의 책, p. 218 이하.

권, 초상권, 특허권 등에서 그것을 만들거나 지니고 있는 사람의 권리를 법적으로 인정하고 있는 것과 마찬가지로, 사이버공간 상에서의 모든 정보, 기술, 지식에 대해서도 원칙적으로 지적 소유권이 인정되어야 한다는 것이다. 여기서 지적 소유권이 침해되었느냐 아니냐의 여부는 소유권자의 명시적 혹은 묵시적 동의가 있었느냐의 여부에 따라 판단할 수 있을 것이다.

아무리 자유를 구가하는 사이버 세계의 시민이라 하더라도 그 행위에는 일정한 제한이 있을 수밖에 없다. 무엇보다도 타인의 자유, 권리, 명예를 침해하면 안 된다. 거기에는 분명한 기준에 의한 법적 제재가 따라야 할 것이다. 하지만 법을 제정하고 강력하게 집행하는 것만으로 정보 윤리 문제를 해결할 수 있을까? 잘 알다시피, 온라인 공간에서는 개방성과 네트워크의 특성 때문에 직접적이고 일률적인 규제가 쉽지 않다. 또 끊임없이 발생하고 있는 정보사회의 새로운 문제들에 대해 아무리 정교한 입법을 하고 발 빠른 개정을 한다고 해도 이러한 법률적 접근은 쫓는 자와 쫓기는 자의 끝없는 달리기 경쟁이 될 가능성이 있다. 그리고 그런 경쟁에서는 쫓기는 범법자가 더 유리할 뿐만 아니라 그 범죄 행위도 더욱 교묘해지는 경우가 많다. 그래서 법률적 강제의 효력은 당장은 매우 효과적인 듯 보여도 늘 그것을 벗어나는 새로운 방법들이 개발됨으로써 근본적으로 한계를 드러내고 만다는 것을 우리는 이미 경험한 바 있다. 여기서 우리는 이러한 문제들에 대한 도덕적 차원의 접근에 눈을 돌리게 된다.

정보 윤리의 도덕적 차원

위에서 살펴본 바와 같이 정보사회의 문제들을 법적 차원에서 접근하는 것은 한편으로 볼 때 반드시 필요한 일이라 하겠지만, 다른 한편으로 볼 때 이것은 또한 많은 한계를 내포하고 있는 방법이라 하지 않을 수 없다. 왜냐하면 정보사회에서 생기는 모든 문제를 법적 강제를 통해 해결하려 하는 것은 우선 효과적이지도 않을 뿐만 아니라 개방성과 자유로운 의사소통을 특징으로 하는 정보사회의 발전 가능성을 저해하는 일이 될 수도 있기 때문이다. 여기서 우리는 타율적 방법 대신에 자율적 방법, 즉 법적 차원 대신에 도덕적 차원의 접근에 주목하게 된다. 참으로 우리의 정보사회가 자율적이고 도덕적인 질서에 따라 운영될 수 있다면, IT 강국인 우리는 말 그대로 정보나라의 유토피아를 구가할 수 있을 것이다.

하지만 이러한 희망 섞인 전망을 하기에는 우리가 이미 경험하고 있는 사이버공간에서의 일탈 행위, 예컨대 언어폭력(특히 악성댓글), 근거 없는 비방, 바이러스 유포, 스팸메일 공해 등으로 인한 부작용이 너무나 심각하다. 정말 도덕적인 접근만으로 우리는 이러한 문제점을 극복하고 사이버공간을 긍정적으로 가꾸어 갈 수 있을 것인가?

사이버공간에서 시민 윤리를 기대할 수 있는가? 여기서 우리는 오늘날 우리 사회, 특히 온라인 공간에서 왜 예의범절이 실종되기 쉬운지에 대해 생각해 보기로 하자. '예禮란 곧 충서忠恕'라는 말에서 볼 수 있듯이, 그것은 원래 '나의 마음으로 미루어 남의 마음을 헤아려 주는 것'이다. 한마디로 타인에 대한 배려임을 알 수 있다. 그것은 사람들이 더불어 살아가는 데 윤활제의 역할을 하는 것으로서, 사람들 사이의 불필요한 충돌이나 오해를 막아 주고, 결과적으로 삶의 능률을 높여 주는 기능을 한다. 그래서 어느 사회에나 나름의 예의범절이 있게 마련이다. 그리고 그것은 대개 오랜 전통의 산물이며, 각자가 어릴 적부터의 교육과 훈련을 통해 몸에 지니게 되는 것이다. 사람은 본래 자기중심적인 존재이기 때문에, 타인의 입장을 생각하고 자기의 행동을 되돌아보는 마음가짐은 그렇게 쉽게 얻어지는 것이 아니다. 이러한 분별심과 덕성은 오로지 반복되는 교육과 타인들과의 교류의 경험이 쌓이면서 체득되는 것이다.

그런데 오늘의 우리 사회처럼 삶의 방식이 급속하게 변하는 환경에서는 이러한 과정이 차분하게 진행되기가 어렵다. 더욱이 온갖 문명의 이기와 컴퓨터의 활용으로 시간과 공간이 단축됨으로써 과거에는 직접 발로 뛰거나 사람을 만나야 했던 일도 이제는 그 자리에서 즉각 처리할 수 있게 되었다. 말하자면, 많은 과정을 단축시켜 최대한 능률적으로 목적을 달성할 수 있게 된 것이다. 대개 우리의 삶에서 실존적 깨달음은 주로 노력과 끈기를 통해 어떤 목표를 추구하는 '과정에서,' 또 인간과 인간 간의 '직접적 만남에서' 얻어진다. 그러므로 과정이 생략되고 인간적 만남이 생략된 기술적 환경에서 덕과 예의범절이 소홀하게 되는 것은 어쩌면 당연한 일인지도 모른다. 하물며 감각적이고 즉흥적인 반응으로 의사소통이 이루어지기 일쑤인 사이버공간에서 개개인의 덕성을 전제로 도덕 공동체를 지향한다는 것은 지극히 비현실적인 일로 보일 것이다.

근대 자유주의의 특징은 개인의 이익과 대중의 이익의 궁극적 일치를 지향하는 것이었다. 그리고 그 전제 조건은 사람들이 분별심이 있어야 한다는 것이었다. 즉, 자유주의의 근본정신에 따르면, '어떤 사회에서 그 사회의 구성원들이 경건하고 분별이 있으면 그들에게 자유를 주어도 그들은 대중의 이익에 부합되게 행동할 것'이라는 것이다. 그러므로 진정한 자유는 곧 자율이요, 그것의 실현은 사람들 사이에 예의와 분별심이 일반화된 곳에서만 가능한 것이다. 아마도 인터넷의 자정自淨 능력을 믿는 사람들은 이러한 근대 자유주의의 정신을 믿는 사람들일 것이다. 그래서 그들은 정보사회의 초기에는 온갖 폐해가 나타나겠지만, 점차 많은 사람들이 그것을 경험해 가는 가운데 자연발생적인 자율적 질서가 생겨나리라고 기대한다. 분명히 인간은 이성적 존재로서 그러한 분별력을 발휘할 수 있는 가능성을 지닌 존재이다. 하지만 문제는 미성년자를 포함하여 익명의 불특정 다수로 구성되어 있는 정보사회의 구성원들에게 이러한 분별심을 기대할 수 있겠느냐 하는 것이다. 만일 그러한 기대를 할 수 없다면, 우리는 사이버공간에 도덕적 질서를 도입하려는 시도를 포기할 수 밖에 없을 것이다.

덕 교육의 중요성. 여기서 우리는 정보 윤리의 덕 윤리적 접근에 대해 주목할 필요가 있다. 이미 언급했다시피, 덕이란 단지 머리로 아는 것만으로 얻어지는 것은 아니다. 그것은 대체로 몸의 훈련과 습관의 결과 체득되는 것이다. 그래서 우리의 옛 선비들은 '홀로 있을 때에도 삼갈 것'愼獨을 좌우명으로, 책을 읽으면서도 늘 의관衣冠을 바르게 하는 자세를 강조했던 것이다. 물론 인터넷 단말기 앞에 앉은 오늘날의 청소년에게 이러한 비유가 설득력을 갖기는 어려울 것이다. 그렇지만 우리가 조금만 긍정적으로 생각해 본다면, 이러한 가능성이 그렇게 비관적인 것만은 아니다. 마치 유아기의 훌륭한 교육이 한 사람의 평생에 걸쳐 영향을 미치고, 운전대를 처음 잡았을 때의 정확하고 세심한 교육이 사람의 운전 습관을 결정하듯이, 어린이가 컴퓨터를 처음 대하는 시절부터 체계적인 정보 윤리 교육을 시행한다면, 우리는 보다 예의 바르고 보다 덜 폭력적이며 조금 더 남을 배려할 줄 아는 네티즌을 키워 낼 수 있을 것이다.

이어서 "어린 나이에는 사회의 기본 가치들을 전수하고 그것을 습관화시키는 데 중점을 두는 반면, 어느 정도 이성적 사고 능력이 발달한 다음에는 아동 스스로 주어진 사회규범들을 비판적으로 판단함으로써 자신의 행동 원리를 자율적으로 형성하도록 도와주어야 한다"[7]는 도덕교육 이론에 따라 청소년기의 학생들에게는 보다 합리적인 추론을 통해 윤리 문제들을 해결할 수 있는 능력을 길러주어야 할 것이다. 다시 말해서, 핵심적인 윤리 이론들을 가르쳐주고 그것을 실제 문제 사례들에 적용하도록 함으로써 스스로 합리적으로 판단하고 행동할 수 있도록 교육해야 할 것이다.

비록 이와 같은 '도덕적' 접근이 가장 힘이 약하고 그 효력도 불확실한 방안처럼 보일지 모르겠으나, 장기적으로 볼 때 이것만이 정보 윤리 문제를 근본적으로 해소할 수 있는 대안이라 할 것이다. 힘들더라도 우리는 이 길을 차근차근 걸어갈 수밖에 없는 것이다.[8]

정보 윤리의 정신 건강적 차원

정보사회의 문제들 중에는 남을 속이거나 남의 권리를 침해하고 또 남에게 피해를 입히거나 불쾌감을 주는 일 이외에 자기 자신의 심신을 불건강하게 만드는 일들도 있다. 예컨대 통신 중독이라든가 음란물 탐닉 그리고 자아 정체성 상실 등이 그것이다.

사실 인간의 행위에 대해 어디까지가 정상이고 어디서부터 비정상, 즉 병적인 것이냐를 구분하기는 쉬운 일이 아니다. 정상 · 비정

---

7. 추병완, 『도덕 교육의 이해』(백의, 2004), p. 45.
8. 다행히 최근 온라인 공간에서 운영되고 있는 게시판이나 인터넷 카페의 양상을 볼 때, 네티즌들 사이에 어떤 자율적 질서가 형성되어 가고 있다는 희망적인 전망이 나오고 있다. 네티즌들 사이의 자율적 감시와 비판 기능이 게시판 문화부터 바꾸기 시작하고, 이것이 전체 커뮤니티로 확대되는 긍정적인 분위기가 조성되고 있는 것이다. 특히 익명 자유 게시판에서도 이러한 변화의 조짐이 나타나고 있다. 익명 게시판에서 토론이 누적적으로 장기화되는 과정에서 우리는 주목할 만한 변화를 접하게 된다. 그 변화란 토론 참여자들 사이에서 악성 ID가 자연스럽게 확인되며, 그 결과 토론의 기피 인물로 찍혀 배제되는 소위 자정 현상이 나타난다는 점이다. 이런 현상이 폭발적으로 증가하고 있는 사이버 공동체들의 경우 더욱 뚜렷이 나타나고 있다는 점에서 우리는 네티즌들의 도덕성에 대한 희망을 보게 된다.

상을 구분할 수 있는 공통된 기준을 정하기가 어려운 측면이 있기 때문이다. 그래서 정상적인 사람이나 행동이 가진 특징을 규정하는 데 있어 모두의 의견이 일치되는 것은 아니지만, 심리학자들이 거론하는 특성들로는 다음과 같은 것들이 있다.[9]

첫째, 정상적인 사람들은 자기 자신의 능력을 평가하거나 자기 주위 환경을 파악함에 있어 '대단히 실제적'이다. 따라서 그들은 과대망상에 빠져 무모한 일을 벌이지 않으며, '지나치게 의기소침하여' 매사에 움츠러들지 않는다. 둘째, 정상적인 사람은 자신의 행동을 스스로 통제할 수 있는 능력을 가지고 있다. 물론 그들도 때로는 충동적으로 행동하는 경우가 있지만, 그것은 '대체로 예외적인' 조건 아래에서만 일어난다. 셋째, 정상적인 사람은 자신의 가치에 대해 '어느 정도' 자부심을 가지고 있으며, 주위 사람들로부터 인정받고 있다고 생각한다. 그래서 그들은 '이유 없이' 자기 비하를 하거나 소외감을 느끼지 않는다. 넷째, 정상적인 사람은 다른 사람들과 친밀하고 좋은 관계를 가질 수 있다. 그들은 '남의 감정을 살필 줄 알기 때문에' 남에게 자기중심적인 과도한 요구를 하지 않는다.

위의 내용은 한편으로 대단히 평범하고 당연한 듯 보이지만, 다른 한편으로 현대사회의 복잡한 삶과 인터넷이라는 특수한 조건을 감안해 볼 때, 얼마나 많은 사람들이 이른바 '비정상적인' 범주에 속하는 행동을 하게 될지 짐작할 수 있다. 위의 기준에서 우선 '따옴표' 부분을 중심으로 살펴보자.

첫째, 정상적인 사람은 '대단히 실제적'이라 하였지만, 사이버공간의 삶을 실제 삶real life의 대안으로 생각하는 오늘날의 일부 사람들에게 이 말이 의미를 가질 수 있겠는가? 또 '지나치게 의기소침' 하

---

9. Atkinson 외(이훈구 역), 『현대심리학개론』(정민사, 1985), p. 489 이하 참조.

지 않는다고 하였지만, 수줍고 감수성 예민하고 주위의 기대에 짓눌린 우리의 청소년들과, 원래는 꿈을 가지고 있었지만 이제는 현대사회의 치열한 생존경쟁의 와중에서 꿈을 잃어 가고 있는 많은 현대인들에게 인터넷이 얼마만큼 해방구 역할을 할 수 있으며 또 정신적 위로의 장이 될 수 있는지 짐작해 볼 수 있다. 세 번째로 지적된 '어느 정도' 자부심을 가지고 '이유 없이' 자기 비하를 하지 않는다는 표현에 대해서도 같은 말을 할 수 있을 것이다.

둘째, 충동적인 행동은 '대체로 예외적인' 조건 아래에서만 일어난다고 했지만, 익명성을 특징으로 하는 인터넷 공간의 의사소통이야말로 바로 그 '예외적인' 조건이 일반화된 것이라고 할 수 있지 않겠는가? 네 번째로 제시된 '남의 감정을 살필 줄 안다'는 측면에 대해서도 마찬가지다. 면대면이 아니라 단지 간접적인 접촉으로 이루어지는 온라인 공간에서는 그러한 감정이입 능력을 현실 공간에서만큼 기대하기는 힘들 것이기 때문이다.

지금까지 우리는 왜 사이버공간에서 이른바 비정상적이라 여겨지는 행동이 더 쉽게 발생할 수 있는지에 대해 살펴보았다. 다음으로는 정신 건강 차원에서 문제가 되는 대표적인 증상들, 즉 통신 중독, 음란물 탐닉, 자아 정체성 상실에 대해 차례로 검토해 보기로 한다.

통신 중독. 통신 중독증이란, 인터넷이나 컴퓨터 통신에 탐닉하여 컴퓨터나 인터넷 통신 이외의 일상생활에 흥미를 잃고 대부분의 시간을 통신을 하면서 보내는 증상을 말한다. 정보사회에서 사람들이 컴퓨터와 보내는 시간이 많아지고 온라인 공간에서의 활동에 친숙해지다 보면 점차 직접적인 대인 관계를 기피하고 컴퓨터를 통한 간접적인 인간관계나 가상현실 속에서 더 친근감을 느끼는 경우가 생겨나는데, 이것이 아주 심해진 경우에 해당된다. 이러한 증상을 보이는 사람들은 현실의 실제 생활보다 사이버공간에서의 삶에 더 많은 흥미를 느끼기 때문에 일상생활을 제대로 영위할 수 없음은 물론 심한 경우에는 정상적인 인간관계의 단절과 인격 장애로 발전할 수 있다.

통신 중독 등 인터넷과 관련된 병리적 현상은 현실 생활에 존재하는 문제가 인터넷을 통해 반영되거나 확대된 것과 인터넷이 지닌 속성 자체에 의해 유발된 것의 두 가지 유형이 있다.[10] 많은 경우, 인터넷 중독은 현실 생활과의 밀접한 관련 하에서 일어나는 것으로 알려지고 있다. 예컨대 불행한 혹은 권태로운 결혼 생활을 영위하고 있는 부부의 경우, 인터넷은 그 남편이나 아내에게 새로운 정서적 유대를 찾는 돌파구가 될 수 있다. 그들은 채팅이나 메일을 통해 정서적 유대를 갖게 된 상대방에 대해 심리적으로 의존하게 됨으로써 중독 증상을 보이게 되는 것이다. 또 왕따, 학교 폭력, 성적 부진과 같은 문제를 지닌 청소년은 우울한 느낌을 가지게 되고 이것을 해소하는 방편으로 인터넷에 빠지게 되는 경우가 있다.

반면, 평소의 생활에 큰 문제가 없는데도 인터넷을 통해 병리적 행동을 하게 되는 경우도 있다. 예컨대 온라인 게임에 중독된 청소년들의 경우, 그 이유는 단지 '재미있고, 신나고, 다른 아이들도 다 한다'는 것인데, 온라인 게임이 지닌 특성 자체가 청소년들의 욕구 실현과 관련되어 있기 때문이라고 분석되기도 한다. 그리고 이러한 게임은 청소년이 지닌 공격 성향이나 성적 호기심을 표현하는 무의식적 수단으로 사용될 수도 있다. 성인 사이트와 음란물 중독 또한 단순한 성적 호기심으로부터 시작했다가 나중에는 상습적으로 탐닉하게 되는 경우가 있다. 특히 성인들의 경우에는 성인 사이트나 음란물에 탐

---

10. 김현수, 「인터넷이 개인행동에 미치는 영향과 사례」, 『정보통신윤리학술포럼 ― 인터넷의 사회심리학적 영향과 윤리적 대응』(정보통신윤리위원회, 2001. 2. 27), p. 32 이하.

닉한 사람이 정상적인 부부 생활을 영위할 수 없는 사례까지 생김으로써 문제가 되고 있다.

음란물 탐닉. 청소년들의 음란물 탐닉에 대해서는 그것을 우려하는 목소리와 일부의 부정적 예를 가지고 너무 확대 해석할 필요가 없다는 낙관론이 엇갈린다. 전자가 오랜 유교 문화 전통을 지닌 우리 사회 특유의 보수적 성 문화를 반영하고 있다면, 후자는 급속한 서구화·개방화의 물결과 더불어 성 담론도 점차 해방되어 가고 있는 분위기와 관련된다. 사실, 어느 시대에나 호기심 많은 소년들은 있게 마련이며, 이들은 아무리 감시의 눈초리가 무서워도 기어코 자신들의 호기심을 만족시켜 왔다. 다만 오늘날의 상황이 과거와 다른 점이 있다면, 많은 학생들이 인터넷을 통해 아주 손쉽게 음란물을 접할 수 있다는 것과 또 이들이 접하는 음란물의 내용이 매우 노골적이라는 것이다. 그래서 노골적이다 못해 때로는 변태적이기까지 한 장면들에 노출된 청소년들이 일찍이 잘못된 성 관념을 갖게 되지 않을까 염려하는 것이다.

아마도 성 문제에 관해서 비교적 너그러운 생각을 가지고 있는 사람이라 하더라도, 미성년자들이 왜곡된 성 정보에 무차별적으로 노출되는 것을 찬성할 사람은 거의 없을 것이다. 하지만 이러한 사태를 예방할 무슨 방법이라도 있는가? 애석하게도 기술적 측면에서만 보아도 그 전망은 매우 비관적이다. 게다가 우리 사회의 대세는 당분간 성적 억압 문화가 해체되는 방향으로 진행할 것이 틀림없다. 인터넷은 아마도 그러한 해체를 더욱 촉진시키는 기능을 하게 될 것이다. 그렇다면 이 문제에 대한 대책은 이제 자명해진다. 그것은 결국 우리 청소년들로 하여금 자생력을 갖도록, 다시 말해서 건전한 이성관異性觀과 결혼관을 갖도록 가르치는 길밖에는 없다.

자아 정체성 상실. 이제 자아 정체성 상실 문제에 대해 검토해 보자. 인터넷에 참여하기 위해서는 ID를 필요로 하고, 이 ID를 만드는 것으로부터 시작하여 사이버 자아cyber self가 창조된다. 그리고 사이버 자아가 생성됨으로써 현실의 자아로부터 가상의 자아가 분화된다. 이 분화가 왜곡되면 자아분열self-fragmentation 같은 현상이 나타나고, 이러한 현상이 바로 현실에서의 정체성 위기를 낳게 된다고 한다.

하지만 인터넷상에서의 사이버 자아에 대한 논란은 부정적 관점에서만 이루어지지는 않는다. 인터넷상에서의 사이버 자아의 형성이 현실에서의 고정된 자아 관념을 해체하고 새로운 자아 개념을 형성할 수 있는 기회를 제공한다고 보는 연구자들도 있기 때문이다. 실제로 사이버공간에서 개인은 자신의 모습을 만들고 부수고 다시 만들고 또다시 새로운 모습으로 끊임없이 수정·변환시키며 자신의 역량을 재학습할 수 있는 기회를 가질 수 있다.[11] 특히 비교적 고정된 사회적 역할을 가졌다기보다는 아직 뚜렷한 역할이 없는 청소년의 경우, 사이버공간에서 이루어지는 자신의 정체성에 더욱 생생하게 몰두하기도 한다.[12] 이러한 또 다른 자기의 표현은 현실의 자기를 과장되게 표현하고 확장하는 것으로부터 시작해서 성을 바꾸는 것에 이르기까지 다양한 정체성 실험의 양상을 보이고 있다.

그런데 문제는, 청소년들이 핵심적 자아core self를 유지하면서 다차원적인 정체성 실험을 통해 자기가 확장되는 경험을 하지 못하고, 많

---

11. 황상민, 「사이버 공간의 심리학적 특성 및 사회적 영향」, 『정보통신윤리학술포럼 — 인터넷의 사회심리학적 영향과 윤리적 대응』(정보통신윤리위원회, 2001. 2. 27) 참조.
12. 실제로 배우가 자기 역할을 멋지게 소화해 내는 것이라든지, 우리가 성질이 다른 몇 가지 집단에 동시에 소속되어 있으면서 각기 서로 다른 이미지로 알려져 있는 사례에서 보듯이 이러한 다원적 정체성이 그 자체로 문제가 있는 것은 아닐 것이다. 다만 우리 자신이 분명한 중심을 가지고 그러한 자기의 모습을 성찰할 수만 있다면 말이다. 문제의 핵심은 복합적인 자기의 모습이 아니라 언제나 현실을 직면할 수 있고 그것에 대해 자기의 꿈과 이상을 투영할 수 있는 자세 여부에 달려 있다고 보아야 할 것이다.

은 경우 현실에서의 정체성을 사이버 자아로 대체하고 싶은 열망에서 헤어나오지 못한다는 데에 있다. 그리고 그러한 간극으로 인해 절망, 우울증, 현실 거부 등의 정서적 반응을 보이면서 현실 적응에 어려움을 겪게 되는 것이다.[13] 다음 글은 이러한 측면을 잘 설명해 준다.

> 사이버 공간의 정체성은 복합적인 이미지이다. 여기서 복합적이란 자기를 나타내는 모습이 다양하다는 의미이다. 따라서 개인은 마치 자신의 분신들이 이 공간 속에 각기 다른 모습으로 나타나게 만드는 경험을 하게 된다. 마치 손오공이 자기의 분신을 만드는 요술을 부리듯이 자신의 개별 정체성이 이 공간 속으로 확장되는 경험을 한다. 복합 정체성은 마치 서로 갈등적이고 경쟁하는 다른 특성들이 각각 스스로가 하나의 존재로서 자신의 위치를 내세우는 것과 유사하다. 마치 단일적인 자아가 스스로를 표현할 때, 분절된 사고체계처럼 각각 서로 다른 자아의 모습들을 자신의 정체성이라고 주장하는 경우이다. 이런 갈등은 마치 정신분열증 환자가 경험하는 혼란과 유사하다(다중자아는 자아의 해방인 동시에 분열이기도 하다).
> 이런 경험은, 새로운 자아의 모습을 탐색할 수 있다는 긍정적인 측면도 있지만, 자신의 자아정체성을 마치 신과 같은 창조의 힘을 가지는 성격 때문에 중독적일 정도의 몰입효과를 가져오는 혼란 상태를 의미할 수도 있다. 한 개인이 표현할 수 있는 다양한 모습을 인정해야 하는 것은 우리 사회의 새로운 도전이기도 하다.[14]

지금까지 정보 윤리의 정신 건강적 차원에서 살펴본 문제들은 한편으로 우리의 현실 생활이나 사회의 문제점이 온라인 공간에 투영되어 나타나는 것으로서, 그것은 개인적 차원과 사회적 차원을 막론

---

13. 김현수, 위의 글, p. 27.
14. 황상민, 「사이버 공간의 자아, 그리고 사이버 정체성의 발달」, 『과학사상』(2001 가을).

하고 궁극적으로 우리 삶이 온전한 건강을 되찾음으로써만 해결될 수 있는 문제일 것이다. 따라서 이러한 문제들은 정보 윤리의 특성이라는 미시적 차원에서 접근해서는 결코 성과를 거둘 수 없을 것이다. 반면, 이러한 문제들 중에는 주로 온라인 매체 자체가 지닌 특성으로 인해 촉발된 것들도 있는데, 이러한 것들을 해결하기 위해서는 역시 정보 윤리 교육과 계몽이 가장 유효한 방법이라 하지 않을 수 없다. 아울러 이러한 시도에 앞서 온라인 매체 자체가 지니고 있는 속성들에 대한 충분한 연구가 있어야 할 것이다. 왜냐하면 이러한 속성들을 정확히 이해하지 못한다면 제대로 된 정보 윤리 교육이나 계몽도 있을 수 없을 것이기 때문이다.

4. 컴퓨터의 주인은 우리다!

오늘날 우리는 컴퓨터와 인터넷 없는 세상을 상상하기 어렵게 되었다. 과거 많은 인력과 시간을 들여 해내야 했던 반복 작업, 복잡한 계산, 설계 등을 이제는 컴퓨터가 간단히 대신해 주고 있다. 많은 직장인, 학생, 학자들은 새로운 지식과 정보, 아이디어들을 인터넷을 통해 손쉽게 찾아 활용할 수 있다. 뿐만 아니라 오늘날 우리는 인터넷 카페를 통해 동호인들과 즐거운 대화를 나누고 좋은 벗을 사귈 수 있으며, 귀중한 정보와 자료를 주고받을 수 있고 은행이나 쇼핑몰과도 집에 앉아 편리하게 거래할 수 있게 되었다. 이와 같이 컴퓨터가 오늘날 우리에게 가져다준 생활의 편리는 이루 헤아릴 수 없을 만큼 크다.

그러나 우리가 살펴보았듯이, 컴퓨터와 인터넷의 발달로 인한 우리 삶의 모습에 장밋빛 미래만 있는 것은 아니다. 공부나 독서, 친구들과의 대화조차 제쳐둔 채 손이 부르트도록 컴퓨터 게임에만 빠져 있다든지, 밤새 인터넷을 돌아다니며 음란물을 구경하는 데 정신이 없다든지, 실제 삶에 충실하기보다 시간만 나면 인터넷 대화방을 기웃거리며 만성 수면 부족으로 불건강한 삶을 사는 사람들의 모습을 우리는 보고 있다.

그러므로 이 시점에서 우리는, 우리가 왜 컴퓨터를 사용하는지에 대해 근본적으로 반성해 볼 필요가 있다. 무엇보다도 명심해야 할 것은, 컴퓨터란 인간이 삶의 편리를 위해서 고안해 낸 도구일 뿐 그것을 활용하는 주체는 어디까지나 인간이라는 것이요, 또 인터넷에서 아무리 좋은 정보를 얻어 올 수 있다 하더라도 그것을 정확하게 읽고 파악해야 하는 것은 결국 우리 자신이라는 것이다. 만약 우리가, 컴퓨터가 제공하는 온갖 편리를 우리의 인간다운 삶을 위해서 활용하고 통제할 수 있는 지혜를 갖추고 있지 못하거나, 인터넷이 제공하는 온갖 정보를 제대로 읽어내고 파악할 수 있는 언어능력과 이해력을 갖추고 있지 못하다면, 아무리 컴퓨터 자체를 잘 다룰 수 있다 하더라도 그것은 무의미한 일이 되고 말 것이다.

컴퓨터와 인터넷은 우리에게 새로운 세상을 열어준 매우 효율적인 도구이지만, 반성적 지혜가 결여된 사람에게는 재앙을 가져오는 흉기가 될 수도 있다. 더욱이 정보 통신 사회에서 단말기 앞에 앉은 개인은 이제 더 이상 무책임한 개인으로 머물러 있을 수 없게 되었다. 그의 존재가 이미 수많은 사람들의 운명과 연결되어 있기 때문이다. 그는 자기 행위가 이웃에게 미칠 수 있는 파급효과를 신중하게 생각해 봄으로써 자기가 짊어져야 할 책임과 의무를 깨달아야 한다. 그리고 이것은 무엇보다 도덕교육의 과제이기도 하다.

------------------------- ◀ 생각해 볼 문제 ▶ -------------------------

1. 다음 글을 읽고, 가상공간에서의 행위가 현실 공간에서도 문제가 될 수 있는 지점은 어디서부터인지 토론해 보자. 또 여러분은 부인의 입장에 더 공감하는가, 아니면 남편의 입장에 더 공감하는가?

> '가상게임' 외도로 이혼소송 휘말린 부부
> 가상 온라인 게임에서 저지른 불륜도 이혼사유가 될까? 가상게임에서 자신의 남편이 다른 여성과 불륜을 저지르는 모습을 목격했다며 영국의 한 여성이 이혼소송을 내 화제가 되고 있다.
> 　에이미 폴러드(28)라는 여성은 최근 자신의 남편인 데이비드 폴러드(40)가 불륜을 저지르는 모습을 목격했다며 콘월 가정법원에 이혼소송을 제기했다. 눈길을 끄는 점은 데이비드가 저지른 불륜은 가상게임 '세컨드 라이프Second Life'에서 벌어진 일이라는 것. 소송을 제기한 에이미는 "내가 낮잠을 자고 있는 동안 남편이 가상게임 속 매춘부 역을 맡은 인물과 만났다는 것을 알게 됐다."며 "게임 속 사설 형사까지 고용해 결국 둘의 밀회 장면을 포착한 이상 남편을 용서할 수 없다."고 주장했다. 반면 데이비드는 "이 모든 것은 어디까지나 게임에서 이루어진 일이며 에이미가 왜 이렇게 예민한 반응을 보이는지 전혀 이해할 수 없다."며 어이없다는 반응을 보이고 있다.
> 　한편 해당 게임에서 처음 만나 사랑을 키운 데이비드와 에이미는 가상세계에서 먼저 커플로 이루어진 뒤 현실에서 만나 결국 3년 전 결혼에 골인했다. 당시 두 사람은 진짜 결혼식이 아닌 가상세계에서 성대한 결혼식을 올려 화제가 되기도 했다.[15]

2. 다음 세 개의 글을 읽고 인터넷 실명제의 장단점 및 효과에 대해 토론해 보자.

(가) 정부의 '인터넷 실명제' 법제화 방침은 권위주의적 사고에서 비롯된 반인권적 행위이다.

이는 전면적인 인터넷 실명제 도입을 위한 수순일 뿐으로 국민을 잠재적 범죄자로 규정하는 반인륜적 위법 행위이다. 물론 인터넷상의 성숙한 토론 문화와 건전성 강화는 필요하다. 그러나 인터넷 실명제가 그 해답이 될 수는 없으며, 그것은 오히려 사람의 말과 행동을 위축시키는 결과를 초래할 것이다.

특히 익명성은 구조적으로 억압 받는 사회적 약자와 소수자의 표현을 보장하고 조직의 비리를 고발하는 내부 고발자를 보호하기 위한 최소한의 장치이기 때문에, 인터넷에서 익명성은 반드시 보장되어야 한다.

(나) 정보통신부가 제한적 본인확인제(제한적 인터넷 실명제) 시행의 효과를 분석한 자료를 내놓았습니다. 요지는 이 제도가 이용자의 책임의식을 높이는 데 긍정적인 효과를 보이며, 악성 댓글이 감소하고 있다는 것입니다. 제한적 본인 확인제는 이용자가 인터넷에 정보를 게시하려면 본인확인을 받고 난 뒤 아이디나 별명 등으로 올릴 수 있도록 한 것입니다. 정부가 악플을 근절하기 위해 지난 7월 27일 35개 국내 주요 인터넷 사이트에 전면 도입했습니다. 정통부는 4일 한국인터넷진흥원과 함께 민간 조사기관(메트릭스코퍼레이션)에 제한적 본인 확인제 도입 효과 분석을 의뢰해 조사(8월 27일부터 9월 14일)한 결과 인터넷게시판에서의 악성 댓글이 차지하는 비중이 15.8%에서 13.9%로 1.9%포인트 감소했다고 밝혔습니다. 특히 심한

15. 권영빈, 『컴퓨터시대의 인터넷윤리』(인터비전, 2009), p. 63.

욕설 등을 동반한 심각한 악성 댓글의 비중은 8.9%에서 6.7%로 2.2%포인트 감소했다고 합니다. 인터넷서비스 이용 위축이나, 본인확인 적용대상 사이트로부터 미적용대상 사이트로 이용자들이 이동하는 풍선효과도 없었다고 설명합니다.[16]

(다) 인터넷이 일반화된 뒤 우리 삶은 급격하게 변했다. 인터넷이 없으면 이제 일도 공부도 오락도 하기 어렵게 됐다. 인터넷이 삶의 방식과 사고방식을 송두리째 바꿔 놓은 셈이다. 하지만 인터넷의 순기능 뒤에는 역기능도 있다. 특히 악성 댓글(악플)이 사람의 생명을 앗아가는 상황까지 빚어졌다. 악플의 더 큰 문제점은 언제든지 다른 사람에게 공격받을 수 있다는 불안감을 인터넷 사용자에게 심어준다는 것이다.

이렇게 공동체 구성원을 위협하는 악플은 왜 생기는 것일까? 전문가들은 인터넷의 익명성을 중요한 이유로 든다. 또 자신이 쓴 악플이 세상에 영향을 미친다는 쾌감도 한몫 한다고 한다. 악플이 유독 우리나라에서 기승을 부리는 이유는 자기중심적이고 자기 편의적인 집단주의 문화가 보태졌기 때문이라고 한다. 그래서 악플 문화를 바로잡기 위해 인터넷 실명제를 도입해야 한다는 목소리가 높다. 실명제가 도입되면 자기 말에 책임지는 문화가 형성되고 온라인과 오프라인에서 다르게 작용하는 법 감정도 일치하게 된다는 것이다. 실명제가 악플을 없애는 데 도움이 되지 않는다는 주장도 있다. 악플은 가상공간에서 상대와 얼굴을 마주하지 않은 채 일방적으로 말을 쏟아놓을 수 있는 인터넷의 속성 탓에 생기는 것이므로 실명제가 대책이 될 수 없다는 진단이다. 실명제를 도입한 포털사이트에서 악플이 양산되는 게 그 증거다. 따라서 실명제는 표현의 자유를 침해하고 인터넷

---

16. 『해럴드경제』, 2007년 10월 22일자.

의 다양성과 활력을 위축시킬 뿐 악플을 효과적으로 제거하지는 못한다는 것이다.[17]

---

17. 『중앙일보』, 2007년 2월 7일자.

찾아보기

가상공간 332, 334
가정 윤리 33-55
가족제도 34, 38-41, 48, 60-1
간디 114, 145, 209, 289-92, 302
감각주의 279, 281-2, 288
감각 중심주의 sentientism 170-1, 179
강한 strong 인간중심주의 174
개발공헌지수(CDI) 123
개체론 individualism 168-70, 179, 289
거시경제학 macro-economics 100
건강가정기본법 35
결과주의 consequentialism 13, 16, 18, 23-4
결의론적 casuistical 모형 16-7
『겸손한 제안 A Modesty Proposal』 304
경제 윤리 99-153
고전적 자유주의 130-1

골드미스 96-8
공감 28, 34, 77, 181, 187, 202, 245, 292-3, 302, 332
공동 자산 the Commons 137, 139-40
공리주의 13, 15, 17, 18-9, 22-4, 32, 102-3, 170-1, 217, 261, 279, 281, 284
공산주의 106-7
공자 101
공적주의 104-5
국가생명윤리자문위원회(NBAC) 247
국민국가 132, 136
국부론 127-8
국제화 internationalization 132
규범윤리학 normative ethics 12-4
기게스 Gyges의 반지 313
기관심의위원회(IRB) 253

기술 중심주의 technocentrism 157
기후변화에 관한 정부간 협의체(IPCC, Intergovernmental Panel on Climate Change) 156
김별아 49-51
김종철 145, 209, 210

나이 Russel B. Nye 159
남아선호 80
내재주의 281-3, 288
네스 Arne Naess 173
노장사상 173
노직 R. Nozick 102-3
노턴 Brian Norton 174, 176
『논어論語』 101
뇌사 211, 213, 227, 228, 229-37, 238

다중자아 329
대지 윤리 land ethic 164-5, 172, 200, 271
대처 M. Thatcher 131
대처리즘 131
덕 교육 323
덕 윤리 13, 17, 23-4, 32, 322
『덕의 상실 After Virtue』 13
덕 이론 23

데카르트 277, 278-9
도구적 가치 instrumental value 163, 169, 176, 179, 213, 278
도덕감 moral sense 14, 178
도덕교육 23, 323, 331
도덕적 중립성 12-4
도덕적 지위 moral status 169-70, 172, 225-6, 264, 272, 282-9, 300-1
동물 해방 animal liberation 171, 285
동물권 animal right 270, 273-307
동물실험 252, 254, 271, 281, 285, 302
동정심 28-9, 46, 170, 289, 293
디킨슨 Emily Dickinson 57

레건 Tom Regan 173, 282-3
레오폴드 Aldo Leopold 162, 164-5, 167, 172-3, 179-80, 200-1
레이거노믹스 131
레이건 R. Reagan 131
로티 R. Rorty 13
롤스 J. Rawls 13, 15, 103-4
루소 J.-J. Rousseau 86, 137
류시화 183, 184, 271, 304
리프킨 298

마더 테레사 99

마쉬 George P. Marsh 160
만민 평등주의 295
매매춘 72
매킨타이어 A. MacIntyre 13
메타윤리학 metaethics 12, 14
면역 거부반응 250, 252-3
물신숭배 108
뮤어 John Muir 162-4, 167, 173, 179
미드 Margaret Mead 95, 96
미시경제학 micro-economics 100
민주주의 92, 114, 119-21, 134
민주화 120
밀레니엄 발전 목표 Millennium Development Goals 113-4

박경리 207-8
반자발적 involuntary 안락사 218
배아 복제 embryo cloning 240-3, 249-50, 252-7, 265
배아 줄기세포 239, 241, 249-52, 260
버로스 John Burroughs 197
범주 사례 paradigm cases 16-7
법정 221
베이컨 F. Bacon 188
벤담 J. Bentham 170, 171, 279-80, 284-5
변증법적 Dialectical 모형 15
병원윤리위원회 225, 227, 237

보금자리 공동체 nested community 178
보부아르 Simone de Beauvoir 82, 84-6
보살핌의 경제 145
보수주의 61
보이지 않는 손 an invisible hand 128-9, 136-7
복제 양 돌리 239-40, 247
본래적 가치 intrinsic value 18, 163, 166, 176-7, 178, 179, 213, 296
분배 정의 99, 101, 105, 107-9
불교 윤리 198, 290, 296
비자발적 non-voluntary 안락사 214, 217-8
비트겐슈타인 L. Wittgenstein 286-7
비혼 선언문 38
빈부 격차 106-7, 126, 129, 134, 138

사례 중심 case-based 접근법 16
「사생활 박탈 Deprivacy」 307
사실-가치의 이분법 13-4
사이버 윤리 307-8
사이버 자아 cyber self 328-9
사이코패스 43
사전 의료 지시 advanced directives 214, 217, 227
사회정의 114, 131, 137
사회계약론 137

사회 민주주의 108
사회 생태주의 4, 142
사회주의 107-8, 126, 208
삭스 Jeffrey D. Sachs 113, 118
산업사회 38, 41, 99, 145-6, 308-10
산업혁명 38-9, 115, 129, 168
삶의 주체 subject-of-a-life 282, 288
삼종지도三從之道 87
상황 윤리 situation ethics 16-7
『샌드 카운티 연감 A Sand County Almanac』 164
생명 공동체 biotic community 164-5, 170, 172, 178, 289
생명공학 212, 240, 243-4, 248, 267
생명권 218, 227, 254, 293
생명 연대 원칙 293
생명 평등주의 173, 290
생명 윤리 4, 22, 211-305
생명윤리 및 안전에 관한 법률 256
생명 중심주의 biocentrism 170-1, 179, 277
생태 파시즘 eco-fascism 173, 289
생태주의 28, 169, 173, 180, 289, 294-5
생태 중심주의 ecocentrism 157, 164, 175, 277
생텍쥐페리 78
선의 beneficence 32
성 격차 지수 93

성매매 66-7, 72, 75-7
성매매특별법 72, 75-6
성 역할 82, 94
성욕 47-8, 60, 65-6, 68, 70, 73, 75, 95
성 윤리 57-78
성차별주의 sexism 280, 285
성체 줄기세포 253-4
성 해방 43, 59-61, 69, 89
세계무역기구(WTO) 141
세계은행 111, 114, 141, 152
세계화 globalization 114, 125, 127, 132-42
세포 분화 251-2
센 Amartya Sen 119-20
소극적 passive 안락사 218-9, 223
소로우 Henry D. Thoreau 161-2, 166, 173, 179, 180, 197
쇼펜하우어 A. Schopenhauer 28-9, 170, 293, 302
수정자본주의 126, 130
수정주의 129-30
수퍼맘 96-8
슈미트하우젠 L. Schmithausen 276
슈바이처 Albert Schweitzer 155, 170-1, 289, 292, 302
3R 원칙 302
스미스 A. Smith 127-8
스위프트 Jonathan Swift 304

시민 윤리 320
시애틀 추장 182-3
시장원리주의 136
시장의 실패 128-9
시카고학파 131
식물인간 217, 222-3, 233, 237, 283, 286
신아리스토텔레스주의 neo-Aristotelian 13
신독愼獨 71
신자유주의 Neo-liberalism 124, 127, 130-9, 142, 150-1
신좌파 the New Left 80
실천이성 71, 286
심장사 229-30
심층 생태주의 deep ecology 169, 173
심폐소생술 222, 224, 237
싱어 P. Singer 13, 58-9, 110, 111, 112, 116-8, 124, 170, 171, 257, 261-2, 275, 280-1, 285, 299, 301
쓰지 신이치 147-8, 153

아리스토텔레스 Aristoteles 13, 72, 85, 86, 274-5
IMF(국제통화기금) 114, 142-3
아퀴나스 Thomas Aquinas 275-6
아힘사 ahimsa 276-7, 289-91

악성 댓글 333-4
악행 금지 non-maleficence 30, 32
안락사 euthanasia 211-24, 230, 233, 236-8
약육강식 92, 138, 208, 294
약한 weak 인간중심주의 174
양성평등 윤리 79-98
『어린 왕자』 77-8
에로티시즘 eroticism 88
에머슨 Ralph W. Emerson 161
FTA(자유무역협정) 142
에피쿠로스학파 147
여성주의 feminism 80
여성주의 경제학 144-5
여성해방운동 women's liberation movement 80, 88-91
역분화 253, 269
역차별 90
연구 윤리 4, 257
연기緣起 200
연명 치료 중단 19, 211, 213, 219, 221-2, 224-7, 237-8
연역주의 deductivism 15, 17
영국병 130
예지계 48, 286
오닐 O. O'Neill 13
『오래된 미래』 145, 152
온실효과 140

온정적 간섭주의paternalism 218
완전한 죽음 227, 234
요나스Hans Jonas 262
욕망 51, 64, 73-4, 88, 100, 123, 147, 195, 204
우루과이 라운드(UR) 141
우생학 217, 245
원리주의principlism 16
원시선primitive streak 241, 256-7
원자폭탄 156, 187-9
『월든Walden』 161-2
윌리엄스B. Williams 13
윌머트I. Wilmut 239
윌슨Edward O. Wilson 185
유도 만능 줄기세포(induced pluripotent stem cell, iPS) 253
유토피아 107, 137, 320
유전자 풀gene pool 248
육식 14, 281, 298-302
육식의 종말 298-9
윤리적 지체ethical lag 310
음란물 탐닉 323, 325, 327
의료윤리위원회 225-6
의무론 13, 16-7, 19-21, 22-4, 32, 221, 283
의사 조력 자살physician-assisted suicide 218
이기주의 19, 25

이성주의 277, 279
이신론(理神論, deism) 159-60
이어령 145
이종교잡異種交雜 269
익명성anonymity 312-3, 325, 333-4
인간 존엄성 20-1, 28, 59, 69, 74, 88, 230, 240, 244, 260, 262
인간 개체 복제 241-2, 249
인간 복제human cloning 212, 239-69
인간소외 65, 105
인간중심주의 27, 160, 162, 168-9, 174-6, 179, 277, 294
인격 20, 23-4, 27, 48, 56, 68-70, 74-5, 261, 263-5, 278, 285-6, 326
인공호흡기 219, 222, 224, 227, 229-30, 233, 237
인류세(人類世, anthropocene) 186
인종차별주의racism 280, 285
인터넷 19, 54, 57, 72, 76, 307-8, 312, 317, 321-8, 330-1, 333-4
인터넷 실명제 333-4
인터넷 중독 326
일부일처제 41, 60
일신주의unitarianism 161

자기 결정권 227
자기중심성 25-8, 30, 49, 51, 59, 65

자발적voluntary 안락사 214, 218
자본주의 26, 104, 106-8, 126-30, 133, 145-7, 156, 167, 169, 204, 208, 232
자비 28, 73-4, 296
자아 정체성 상실 323-5, 328
자연 보존 운동 163-4
자유경쟁 129, 138
자유민주주의 92, 126, 260
자유연애free sex 41, 60, 69
자유주의 25, 43, 61, 102, 128-31, 150-1, 321,
자율성autonomy 30, 32, 104, 143
장기이식 212, 228-9, 232-4, 250
장하준 152
적극적active 안락사 218-9
전배아pre-embryo 241
전체론holism 168-9, 172-5, 177-80, 199, 289-90, 294
절대 빈곤absolute poverty 101, 109, 111, 113, 115, 117-8
정보사회 308-10, 312, 314, 318-25
정보 윤리 307-35
정부의 실패 130
정언명법 15, 20-1, 25, 27
정의justice 32
『정의론A Theory of Justice』 13
정채봉 33
제대혈 줄기세포 253

제프리스Richard Jeffries 196
젠더gender 82
조건부적 의무/직견적 의무prima facie duty 30
죽음의 문명 187, 190
줄기세포stem cell 237, 241, 249-55, 259-60, 269
존스Howard M. Jones 158
존엄사dying with dignity 19, 219, 221-4
종차별주의speciesism 280
주류 경제학 144
중간 수준middle-level 원리 16, 30
『중용中庸』 45
지구온난화 156, 186, 198
지적 소유권 311, 314, 317-9
진여심眞如心 295-6

참사람 부족 183
채식 297, 300-1
채식주의 276, 299, 304
체세포 핵이식somatic cell nuclear transfer 240-2, 247-8, 252-4, 266-7
초월주의transcendentalism 160-1, 179
최소minimalist 전략 16
최시형 208
칠거지악七去之惡 87
『침묵의 봄 Silent Spring』 155, 187-8,

190-1

카슨 Rachel Carson 179, 181, 185, 187-97, 199, 206
칸트 I. Kant 13-4, 17, 19-21, 25-8, 32, 70-1, 75, 161, 215, 239, 278-9, 281-2, 284, 286, 288, 293, 316
캘리코트 Baird Callicott 172-3, 176-8
컴퓨터 144, 267, 307-8, 311, 321-2, 325, 330-1, 333
컴퓨터 윤리 307-8
케인스 J. M. Keynes 129-30
케인스주의 129-30
쾌고 감수 능력 limit of sentience 171, 280-1, 285, 288-9
쾌락 48, 58, 60-70, 102, 171, 279, 281
쾌락 기계 66
쾌락주의 43, 62-7, 169

탈인간중심주의 non-anthropocentrism 168-9, 172, 174, 176, 179, 199, 294
테일러 C. Taylor 13
테일러 Paul Taylor 171-2
텔로미어 247
토플러 A. Toffler 38
통신 중독 323, 325-6

파인버그 J. Feinberg 170
평등주의 103-4, 173, 290, 294-5
포르노 pornography 58, 65-6, 68
포터 Van Rensselaer Potter 211
표현의 자유 19, 315, 317, 334
프라이버시 58, 311, 314
프로이트 S. Freud 64
프리드먼 M. Friedman 131
피어슨 Helen Pearson 257
피퍼 Anne-Marie Pieper 85, 87, 90, 91, 94
핀쇼 Gifford Pinchot 163-4

하이에크 F. A. Hayek 102, 131
한 부모 아이 single-parent child 245
한비야 110, 123
한살림 운동 145
합리적 이기주의 25
행복 경제학 Happiness Economics 146-8
행복주의 eudaemonism 18
허드슨 W. H. Hudson 196
현상계 48, 286
헤브라이즘 Hebraism 273
헤어 R. Hare 13
헬레니즘 Hellenism 273
호르크하이머 M. Horkheimer 293-4
확장된 인간주의 293-4
환경윤리 155-84, 185-210

환경 파시즘 environmental fascism 173-4, 178, 186, 200, 289, 295

히키코모리 54
히피 hippie 41